Estudios Románticos

Casa-Museo de Zorrilla

Estudios Románticos

G. DIAZ PLAJA * G. DIEGO * H. JURETSCHKE
E. LAFUENTE FERRARI * J. MARIAS
P. ORTIZ ARMENGOL * J. PABON * V. PALACIO ATARD
J. SIMON DIAZ * J. L. VARELA

Valladolid
1975

EDITA:

CASA-MUSEO DE ZORRILLA
Patronato Quadrado, del C. S. I. C.
Fray Luis de Granada, 1
Valladolid

I. S. B. N. 84-00-04124-0
Depósito Legal: VA. 160-1975

Imprenta: Sever-Cuesta. Prado, 10. Valladolid, 1975

Índice

En esencia, esta miscelánea romántica recoge el texto de las conferencias pronunciadas en la Casa-Museo de Zorrilla vallisoletana durante la I y II *Semana Romántica,* celebradas en torno al Día de Difuntos de 1972 y 1973 como homenaje al autor del Tenorio.

Decimos en esencia, porque en más de un caso el texto ha sufrido alteraciones, adiciones o supresiones inevitables, como corresponde al paso de lo hablado a lo escrito, y porque no todos los protagonistas de aquellas sesiones han podido concurrir a esta nueva convocatoria impresa. La esperanza nos hace suponer que la asistencia dispensada hasta hoy por el público de las tres Semanas realizadas, por los colaboradores y por varias instituciones, no ha de interrumpirse, y que, en consecuencia, otros tomitos se alinearán tras este primero en ver la luz con los textos de los actos posteriores.

Se ha pretendido con estas Semanas *reunir a escritores y estudiosos interesados en el siglo XIX* sin más prejuicio que su capacidad de convocatoria, como hoy se dice, suficiente para congregar en la casa natal de Zorrilla y bajo el retrato del donante de su rica biblioteca, don Narciso Alonso Cortés, a un público general, aunque con predominio universitario, al que la cultura del siglo pasado brinde atractivos superiores al mero homenaje evocativo-informativo. Los modestos recursos de la Casa, no obstante, han impedido hasta la fecha más frecuentes manifestaciones públicas u otro género de actividades. Pero el manejo de conferencian-

tes eminentes que se han sucedido en su tribuna permite escudriñar un futuro que nos obsequie con mayor largueza.

Para esta edición no nos ha sido posible contar a tiempo con los textos de dos excelentes conferencias pronunciadas en la I Semana Romántica: *la de don Pedro Sáinz Rodríguez («La erudición y la historia literaria en la época del Romanticismo») y la de don Dionisio Gamallo Fierros («Zorrilla como precursor de Bécquer»). Es totalmente seguro que tan sensible ausencia no vendrá en modo alguno compensada con un texto sobre García Gutiérrez que se añade a este volumen un tanto furtivamente y sobre la marcha, sin que en su día constituyese conferencia alguna de la Casa de Zorrilla, sino mera nota marginal a la actividad dramática de uno de nuestros máximos románticos. Con todo, no se trata de un abuso de poder o de confianza por parte del colector de esta miscelánea; más bien de una improvisada y bienintencionada suplencia que disimule el hueco.*

Conste aquí la gratitud verdadera que merecen aquellas personas que, desde las instituciones que se citan y por ellas regidas, hicieron posible la celebración e impresión de estas dos primeras Semanas: *el Ayuntamiento de Valladolid, en primer lugar, propietario del inmueble y cogestor en 1972 de estos ciclos; el Patronato Quadrado del CSIC, cuyo patrocinio cultural honra a la Casa de Zorrilla; la Dirección General de Relaciones Culturales del Ministerio de Asuntos Exteriores. No solamente es grato reconocer, como es obvio, la ayuda material, sino ante todo y sobre todo la identificación original con el propósito, sin la cual aquella ayuda no sería posible ni realmente estimable.*

Permanencias románticas en el novecentismo español

GUILLERMO DÍAZ-PLAJA

Señoras y señores:

Agradezco mucho a mi querido amigo, el profesor José Luis Varela, el honor y la responsabilidad que supone mi participación en este prestigioso curso organizado por la Casa Museo de Zorrilla. La fidelidad que esta casa supone al espíritu de uno de los mayores voceros del Romanticismo español prejuzga, de alguna manera, la finalidad que esta empresa universitaria ha proyectado, en orden a mantener presentes las realidades pretéritas de uno de los períodos menos conocidos de la literatura española. Acontece, en efecto, que, en la dinámica de la cultura, las escuelas literarias tienen su amanecida y su ocaso y que, por un movimiento pendular de acción y de reacción, atraviesan momentos de descrédito cuando han sido sustituídos por fórmulas sucesivas. Evidentemente, y como veremos en seguida, las formas que proliferan en nuestra literatura, al filo del Novecientos, tienen un cierto matiz antirromántico. El positivismo filosófico, que conduce al realismo estético, había de desembocar en un descrédito de la fantasía y en una apoyatura en una realidad sin vuelta de hoja: los escritores de la Generación del Noventa y Ocho supieron muy bien de esta actitud, creando un vocabulario ceñido a la geometría de las cosas y lastrado por un pesimismo que descartaba la posibilidad de ensueño que tan bien definía a los escritores románticos. Por su parte, el Modernismo, si bien prolongaba de alguna manera el idealismo de los románticos, no deja de proponerse una retórica estrictamente distinta —en música versal y estrófica— que buscaba en el decir castellano ritmos no usados hasta el momento, y por supuesto, utilizando resortes métricos desconocidos en el Romanticismo. Más resueltamente todavía, la tercera actitud, es decir, el Novecentismo se plantea de un modo inequívoco y enérgico un programa rigurosamente antirromántico que había de traducirse en un desdén ante las formas intuitivas y patéticas del Romanticismo, que fueron designadas por Eugenio d'Ors, el máximo definidor novecentista, como «poesía interjeccional».

Es interesante ordenar, de alguna manera, para entender la noción de Novecentismo, la función contrastadora que el Romanticismo realiza, estudiando ampliamente bajo este concepto lo que, para entendernos, podríamos denominar estética de lo patético. He aquí, por ejemplo, en la Glosa inicial de Xenius, *Amiel en Vich* (1906), el cuadro de los «valores» que había que evitar.

«Esto acontecía a fines del xix. Por antonomasia, aquellos tiempos se llamaban «fin de siglo». Quienes los vivieron sentíanse cínicamente orgullosos de su decadencia y de su mal. Días de descomposición, de turbia senectud mezclada a la fiebre de nuevas germinaciones, que aún se ignoraba qué podrían traer; una dolorosa inquietud, un apetito de tiniebla dominaron las almas. La fe religiosa se había perdido: la fe en la ciencia redentora, que durante un siglo entero ilusionó a los hombres, estaba ya hundida; el nuevo idealismo no se había articulado aún, y permanecía como una vaga aspiración, nueva causa de malestar y de ruina, ante las realidades de la existencia. Fue aquel el tiempo del anarquismo, cuando el florecimiento universal de las doctrinas y cuando los primeros atentados, que dejaron al mundo atónito por su crueldad y estupidez. Fue el tiempo del decadentismo y de la sensualidad enferma.

....

He aquí a los idealistas, lívidos estetas prerrafaelistas o místicos maeterlinquianos, que regresan de la razón a la cobarde locura y retroceden del lenguaje al balbuceo. He aquí una gran ola de música rodando a través de todo eso, anegándolo; y esta ola es el canto de Tristán e Iseo, que arrastra montes y conciencias hacia el abismo del amor y la muerte, sin dejarles otro vigor, antes que desaparezca para siempre, que el de suspirar una palabra, que es como el testamento de la época: *Nihil*».

El cuadro de prevenciones antirrománticas de d'Ors nos obligaría a repetir conceptos ya conocidos, incluyendo ahora, más anecdóticamente, inequívocos aspectos satíricos («Bécquer es un acordeón tocado por un ángel; Espronceda es un piano tocado con un solo dedo; Zorrilla, una pianola»). Y no sería inoportuno recordar ahora que, tras todos los alegatos d'orsianos en pro del Racionalismo Clásico, existe un notorio escritor patético, cuyo gusto por lo turbulento y por lo barroco podría ejemplificarse ampliamente desde *Gualba la de mil veus,* cuyo tema es el incesto, hasta *Lidia de Cadaqués,* cuya temática es la brujería. Claro es que la fértil dialéctica de d'Ors le permitía hallar justificaciones para toda esta evidente paradoja, que cargaba en la

cuenta del «eterno femenino» —las *Oceánidas*— como «re-
caídas» del hombre saludable en la enfermedad llamada
Romanticismo.

En cuanto a Ortega, es evidente que toda su progra-
mación estética se hace en función y contraste del Romanticismo. Así, en un ensayo juvenil (1907) leemos:

> «Pero, ¡ay! que el mal, que el romanticismo es racial,
> es radical; como el hombre no puede saltar fuera de su
> sombra, según el proverbio árabe, tampoco puede des-
> arraigar su romanticismo. Y bien, ¿qué? ¿No da ese mismo
> mal un sentido a nuestras energías, si bien trágico? El
> sentido es patente; domeñar dentro de nosotros la realidad
> del hombre clásico, realidad inasible y por esto ideal se-
> guro y perenne» (O. C. I., p. 75).
> «Metro, proporción, armonía, ley son las palabras que
> se articulan en todo buen párrafo griego».

Y en el tomo primero de *El Espectador,* la función de
contraste con el Romanticismo es esgrimida de nuevo:

> «Por el contrario, el romanticismo es una voluptuosidad
> de infinitudes, un ansia de integridad ilimitada. Es un que-
> rerlo todo y ser incapaz de renunciar a nada. Por eso hay
> siempre en él confusión e imperfección. Toda obra román-
> tica tiene un aspecto fragmentario. Además, se ve al autor
> sudar por hacerse dueño de su lema que es inmenso y tur-
> bulento como una fuerza del cosmos».

Y señalemos, en suma, que a la manera d'orsiana, Ortega establece un sentido de totalidad a todas las manifestaciones del Romanticismo. Así en estos párrafos de *La des-
humanización del arte:*

> «El romanticismo conquistó muy pronto al «pueblo»
> para el cual el viejo arte clásico no había sido nunca cosa

entrañable... En cambio, el arte nuevo tiene a la masa en contra suya» (*Impopularidad del arte nuevo*).
«Realista Chateaubriand, como Zola. Romanticismo y naturalismo, vistos desde la altura de hoy, se aproximan y descubren su común raíz realista» (*Arte artístico*).

Sería altamente esclarecedor seguir el rastro de lo romántico que impregna no sólo el Modernismo sino las actitudes posteriores, incluyendo, como hemos visto, las novecentistas. En la famosa pregunta de Antonio Machado «¿Soy clásico o romántico? No sé, dejar quisiera», la opción hacia la «mano viril» que «la blandiera» (la espada) acusa un fervor internista (romántico) superior a la que es precisada sólo por «el docto oficio del forjador».

Es evidente que, analizando la poesía de Antonio Machado, encontramos un substrato romántico cuya temática general podría sintetizarse en la noción de melancolía. Desde sus primeros poemas, fechados en 1899, don Antonio Machado trasciende una noción de tedio melancólico que podríamos enlazar con la idea del «tedium vitae» o «maladie du siècle» puesta en circulación por los románticos. Cierto que, en la tristeza machadiana, entran valores de carácter colectivo, de tristeza general española, que no encontramos generalmente en la poesía intimista e individualizada del Romanticismo. Pero en cualquier caso y de acuerdo con los textos de Ortega que acabamos de citar, significa una consustancialidad del espíritu del hombre con los condicionamientos del Romanticismo.

Lo mismo podríamos decir de ciertas formas del pesimismo cósmico de Pío Baroja, del atroz pesimismo de algunas páginas de Azorín o incluso de la patética desgarradura del pensamiento impetuoso de don Miguel de Unamuno.

Si del Noventa y Ocho pasamos al Modernismo, nos encontramos que pueden hacerse análogas observaciones en la poesía de Manuel Machado, cuyo sentido de la melancolía se enlaza con el muy característico de la «pena» tan definidor del alma andaluza. Pena que es como un entrañable placer masoquista para el alma del poeta:

> Mi pena es muy mala
> porque es una pena que yo no quisiera
> que se me quitara.

Como la espina clavada en el corazón de Antonio, como el clavo que hiere el corazón de Rosalía, el Modernismo juega con los elementos melancólicos del Romanticismo, como demuestra el propio Rubén cuyo substrato romántico («¿Quién que es no es romántico»?) es tan conocido como definitorio. Prolongar la temática de la melancolía romántica de los modernistas sería trazar una bien conocida lista de lugares tópicos, cuyos hitos fundamentales serían Villaespesa, gran profesor de suspirantes nostalgias y, por supuesto, Juan Ramón Jiménez en toda su etapa postromántica que se mueve en la línea que se cierra con *Diario de un poeta recién casado*. Importa, pues, esclarecer la presencia en todo fenómeno estético un antes y un después. Y de la misma manera como Azorín detecta una serie de precedentes del fenómeno romántico que señala la existencia de un «pre-romanticismo» español (cuyo estudio más acabado debemos al profesor Sebold en su libro *El rapto de la mente)* hay que estudiar la presencia de un post-romanticismo que aparece en los primeros años de nuestro siglo y que defiende su derecho a permanecer en la memoria de las gentes. Si nos apartamos del campo de la poesía lírica y pasamos a la novela y al teatro, los ejemplos se multiplican. Basta recordar los datos que pueden aportarnos a este respecto las sonatas de Valle Inclán o el teatro de Eduardo Marquina y de Antonio Rey Soto.

Pero más interesante, todavía, es contemplar los datos que nos permiten hablar de una estimación del Romanticismo desde la óptica de las escuelas poéticas posteriores. No se trata, ciertamente, de analizar las prolongaciones de la actitud romántica, sino lo que pudiéramos llamar las deliberadas posiciones de revisión crítica que ordenan la mirada estética en dirección a los movimientos de una escuela que había sido declarada obsoleta.

Téngase en cuenta, por otra parte, que, en estos años iniciales del siglo xx, empieza a ponerse en circulación, como consecuencia de los estudios de Wölfflin, la idea de una constante romántica que subsigue soterrañamente aun cuando en apariencia el Romanticismo ha dejado de tener vigor.

Cierto que en esta revisión de los valores del Romanticismo «desde» una frontera antirromántica no es imposible una cierta configuración irónica de los valores del Ochocientos. En los mismos poetas del ultraísmo podemos encontrar visiones del fenómeno romántico que nos proporciona Gerardo Diego:

> El vals llora en mi ojal.
> Silencio.
> En mi hombro se ha posado el sueño
> y es del mismo temblor que mis cabellos.
>
> *(Imagen)*

Algunas de las greguerías ramonianas —«Las libélulas llevan en vez de alas velos de novia»; «la golondrina es·

una flecha mística»— ¿no se dirían impregnadas de Romanticismo?

La permanencia de este estilo tiene, sin embargo, una doble exigencia: de simplicidad y de autenticidad; estiliza el sentimiento, y evita su aparatosa escenografía; se adscribe, por tanto, al romanticismo intimista, cuya figura clave es Gustavo Adolfo Bécquer. No es extraño, pues, que al producirse el centenario de su nacimiento —1936— la joven poesía española rindiese a su obra un homenaje que no ha dejado de producirse.

Otra gama de valores interesante por su significación nos la ofrece lo que pudiéramos llamar escala de restauraciones de las figuras del Romanticismo. Es evidente que ahí se produce una clara discriminación entre la lírica grandilocuente de Espronceda y Núñez de Arce y la impar figura de Gustavo Adolfo Bécquer en quien incluso los poetas que se inscriben en la estética de la «poesía pura» consiguen hallar ejemplos de simplicidad y de autenticidad. El tema podría inaugurarse con el homenaje de Rafael Alberti que, bajo el título de *Huésped de las nieblas* se insertan en su libro *Sobre los ángeles:*

Aun los valses del cielo no habían desposado el jazmín y la nieve sin nuestras iniciales en el pico...

A veces, la imitación busca el balanceo de las *Rimas.* Así en Gerardo Diego:

> de dónde venís, decidme,
> de dónde, extraños huéspedes,
> muecas, gestos sin límite
> que en los aires se encienden
>
> *(Penúltima)*

Sería interesante seguir la evidente y continua influencia del mejor Bécquer en Juan Ramón Jiménez que dedica a Gustavo Adolfo un espléndido retrato lírico en *Españoles de tres mundos*. Así como otras evidencias de homenaje, que podrían concretarse en poemas recientes como *El escuchador* de Vicente Aleixandre.

Veamos ahora la imagen de Bécquer en la poesía de Jorge Guillén:

LAS GOLONDRINAS

Volarán las oscuras golondrinas
Bajo, muy bajo, casi a ras de suelo,
Y lanzándose elevarán el vuelo.
Pero aquellas que vimos aquel día
Nunca más volverán. Melancolía.
¿Qué será de nosotros? ¿Hay consuelo?

LAS MADRESELVAS

Olerán las tupidas madreselvas
Escalando la tapia del jardín,
Pero ni tú ni yo recogeremos
Aquel aroma a nuestro amor afín.
Y este amor como aroma disolviéndose
¿No llegará a su fin?

O el espléndido juego lírico de transposiciones del llorado poeta Juan Eduardo Cirlot.

Volverán las oscuras, volverán
las tupidas,
volverán las ardientes
y otra vez con el ala
como se adora a Dios

tu corazón profundo
volverán las palabras, volverán
los cristales, volverán
las rodillas.
Escalar
de tu jardín absorto las palabras,
las palabras iguales
¿Volverán?

(*El incendio ha empezado*)

En realidad, podrá decirse que el curso soterraño de lo romántico asoma no sólo en la temática —pensemos, para referirnos a un solo poeta, García Lorca, en *Mariana Pineda,* en *Doña Rosita* o en gran parte de los primeros versos de *Libro de Poemas* (1921)— sino en la presencia de un desorden apasionado, neorromántico, que rompe con la vigilancia intelectual de la poesía de los años veinte, con el «hay que limitarse» del propio Lorca, visible en su *Oda a Salvador Dalí,* para irrumpir tumultuosamente en la poética desde Vicente Aleixandre (*La destrucción y el amor*) a Dámaso Alonso (*Hijos de la ira*) o la casi totalidad de Gabriel Celaya. En esta línea se encuentra, prácticamente, todo el movimiento surrealista, cuyo «automatismo psíquico puro» le aproxima al decir romántico. Y todavía podría asimilarse al Romanticismo, la irrupción de lo impuramente vital que, frente a la asepsia cuidadosa del grupo «Garcilaso», tuvo su presencia revolucionaria en *La familia de Pascual Duarte,* de Cela, o *Nada,* de Carmen Laforet.

Veamos ahora, porque constituye una parte del tema, cómo se produce en plena literatura del siglo xx la contrapartida antirromántica que oponen entes de razón al vitalismo neorromántico que se está produciendo en algunas formas expresivas del Novecientos, en especial las que desembocan en el superrealismo. En efecto, el superrealismo constituye el más claro ejemplo del desbordamiento patético y la inserción de la poesía en las formas más obscuras y arbitrarias de la mente.

Frente a estas formas de vitalismo, cuya expresión es necesariamente «impura», la estética de los años veinte y sus sucesores minoritarios entendían la belleza como una búsqueda intelectual de la belleza y a la noción de infinidad oponían la precisión clásica del límite. La proliferación del soneto sería, entre otros muchos, un elemento de significación y no deja de tener sentido profundo que García Lorca en la *Oda a Salvador Dalí,* ante la pintura precisa y objetiva del pintor de Cadaqués, escriba «y gozar del soneto del mar en tu ventana», pues amar el mar puede convertirse en materia clásica, cuando «sus olas se pueden contar».

Sería, pues, aleccionador, establecer la temática dominante que, como antídoto de razón y de ironía, se opone a las afloraciones románticas sucesivas que, como acabamos de ver, irrumpen con su furioso desorden en esta etapa del Novecentismo. Y, en un plano esquemático, creo que podrían vincularse al elemento italiano que, después del olvido de las «Academias» romanas (cambiadas por las vaguedades del impresionismo francés) regresa de nuevo con una intención normativa equilibradora. La etapa italiana de Pablo Picasso que se produce en estos años veinte puede servir de ejemplo base. Recordemos lo que acontece en la literatura.

En algunos casos, como el de Valle Inclán, el factor italiano nos ofrece unas características evidentes. Por lo que ce refiere a Eugenio d'Ors, recuérdese la importante función de Italia en su visión cultural del Mediterráneo, y el significado capital del «eón» de Roma, frente al «eón» de Babel, en su síntesis de la Ciencia de la Cultura.

Lo italiano es, en Unamuno, una devoción menor, porque su espíritu se aviene más con el talante de las gentes del Norte. Su devoción itálica va hacia los poetas, y ello en la medida en que su intensa italianidad les conduce a la universalidad, como su temporalidad a la eternidad. «Dante ha cobrado la ciudadanía del mundo y de los siglos porque, en puro ser el más italiano de los trecentistas, llegó a la roca eterna del hombre de Italia en el siglo XIII, al hombre de todos los tiempos y países al Hombre». Por análogas razones, su devoción, dentro de la Italia moderna, se la lleva Carducci: primero por su condición de poeta civil; segundo, por su factura discursiva, que coloca toda su producción poética a la sombra de una ideología y, por ende, que deja en segundo lugar la musicalidad y la rima. En este mismo comentario, Unamuno ataca la «blandenguería romántica» de Manzoni y a «este insoportable comediante, vano y hueco» «conocido por Gabriel d'Annunzio». Dicho se está que, en este texto, Unamuno dispara, por elevación, contra los modernistas españoles.

Por lo que se refiere a Ortega, la parvedad del tema italiano es evidente.

En el tomo VI de *El Espectador,* correspondiente a 1922, Ortega toca el tema del fascismo italiano y el de la muerte de Roma, en dos estudios poco adentrados en lo itálico. Pero sí es importante recordar, en cambio, que de esta misma idea de Roma, de su engrandecimiento por acumulación de zonas fronterizas, tal como lo señala Mommsen, arranca Ortega para iniciar su explicación de una *España invertebrada.*

Dentro de la llamada Escuela Romana del Pirineo, radicada en el País Vascongado, debemos señalar de modo preeminente, la figura de Pedro Mourlane Michelena, cuyo testimonio se ofrece en el libro *Discurso de las Armas y las Letras,* bello volumen editado en Bilbao, 1915, por la «Biblioteca de Amigos del País». Decoró la cubierta, con un sobrio dibujo que da la efigie de un emperador romano, el pintor Aurelio Arteta. El contenido se ordena en torno a la Europa, cuya guerra «abre otro ciclo de hierro». Su temática es, pues, explícitamente «europea»; «europeísta», con atención constante al hecho de que la lucha de las armas degenera casi siempre en guerras de las culturas, repitiendo por tanto el escandalizado gesto d'orsiano al proclamar la «unidad moral de Europa». Es, pues, un libro excepcional en la España provinciana de 1915; un libro donde los grandes temas de la cultura, alemana, francesa, italiana se conjugan.

Análoga estimación crítica merece, en este aspecto, la obra periodística de Rafael Sánchez Mazas, cuyas «crónicas italianas» publicadas en el diario «ABC» crearon, en este momento de los «años veinte», una moda italianizante servida con una primorosa destreza estilística, que pueden prolongarse en la temática de su poesía, como en cierto poema rotulado *Soneto del mayo florido,* publicado en la recopilación póstuma de sus poesías.

Más allá de la sensibilización ante la realidad periodística de Italia, tal como la encontramos en las *Crónicas* de Rafael Sánchez Mazas, los artículos de Eugenio Montes, adquieren otra dimensión: «Ni un solo momento —escribe al recoger tardíamente estos trabajos— me propuse describir tal monumento, tal paisaje, tal ciudad. Pero ante monumentos, paisajes y ciudades italianas he sentido y pensado». Y en las mismas páginas proemiales ya define definitivamente: «El Mediterráneo es estrofa, y estrofa es lo que vuelve». La sabiduría italiana de Montes, enriquece con citas de Dante,

Petrarca o de Piero della Francesca, una visión general de lo que pudiéramos llamar en primer término función de lo romano en la historia de la cultura; así cuando la define en su libro *Melodía italiana:*

a)   Por su capacidad de definir «la ciudad universal», «el universo».

b)   Por su «rigor senatorial y castrense, es decir, por su capacidad de concebir el Estado».

c)   Por la poesía, «que también fue suya, aunque en Virgilio sea ya de Cristo».

d)   Por su posibilidad de mensaje que se envía al exterior y es capaz de ser devuelto a la misma Roma. Así, España que con los discípulos de Séneca, enseña a la propia Roma su histórica misión.

e)   Por la ejemplaridad radical de su herencia arquitectónica y escultórica.

Pero la culminación de lo italiano como estética y como trascendencia la hallamos seguramente en Ramón de Basterra, cuya permanencia en Roma, como diplomático, entre 1915 y 1918, dota a su pensamiento estético de una constante que partiendo de la noción de Ecumene —cara a d'Ors— establece la necesidad histórica de Roma, tal como puede captarla «el vizcaíno en el Foro Romano» (título de uno de sus más bellos y significativos poemas) en el que el hombre de la montaña vascongada agradece a Roma la fortuna de estar integrado, como «bárbaro redento», al mundo de la cultura.

> ...en el remate de una vía
> que de aquí salía, seguía, subía
> y entraba en mi comarca montañera,
> el habla que aquí traigo como aceite votivo

fluía en la tiniebla de la noche primera.
Entre escombros, hoy, bárbaro redento, vivo.

Roma, doblemente central, ecuménica, por la urbe pagana y por el Vaticano, simboliza la fusión medicinal del orden clásico y católico. Roma será, pues, configuración de la latinidad, frente a la «indómita Germania» exultante y luterana. De ahí que, en el vizcaíno Basterra, la idea de romanidad va unida a la del también vizcaíno Ignacio de Loyola. Y, a la vez, eje diamantino del mundo de lengua romana, cuyo extremo oriental está representando por Rumania, incorporada a Roma por el español Trajano, y cuyo extremo occidental está marcado por Hispanoamérica, incorporada por España a la unidad cultural, con lo que España asume una función análoga a la de Roma en el mundo antiguo.

Notas sobre Zorrilla
y música de Bécquer

GERARDO DIEGO

No puedo empezar a hablar en esta Casa de Zorrilla sin la más honda emoción. Preparaba yo mi venida a Valladolid, ilusionado con abrazar a mi maestro don Narciso Alonso Cortés, de cuya salud acababa de recibir satisfactorias noticias. Y de pronto, la triste nueva. Por unos días tan sólo no he podido verle y revivir con él tantos recuerdos que abarcan sesenta y tres años. Aquí, entre estos libros que él tanto amaba y que al legarlos a esta Casa y quedar instalados, sirvieron de pretexto para su última salida a la calle para ver cómo había quedado la Casa y su biblioteca, puedo evocarle con ausencia y presencia a un tiempo, reales. Le veo hablándonos de Zorrilla y leyéndonos versos suyos en su cátedra de Santander, le veo aquí mismo en Valladolid guiándome y orientándome por su corte literaria

y sus monumentos, le escucho en sus conferencias de Santander o en sus recepciones de la Academia, la suya primero
y la mía después, en la que con tanto cariño quiso actuar
de padrino a requerimiento mío. De don Narciso, catedrático, investigador, crítico y poeta, aprendí yo a conocer a
Zorrilla. Acababa de publicarse la primera edición de Glas-
gow de *Las Cien Mejores Poesías* —*Líricas*— *de la Lengua
Castellana* y yo, poseedor de un ejemplar, aprendía de memoria las octavas de la Introducción a los *Cantos del Trovador,* tan llenas de encanto poético y español.

En la biblioteca de don Marcelino conoció don Narciso a Enrique Menéndez, el hermano poeta. Enrique Menéndez Pelayo vino a la Universidad de Valladolid a cursar
sus estudios de Medicina. Y era tal su entusiasmo por Zorrilla y su poesía que hizo la inocente calaverada de escaparse sin permiso de su albergue estudiantil para escuchar
al poeta una lectura en el Ateneo de Madrid. La prodigiosa
memoria de Enrique era, en cuanto a los versos al menos,
tan increíble como la de su hermano y recitaba en sus últimos años, en que tuve la fortuna de conversar con él a
diario, actos enteros de sus comedias y leyendas y poemas
íntegros de Zorrilla. De ellos, pues, heredé yo su afición a
la poesía de Zorrilla y cuando aparecieron los tres tomos
de la obra magistral de Alonso Cortés, devoré su contenido
con un apasionamiento de estudiante y de poeta que fácilmente os podéis imaginar. Otras admiraciones y predilec-
ciones siguieron pronto a las de mi infancia y adolescencia
inicial pero ellas no enfriaron jamás mi devoción a la obra
del gran poeta romántico.

Romántico también, aunque de otro modo y ya no de
la escuela del romanticismo típico, fue Gustavo Adolfo
Bécquer. Y me ha parecido razonable completar mis notas

de lectura de Zorrilla, algunas de las cuales versan sobre aspectos musicales de su poesía y prosa, con otras acerca de la música en la obra becqueriana. No me salgo con ello de los límites trazados para este curso en que con tanto gusto y agradecimiento quiero participar.

Notas sobre Zorrilla

ZORRILLA Y LOS TOROS.

El tema de los toros en la poesía de Zorrilla ha sido estudiado con la competencia y la autoridad, unidas a la sensibilidad poética, que lo califican como maestro en historia y crítica taurinas por José María de Cossío. Quiero solamente fijarme en algún detalle de sus dos composiciones más características.

La una es un soneto, *Un Picador,* y es poesía de juventud que figura ya en la primera edición de sus *Poesías,* la de 1840. Aunque es todavía bastante leído, voy a recordarlo.

> Con el hirviente resoplido moja
> el ronco toro la tostada arena,
> la vista en el jinete, alta y serena,
> ancho espacio buscando al asta roja.
>   Su arranque, audaz a recibir se arroja,
> pálida de valor la faz morena,
> e hincha en la frente la robusta vena
> el picador, a quien el tiempo enoja.
>   Duda la fiera, el español la llama,
> sacude el toro la enastada frente,
> la tierra escarba, sopla y desparrama;

le obliga el hombre, parte de repente,
y herido en la cerviz, húyele y brama,
y en grito universal rompe la gente.

Es curioso que en edad temprana Zorrilla llegue a tanta
precisión descriptiva. Sus primeras poesías abundaban en
términos impropios y en aproximaciones cuando quería
reflejar algo del mundo exterior. Y es que aun los épicos
y dramáticos nacen líricos y no aprenden a dibujar del natural sino después de algunos años de ejercicio.

En este soneto, el acierto de cada detalle es completo.
Las dificultades de ritmo y rima no le arredran, y logra lo
que quiere, dar al lector la estampa de un toro, más bien
manso o reservón que otra cosa, desde que ve al picador
enfrente hasta que sale huído después de recibir el castigo.
Creo que sólo hay un ripio, un largo ripio, que es el final
del octavo verso, en que pintando al picador que concentra
su ánimo valiente y su esfuerzo para citar y recibir al toro,
dice de él «a quien el tiempo enoja», para indicarnos que
ya no es joven. Es evidente que es el consonante «oja» el
que le ha sugerido la palabra «enoja» y para justificarla
acude con poca fortuna en final de estrofa a la alusión que
comentamos. Con un poco de paciencia y sin abandonar la
solución «enoja» habría podido hallar otra salida más airo-
sa. Pero no me voy a poner a mejorar a Zorrilla, gran maestro, a pesar de sus defectos.

La otra poesía se titula *La última brega* y es obra, por
el contrario, de vejez y decadencia. Es curioso que esté escrita en quintillas, como la *Fiesta de toros en Madrid* de
don Nicolás Moratín. Pero ahí acaba la semejanza. El colorido valiente de que había hecho gala Zorrilla en su poesía
de juventud y madurez se ha ido eclipsando con los años,
aunque de cuando en cuando aún cambie su onza, como

hacen los toreros viejos. El poema de Zorrilla es un poema
que podríamos llamar misceláneo, y una de las digresiones
o variantes marginales es la que enfoca el tema de los toros
como fiesta y como problema moral. También en estas quintillas hay su congrua de ripios. Muy gracioso es el que
inicia una, y sigue en seguida modificando una «e» en «i»
y convirtiendo la tráquea en traquia.

> ¿Qué toros...? ¡Hasta en Valaquia!
> ¡Si me he roto yo la traquia
> en los toros cuando chico,
> y aún hoy, viejo si me pico,
> farfullo una tauromaquia!

Y sigue con no poco salero:

> Yo aprendí en mi mocedad
> de Montes y el Morenillo,
> que eran una autoridad,
> la excelencia y variedad
> del arte de Pepe-Hillo.
> Y aún conservo yo un librejo
> con un grabado en madera,
> retrato no, mal reflejo
> de aquel gran maestro viejo,
> prez de la gente torera.

Mi teoría es que los poetas no mienten. Cuando Zorrilla alude a su afición de muchacho a los toros es que de
verdad fue aficionado. Y que aprendió de los maestros citados el arte del toreo, y que conservaba el tal librejo. No
en balde él también era entonces un gran maestro viejo,
prez de la gente poética. Con bula para toda clase de ripios
y onzas escondidas en la faja para cambiarlas en cuanto se
presentase ocasión de lucimiento y obligación de bizarría.

UNA FAENA EN 1851.

Difícilmente podemos imaginarnos lo que era la fiesta de los toros a mediados del siglo xix. Y sin embargo no faltan testimonios de toda clase: gráficos, literarios, poéticos, doctrinales, históricos, periodísticos. En 1851 aparece una revista taurina que va a tener larga vida: *El Enano*. Coincide su salida con la doble fiebre taurino-flamenca y la entrega al vicio de la lotería. Verdad es que en nuestros días lo hacemos todavía mejor, porque lo unificamos en una sola afición: el fútbol, con lo que tiene de combate y de incógnita, así como de orgullo regional o nacional, se amalgama con la eterna pasión del vicio jugador que ahora adopta la técnica falsamente matemática de las quinielas. Se me dirá que no tan falsas puesto que hay toda una ciencia de la matemática basada en el cálculo de probabilidades. Bueno, dejemos esto, porque nos interesa asomarnos a la plaza de toros de Madrid, que se empieza a llamar circo, para ver una faena.

Nos va a guiar Zorrilla en un precioso escrito en prosa: *Historia de mi condiscípulo Juan Aurelio Rico de Oropesa*. Por cierto que el nombre que le atribuye podrá ser histórico y corresponder a un amigo que existió de verdad, pero resulta sospechoso lo del «Rico» reforzado con lo de «Oropesa». Todo parece sugerir, al modo de Galdós con sus simpáticos simbolismos de apellidos, que Zorrilla quiere moralizar ya desde el título.

Las páginas de este relato son entretenidísimas. Veamos, por ejemplo, al poeta con sus amigos de su primera juventud, allá por 1840, asistir al tendido. Allí están junto a él Espronceda, Carlos Latorre, Vera, Villalta, Enrique Gil

y el que había de ser cuando Rubén Darío vino a Madrid
a fin de siglo «la reliquia», el superviviente del grupo romántico, el primer amigo de Zorrilla, Miguel de los Santos
Alvarez. Ni falta tampoco, un poco después, la evocación
de Eulogio Florentino Sanz, personaje importante del cuento
o lo que sea de Zorrilla. Todos estaban, pues, en el mismo
tendido quinto, y qué no daríamos hoy por oir sus comentarios y luego ir con ellos al café cantante, al Parnasillo o
al Liceo. Pero sigamos hasta el principio de la segunda
mitad del siglo. Zorrilla ha andado fuera de España, pero
al volver sabe de la locura de su amigo Rico de Oropesa
y escucha de sus labios impresiones taurinas que, naturalmente, son las mismas del poema, quien confiesa estar enteramente de acuerdo con el amigo abogado. Tan amigo que
fue el propio Zorrilla quien le enseñó técnica taurómaca
proporcionándole las cartillas de Pepe-Hillo y de Montes.

El buen Rico, afortunado porque le toca tres veces el
gordo, lo que es causa de su perdición y desvarío mental,
ya no ve los toros desde el tendido ni siquiera, como en los
primeros tiempos de prosperidad, desde la barrera. Ahora
toma un palco familiar y desde tan alta perspectiva ve y
juzga la fiesta a una nueva luz más crítica y moralista. No
nos da el nombre del diestro en cuestión. Prefiere dejarlo en
el anónimo, pues que se trata de uno cualquiera, porque
todos son iguales. Tacha ésta que se ha puesto y sigue po-
niendo siempre a todos los artistas, escritores y toreros de
todos los tiempos. Leamos: «Desde el palco me causó horror
y hastío, y hasta vergüenza, la brega desordenada del diestro,
que suele preparar a la res con un trasteo compuesto de
diez pases de telón, quince naturales, tres de pecho, cuatro
arrastrados y dos desarmes». Quedémonos aquí y lo primero
que vemos es la monotonía que para el buen aficionado

presenta la faena consabida. Los de telón, es decir, por alto
y de prueba; los naturales, nada menos que quince, que
ya es para hartarse. Faltan, claro, los mismos con la derecha, porque no se le ha ocurrido a nadie la ventaja de
usarla ayudándose con el estoque que arma y abulta la
muleta. Por lo demás, todo igual. Los arrastrados serían
los ayudados o no, pero por bajo para recoger al toro y
preparar su cuadratura. Por no faltar, como si se tratase
del mismísimo Juan Belmonte, ni los desarmes. Y viene la
suerte suprema. Oigamos: «Encunándose para una estocada
a volapié; la cual, según mis reglas, sólo merece una res
marraja que, aplomada y aculada a las tablas, no acusa el
acoso del trapo, previniéndose para arrancar al bulto, demasiado enseñada por un capeo imprudente o por una larga
y mal prolongada lidia».

Aquí sí que hay diferencia porque el todavía bastante
reciente volapié se estima por los mejores aficionados como
suerte de recurso y poco gallarda, al sustituir a la clásica
suerte de recibir. Por lo demás, la prolongación del capoteo
innecesario y la largura de la faena —sumando los pases
salen treinta y cuatro, lo que no está mal, aunque hoy se
hayan batido las dimensiones y aburrimientos—, todo puede
suscribirse hoy.

Y falta la moraleja, que no voy a transcribir por ser
un tanto larga, pero que se resume en la cobardía del popu-
lacho que en número de cinco o seis mil hombres se ensaña
con los quince o doce o diez que están haciendo lo que
pueden y, en el peor de los casos, siempre arriesgando la
vida. La res obedece a su instinto, pero el diestro debe
actuar con inteligencia y si así lo hace la victoria la tiene
asegurada. El fallo moral es doble. Condenable para la
plebe. Dudoso, aunque en estricta moral condenatorio, para

la Fiesta misma. Si bien su majeza y señorío la disculpan y la hacen tolerable. No, no era mal aficionado Pepe Zorrilla. Lo sabíamos por algunos de sus versos, pero lo confirman mejor sus prosas, injustamente olvidadas.

LA GUIRNALDA.

Hacia 1839, cuando el todavía no autor del *Tenorio* cumple veintidós años y prepara el tomo séptimo y el octavo de sus *Poesías,* que aparecen al año siguiente, 1840, debió Zorrilla de ver bailar a Guy Stephan, famosa bailarina. Las hojas de la Prensa y de los álbumes de la época en Europa andan a vueltas con la ingrávida danzarina. Mucho nos gustaría seguir sus huellas y trazar su biografía. Por desgracia, por lo que a mí toca, me falta documentación y arrestos para buscármela yéndome a esas bibliotecas y hemerotecas y consultando anales y libros españoles, ingleses y franceses. Por dicha, importa poco. Importará el día que se haga la historia sistemática de la danza en España y de paso se recojan las impresiones más o menos aéreas y volanderas que sus mudanzas y giros suscitaron en los españoles, tal como podemos colegir de las páginas de novelas, diarios y documentos de epistolarios y archivos.

Pocas veces se habrá logrado sugerir el ritmo a la vez plástico y musical de una bailarina con la felicidad y la gracia con que lo consigue Zorrilla en su poesía *La Guirnalda.* ¿Por qué la titularía *La Guirnalda?* No lo sabemos, ni tampoco si alude a una posible colaboración con un coro más o menos sílfide o, lo que yo más bien pienso, por un simple efecto o imagen del entrelazado de flores de danza, que la danzarina iba como sembrando y echando a volar por el

aire de la escena, aunque él dice que la guirnalda es la de
sus cantares. Tenía Zorrilla el don del ritmo métrico y el
más sutil del ritmo que ya no se funda en la materialidad
de las sílabas, sino en la delicada elasticidad de las palabras
aladas. Es urgente catalogar el repertorio métrico del gran
versificador que fue Zorrilla, inventor constante de variantes y alguna vez de estrofas que enriquece el ya entonces
caudaloso censo de la métrica española. Ya Espronceda se
le había anticipado, y otros poetas de su tiempo rivalizan
también en la destreza numérica y en su adecuación a los
temas en cada caso.

En este poema delicioso, subtitulado *Serenata Oriental
a la Guy Stephan,* la invención consiste en el alternar de
versos de diez sílabas en hemistiquios —esto es, cinco más
cinco— con sorprendentes versillos de otro ritmo completamente distinto, de cuatro sílabas, y que a pesar de ser más
breves se mueven más lentos y perezosos, en tanto los decasílabos se abren coreográficamente en espirales volanderas
que giran imprevisibles. Todavía hay otra riqueza en la
métrica y el ritmo de *La Guirnalda* y es la intromisión, ya
mediado el poema, de las seguidillas con su estribillo. El
resultado es un encanto para los oídos y hasta para los ojos
que imaginan, ven a la Stephan, rubia y nórdica en tierra
de morenas del sur, volar con elegancia y gracia por el
ámbito de la escena. Y ya lo de menos es que la facilidad
viciosa de Zorrilla se contente con tópicos de adjetivación
que pasan casi inadvertidos en la vorágine de los siempre
sorprendentes versos.

Para mayor sabor de época, *La Guirnalda* aparece en el
libro seguida de una canción de solo y coro, *El Wals,* así
con «W», todavía como algo exótico y que acusa el influjo
europeo del romanticismo francés y del *Fausto* de Goethe

en noche de Walpurgis. Pero esta canción está destinada
al canto y por eso su métrica es monótona, en tanto que
La Guirnalda es poesía y danza pura y la música y el canto
lo lleva en los pliegues y ondeos de sus telas y gasas y en
las luces y destellos de sus ojos de cielo y nevada espalda.
Daremos una versión abreviada del poema.

> Mariposa
> revoltosa,
> tiende tus alas de oro y de gualda;
> bella ondina
> nacarina,
> desplega al viento tu suelta falda;
> voluptuosa
> bailarina
> de ojos de cielo y nevada espalda,
> deja que bese tus pies de rosa
> y que a tu nombre, Guy peregrina,
> tejan mis versos una guirnalda.
>
> ¿Quién de tu gracia no se enamora?
> Hija del aire, ¿quién no te adora?
> En tus giros airosos
> tu cuerpo toma
> los contornos graciosos
> de la paloma.
> Tu cuello esbelto
> es como el de los cisnes,
> flexible y suelto.

LA VOZ DE MATILDE.

La voz de Matilde suena a novelería, a ópera, leyenda,
romance o saga. Nos evoca las Cruzadas, los grandes poemas
heroicos, las gestas. Este sufijo —*ilde*— es el mismo de las

valquirias, el mismo de Brunilda, de Hermenegildo el mártir, de tantos héroes y heroínas, reales unos, imaginarios otros. Es Matilde prenda de romanticismo. Era inevitable que una actriz insigne, la más representativa de su tiempo español, llevara como una predestinación el nombre romántico de Matilde. Oigamos a Zorrilla en sus *Recuerdos del tiempo viejo.* Habla de las vicisitudes, preparación, reparto y estreno de su *Traidor, inconfeso y mártir,* su drama predilecto.

> «Encariñado y casi finalizado yo con mi personaje fantástico había, prescindiendo a sabiendas de la verdad de la historia por la poesía de la tradición, hecho del pastelero de Madrigal y del rey portugués una sola personalidad poética; necesitaba que la exuberancia del arte diese relieve a las medias tintas de la verdad de la Naturaleza, que la luz de la poesía esclareciera y revelara la sombra que la maciza figura de la verdad iba a proyectar en el paisaje fantástico de la ficción; y pensé en Matilde, la actriz más poética, sentimental y apasionada que hemos conocido en nuestro moderno teatro español».

Zorrilla llama siempre a Matilde sin apellido, y vamos a seguir su ejemplo para dejar antonomástico y simbólico su nombre de pila, suficiente para identificarla sin confusión posible. Todo lo que dice el recordador en las páginas del delicioso libro referente al *Traidor* es interesantísimo. Ya es definición felicísima de la poesía legendaria, campo en que triunfa sobre todo el autor del *Tenorio,* la que acabamos de recordar: «La sombra que la maciza figura de la verdad iba a proyectar en el paisaje fantástico de la ficción». Frase que vale por una apoteosis, y rigurosamente exacta, del espíritu creador romántico. Todo lo que nos cuenta de su reticencia y al fin su declaración abierta de desconfianza

al arte de Julián Romea, por otra parte tan buen amigo suyo
como actor y poeta, es testimonio valiosísimo y a no poder
más revelador de lo que Zorrilla sentía y sabía, a pesar de
su juventud, juventud ya rica en experiencia, del arte dramático y de su interpretación.

Al fin, Romea acepta, lucha y, según Zorrilla, fracasa.
Si la obra triunfa, se deberá en primer término al arte profundo y a la sensibilidad delicadísima de Matilde. Yo creo
que no se puede decir más ni mejor del misterio de la voz
humana y de la encubierta y maravillosa seducción de su
modulación en labios y garganta de actriz que lo que Zorrilla dice en el siguiente párrafo:

«Matilde era la gracia, el sentimiento y la poesía perso-
nificadas sobre la escena; su voz de contralto un poco
parda, no vibraba con el sonido agudo, seco y metálico del
tipo estridente, ni con el cortante y forzado *sfogatto* del
soprano, sino con el suave, duradero y pastoso son de la
cuerda estirada que vuelve a su natural tensión, exhalando
la nota natural de la armonía en su vibración encerrada. El
arco del violín de Paganini, al pasar por las cuerdas para dar
el tono a la orquesta, despertaba la atención del auditorio
con un atractivo magnético que parecía que hacía estremecer
y ondular las llamas de las candilejas; y la voz de Matilde
tenía esta afinidad con el violín de Paganini: al romper a
hablar, se apoderaba de la atención del público, hería las
fibras del corazón al mismo tiempo que el aparato auditivo,
y el público era esclavo de su voz, y la seguía por y hasta
donde ella quería llevarle, con una pureza de pronunciación
que hacía percibir cada sílaba con valor propio, y la diferencia entre la c y la z, y la doble s final y primera de dos
palabras unidas que en s concluyeran y empezaran. Matilde
no se había dejado seducir ni contaminar con el exagerado
lirismo de la lectura y recitación salmodiada, que Esperanza
y yo dimos a nuestros versos, no; Matilde recitaba sencilla,
clara y naturalmente, saliendo de su boca los períodos y

estrofas como esculpidas en láminas invisibles de sonoro cristal, y los versos y las palabras como perlas arrojadas en plato de oro».

Asombrosa prosa ésta de Zorrilla. A pesar de la rapidez con que está escrita, su precisión y el hallazgo constante de los adjetivos e imágenes para definir lo que parece indefinible, como es la magia indecible de la seducción de la voz y distinguir la música pura de su melodía, de la suntuosidad de su armonía —armonía de armónicos más que de notas separables—, llega en estas palabras al colmo de su felicidad. No en balde Zorrilla era no sólo el estupendo recitador que fue, sino el poeta que sigue siendo en forma de eco de sí propio y de eco de todos los rumores, sonidos emboscados y armonías de la Naturaleza y de sus aparentes ruidos. Ruidos hasta ayer mismo. Hoy ya música, gracias a la labor redentora que las nuevas generaciones de compositores vienen realizando para ensanchar los dominios agrimensurables del ruido susceptible de redención musical.

RUIDOS Y QUIMERAS.

La sensibilidad de Zorrilla para los mundos del misterio es inagotable y muchas veces, cuando vence su natural y pródiga pereza y se entrega en brazos de la facilidad, es también delicada, felicísima. Tanto da que sea el mundo acústico o el óptico, el reino de lo maravilloso o el suburbio de lo plebeyo y cotidiano, el colorido de lo exótico o los matices apagados y apenas discernibles de lo prosaico. De lo que aprendió en sus maestros —un Hugo, un Hoffmann y otros románticos— ya se ha escrito acertadamente. A mí me interesa más verle anunciando la poesía de las generaciones siguientes. En estos mundos materiales o quiméricos, Zorrilla se anticipa a Bécquer, a Salvador Rueda, a Villaespesa, a Lorca, a los que Juan Ramón llamaría poetas alhambristas (con hache) o alambristas (sin hache), porque tanto vale el juego morisco como el acróbata.

Voy a poner dos breves ejemplos tomados de una de sus obras más significativas y, por decirlo así, modernas: *El Album de un Loco*. Quedó este poema inconcluso, al menos para su título, aunque alguna obra muy posterior prolonga lo publicado en 1853. Edad media, madura ya, pero no decadente, en la producción del poeta. La epístola dedicatoria a don Cayo Quiñones de León, secretario de la legación española en París, está escrita en romance endecasílabo y es toda ella muy interesante. Vamos primero con los ruidos. La música abstracta, aunque ahora, no sé por qué, la llamen concreta, está ya conseguida con palabras en este fragmento. Bécquer no hará otra cosa en algunos de sus versos y en muchas de sus prosas. Notemos la finura de esos «seres» que capta la insomne atención de Zorrilla, su sutil agilidad para aislarlos y darles forma con palabras tan sencillas como eficaces. Y cómo de la adición de los elementos seleccionados, heterogéneos por otra parte, brote en una unidad perfecta el cuadro acústico y óptico que el mago propone a nuestra atención.

> ¿Quién conoce los seres que producen
> esos ruidos nocturnos que se escapan
> de entre el tapiz que nuestro cuarto abriga,
> del pabellón que envuelve nuestra cama,
> del vacío cajón de nuestra cómoda,
> de la trémula luz de nuestra lámpara,
> del seno, en fin, desierto y silencioso,
> del aire sin color de nuestra cámara?

De este aire sin color es fácil pasar al mundo inmediato
de las quimeras. Las quimeras van a tener medio siglo más
tarde un desarrollo abrumador. La palabra se va a convertir
en un tópico del modernismo. Juan Ramón, Villaespesa,
Antonio Machado, Carrere, etc., y nada digamos de los
hispanoamericanos, nos abruman de quimeras. Algunos ni
saben lo que son. De la palabra o mito griego no queda
apenas nada. La quimera y lo quimérico ya es algo distinto,
acorde con la sensibilidad morbosa del nuevo siglo. Perse-
guir el vuelo de las quimeras desde la Antigüedad hasta
su desvanecimiento en los deformes caprichos sobrerrealis-
tas, es excursión que brindo a cualquiera que se tome el
trabajo de sacar su billete o pasaje en las oficinas de la erudición y del gusto por la poesía y por el arte. La generosa
vena de Zorrilla encuentra en el tema quimerial, incentivo
para una de sus inevitables sartas de verbos. Esta vez no se
puede negar que con gracia y frescor de imaginación y de
ensueño. Cortémosle, sin embargo, su caño suelto un poco
antes que se diluya en conclusiones de moraleja que tampoco
están del todo mal, pero no nos interesan para nuestro
propósito.

> ¿Quién conoce la faz de esas quimeras
> que en su vacío temerosas se alzan,
> vuelan, caminan, ruedan, desparecen,
> giran, voltean, gesticulan, danzan,
> se aglomeran, se esparcen, se confunden,
> se iluminan, se encogen, se dilatan,
> ya sobre alas de dragón se ciernen,
> ya del techo se cuelgan con sus garras,
> ya se hunden a través de los espejos,
> ya surgen a través de las mamparas,
> ya en nuestra faz ingrávidas se posan,
> y huyen por fin ante la luz del alba?

En un puente imaginario entre *El Murciélago alevoso* del fraile de Salamanca y las enumeraciones materiales y caóticas de Neruda, pueden estos pasajes y muchos otros de nuestro poeta romántico ocupar uno de sus puntos más alzados.

Bécquer y la Música

Bécquer y la Música, tema sugestivo si los hay. Y que se puede tratar de la más diversas maneras. Procuraré sintetizar —no habrá más remedio, porque esto no va a ser un libro— y asomarme a las diversas perspectivas del tema, deteniéndome especialmente en las que van —o vienen— a Bécquer desde la Música sin demorarme en las que marchan en dirección inversa, partiendo de la obra becqueriana para inspirar obras musicales.

Podemos desde el mismo umbral de nuestro ensayo afirmar categóricamente que en la poesía española no hay, al menos hasta el siglo xx, otro caso de afición a la Música, de sensibilidad delicada para percibirla y gozarla, comparable al de Gustavo Adolfo. Otros excelsos poetas la han incorporado, asimilado en sus poemas, en su eufonía rítmica, o bien, en sus manifestaciones naturales y previas a su aprovechamiento por la conciencia y el oficio humanos. La naturaleza en lo que nos ofrece de música esencial y sin signos ni palabras invade, empapa deliciosamente la lírica de Garcilaso, eleva a cimas inaccesibles la de San Juan de la Cruz, está omnipresente en la de Lope, susurra a lo largo de la de Meléndez Valdés, encanta las coplas del cancionero anónimo y de sus enamorados como Gil Vicente, por citar

sólo el caso más insigne, deleita a los poetas de su escuela
y les sugiere onomatopeyas y trasposiciones, a veces felicí-
simas. Por otra parte, tenemos a los poetas que han sido
músicos profesionales y que naturalmente reflejan la doble
vocación y destreza en ambas artes. Gil Vicente es un caso
probable y lo son seguros el grande Juan del Enzina, Jorge
de Montemayor, Luis Milán, posiblemente Góngora y de
modo por lo menos especulativo Fray Luis de León y Lope.
En cuanto al virtuoso Orfeo Jáuregui, se nos muestra como
instrumentista, vihuelista de arco y divo cantor, sentidor
y expresador de los más recónditos matices de otros instrumentos, como las trompas que «canoras aunque horribles /
son a un tiempo tremendas y apacibles». ¿Sería temerario
suponerle a Juan Ruiz tañedor de alguno o algunos de los
instrumentos de su fabulosa orquesta? Lo temerario sería
imaginarle lego hasta el punto de no haber tomado en sus
manos, por ejemplo, bien la guitarra morisca, bien el cor-
pudo laúd. Y nos falta el mayor de todos, el sabio Rey
Alfonso.

El caso de Bécquer es distinto a todos los que hemos
recordado o podríamos recordar si nos propusiésemos una
lista más o menos completa, desde Berceo a Ricardo Gil, el
de *La caja de Música*. (Ya he dicho que no quiero referirme
al siglo xx). A Gustavo Adolfo la Música —bueno; la música, con minúscula, vamos a familiarizarnos con ella, tal
como lo hace el propio poeta— no es que le inspire, es que
le abraza, le alimenta y, por decirlo así, le constituye. Sin
música no habría poesía de Bécquer ni el hombre mismo
Bécquer que quedaría mutilado, casi inexistente. Y eso que
Bécquer es, ante todo, poeta y después pintor, y de familia,
no de músicos sino de pintores. Tanto más significativo el
que sea además ejemplo de vocación, de afición musical.

Tomo lo de afición en el sentido original de la palabra, afección, amor a la música. Profesional de la música es evidente que no lo fue. Técnico de ella por disciplina y estudio parece que tampoco. En cambio, practicante y competente, de un modo o de otro, nos inclinamos a creer que sí. Para precisarlo mejor acudiremos al testimonio de sus contemporáneos y al suyo propio, así como al destino y vicisitudes de su vida.

El periodista cubano Antonio Escobar en «El Fígaro», 14 de diciembre de 1890, de La Habana, publica una entrevista con Ramón Rodríguez Correa, el amigo y colaborador de Gustavo. He aquí sus palabras (que transcribe Gamallo Fierros en su libro *Páginas abandonadas* de Bécquer):

«Sabido es que el gran poeta Bécquer no tuvo mayor amigo que nuestro afamado paisano Ramón Rodríguez Correa. Este, que con los años —porque se las echa de viejo— no sólo no ha perdido, sino que ha mejorado sus dotes de «conversador sabroso», nos contaba, hace pocas noches, cosas interesantes del autor de las *Rimas*.

Correa opina que Bécquer tenía una de las más extraordinarias organizaciones artísticas que ha producido este siglo. No hablemos ya de sus versos, que seducen a toda gente de raza española. Era, además, dibujante y músico.

Sí, músico; y no sólo ejecutante, sí que también compositor. Y esto habiendo estudiado muy superficialmente el divino arte.

Un día tuvo una idea muy bonita: la de publicar la historia de todos los templos de España. Se buscó y se encontró escritor. Se alquiló una casa, y en ella se consagró una sala a recibir «los curas que llevasen datos y suscripciones».

Se puso un piano en la sala. Bécquer, más que a describir templos, se dedicó a tocar el piano de memoria, sin papeles y a lo que saliera. Y salían unos valses deliciosos, atribuídos por Correa a la veta alemana del poeta; y salían composiciones extrañas, trozos de óperas no escritas; todo un mundo. Bécquer contaba un libreto de ópera, ideado por él, escena por escena, perfectamente planeado; y en el acto arrancaba al piano los motivos de dúos, coros, arias. Aquello era prodigioso.

Su casa estaba frente a la legión (sic: será legación) inglesa, en la calle de Torrijos. Una mañana, un caballero, al parecer extranjero, se presentó preguntando por el profesor de piano. Cuando el criado llevó el recado a los redactores de *Los templos de España,* se echaron éstos a reir.

—Este te busca a ti —dijo Correa a Bécquer—. Recíbelo y te divertirás.

Así lo hizo el poeta. A poco volvió, con un tabaco superior en la boca, a la habitación en que estaban sus compañeros.

—Señores —dijo—, ¡qué aventura! Ese caballero está encantado con mi música. Me ha preguntado de qué maestro es porque asegura que conoce la de todos, y que piensa que ninguna se parece a ésta...

—¿Y quién es el hombre? ¿El ministro de Inglaterra?

—¡No! ¡Nada menos que el tenor Mario!

El cantante y el poeta se hicieron amigos. Mario se pasaba las horas escuchando las melodías que Bécquer ejecutaba en el piano».

En efecto, al menos que a Bécquer le gustaba mucho Mario lo demuestra una de sus crónicas en que elogia su interpretación de Almaviva en términos muy calurosos, llamándole «tenor aparte de todos los tenores».

Frente a este texto en que, aunque sea indirectamente, habla el amigo que mejor conoció a Bécquer y que colaboró con él en empeños en los que la música no estaba ausente, pongamos ahora otro del mismo Gustavo. No olvidemos que Gustavo es el hermano de Valeriano, que dibuja constantemente y a veces pinta. La música la ha de sentir como músico, como poeta y como pintor. Para él las notas sueltas, desgranadas, visibles y esféricas —las notas de la notación musical— son como gotas de rocío o cerecitas colorados con su rabo de corchea y gozan una existencia corpórea, plástica, e independiente. Con frecuencia las vemos, en sus rimas o en sus leyendas, escaparse de los papeles pautados o de los instrumentos sonoros y lucir fantasmales, desasidas, como los ojos en la rima inolvidable.

¿Era Bécquer «analfamúsico»? ¿Sabía leer notas o no? Pues bien, él nos confiesa que en la abadía de Fitero descubre «dos o tres cuadernos de música, bastante antiguos, cubiertos de polvo y hasta comenzados a roer por los ratones. Era un *Miserere*. Yo no sé música; pero le tengo tanta afición que aun sin entenderla, suelo coger a veces la partitura de una ópera, y me paso las horas muertas hojeando sus páginas, mirando los grupos de notas más o menos apiñadas, mirando los triángulos y las especies de etcéteras, que llaman claves; y todo esto sin comprender una jota ni sacar maldito el provecho». Y al final de la leyenda, añade que el manuscrito «parecía mofarse de mí con sus notas, sus llaves y sus garabatos ininteligibles para los legos en la música». Creemos que la verdad en cuanto a su alfabetismo y conocimiento de la técnica musical anda más cerca de su propia declaración —aunque nos cueste trabajo creerle que no entendía ni jota de las notas— que de la optimista de Correa. Todo es compatible. Bécquer tocaría, como se dice, de oído, con una natural intuición armónica e inventiva melódica, así como aptitud para el teclado. Acaso recibiría de niño —en su tiempo era casi obligado— alguna educación pianística o de solfeo. Es muy raro que para él, adulto, fuesen totales enigmas los de la grafía, al menos lineal, aunque claro es que se le haría muy difícil

leer musicalmente un manuscrito polifónico y darse cuenta
de cómo sonaría. Y sin embargo, el atractivo para él de las
partituras radicaba en su fisonomía gráfica y expresiva y,
por supuesto, en las acotaciones o indicaciones de tempo y
de expresión, como veremos luego.

Sí, la música se interpone en todos los caminos de la
vida de Bécquer, poeta profesional, pintor en potencia y
alguna vez en acto, y músico de instinto. Un solo gran
artista que maneja sus palabras como si fuesen a un tiempo
«suspiros y risas, colores y notas», según él mismo anhelaba.
Podríamos evocar una suite de estampas musicales de la
vida de Bécquer. Bécquer escuchando al pianista Lorenzo
Zamora, en compañía de Arrieta, de Oudrid, de Gaztambi-
de. Bécquer colaborando —a pesar de su aversión a la
zarzuela a la que considera género menor y de poco fuste,
pero la vida obliga— con los músicos de su tiempo en la
confección de zarzuelas y adelgazando su métrica y calcu-
lando sus acentos para sugerir ritmos al músico o para aco-
modarlos a la música preexistente. Bécquer, enamorado de
Julia, quizá más que por los ojos, por los oídos que sienten
el encanto del canto de la diva vanidosa; Bécquer en peligro de tener por suegros un músico profesional y una cu-
ñada de Rossini; Bécquer, prendado de Casta por la pureza
de timbre de su voz. Bécquer inspirando ya en vida los primeros «Lieder», lo que entonces empezaba a llamarse con
un galicismo «Romanzas sin Palabras» o con ellas. En
cualquier caso, si la ascendencia de Bécquer era la que su
apellido elegido indica, nada tenían de germánicas las músicas italianístiscas de los compositores españoles de la época
isabelina.

ORQUESTA DE BÉCQUER.

Llamaríamos orquesta de Bécquer al repertorio mencionado de instrumentos en su obra en verso y sobre todo en prosa. Vamos a fijarlo, excluyendo todos los textos de atribución más o menos dudosa. Por ejemplo, nos gustaría tener la certeza de que la narración *La fe salva* es auténtica del poeta. Así lo cree Gamallo Fierros, gran autoridad. Pero Rafael Montesinos acaba de hacernos conocer su opinión negativa, basándose en indicios que hay que tener muy en cuenta. Lo apunto porque en esa prosa aparece, por única vez que yo sepa, la mención «de un clave acariciado por una blanca mano de mujer» y hablando de los palacios viejos nos dice que conservan «el eco de los clavicordios». Toda la página es sospechosa porque abunda en vocabulario y sensibilidad más bien modernista que becqueriana.

Ahora repaso mis notas —notas de escritor, por supuesto— y cuento los instrumentos que en ellas aparecen. Son nada menos que unos cuarenta. Y no es sólo la cantidad y diversidad de ellos sino la frecuencia con que muchos salen en su prosa y la finura con que figura registrado su timbre y su empleo. Instrumentos. *Primer grupo:* Cítara. Lira. Arpa. Laúd. Vihuelas. Guitarras. Guitarrillo. Bandurria. Tiorba. Salterios. Bandolín. Guzla. *Segundo grupo:* Organo. Organillo. Piano. *Tercer grupo:* Trompas. Trompetas. Corneta de pistón. Cornetín. Clarines. Añafiles. Figle. *Cuarto grupo:* Gaitas. Clarinete. Flauta. Sinfonía. *Quinto grupo:* Campanas. Campanillas. Esquilón. Esquila. Címbalos. Castañuelas. *Sexto grupo:* Pandereta. Panderos. Sonajas. Zambomba. Timbales. Tambores. Tamboril. Bombo.

La frecuencia con que aparecen en el verso y sobre

todo en la mucho más abundante prosa de Bécquer es muy
distinta. Se llevan la palma las campanas y también son
abundantísimas las guitarras con su familia. La lira surge
en textos de carácter más bien poético o simbólico, mientras que en los realistas y descriptivos menudean los par-
ches más populares de panderos y compañía.

Puede sorprender que entre los modernos instrumentos
de arco sólo se cite a los violines y no violas, violonchelos y
violones. Pero hay que tener presente que Bécquer no escribe crónicas musicales más que de ópera y de ellas quedan muy pocas de atribución segura o probabilísima. Como
es lógico y muy de su tiempo atender en ellas con preferencia al canto, eso es lo que hace Bécquer, que demuestra
una finísima capacidad de percepción y un uso perfecto de
los adjetivos que definen y matizan las inflexiones de la voz,
tanto los estrictamente técnicos como los expresivamente
poéticos o sugeridores.

Pensemos que entonces, en los primeros años de la sép-
tima década del siglo xx que es cuando colabora Gustavo
con asiduidad en menesteres de crítica o de crónica de sociedad en torno al teatro, eran muy raros los conciertos puramente sinfónicos y más aún los de cámara. Por eso no es
extraño que dé la casualidad —porque casualidad ha de ser
en fin que cite a unos instrumentos y omita otros en alusiones tan fugaces, ocasionales y sin compromiso— de que no
salgan oboes, fagotes o trombones. Lo asombroso es justamente lo contrario, no las omisiones sino las abundantísimas
inclusiones. Y, como he insinuado antes, el cómo, con qué
atención a timbres, resonancias, conjuntos instrumentales,
efectos de ambiente y eco, paralelos con la música natural o
prehumana, escribe y escucha Gustavo Adolfo. Por descon-
tado, hay también referencias a los conjuntos —orquestas,

bandas, rondallas, coros— así como las interesantísimas que
dedica al arte coreográfico culto o popular y en las de este
último a la crisis que va imponiendo el espectáculo y la
influencia europea a la tradición pura de nuestros bailes.

ARPA.

Vamos ahora a detenernos en algunos instrumentos para
ver cómo los siente y cómo «instrumenta» específicamente
para ellos el poeta o el narrador. Empecemos por el que se
suele citar como más becqueriano, el arpa. Verdad es que
entre 1850 y 1870 ningún otro, ni siquiera el pianoforte, ya
llamado definitivamente piano, representa el espíritu poético
y musical del más elevado romanticismo. En las casas de las
ciudades, de las villas campesinas de España, solía dormir
el arpa, un arpa no siempre cubierta de polvo ni relegada al
ángulo oscuro del salón, sino reluciente y desenfundada.
Todavía hemos conocido hace medio siglo, por ejemplo en
Asturias, el ornato y aun la voz, las voces celestes de arpas
familiares y siempre o casi siempre destinadas a la nieve de
las manos femeninas. No nos dejará mentir Pola de Lena.
Y a propósito de manos femeninas. Se recordará que uno de
los versos de la rima *Del salón en el ángulo oscuro,* dice «de
su dueño tal vez olvidada». Y aunque ya se va rectificando
en algunas nuevas ediciones el texto auténtico de Bécquer
sin las enmiendas, casi todas desafortunadas, que le hizo
sufrir el gusto retórico de Narciso Campillo, que fue el encargado por el propio poeta, ya próximo a morir, de que
preparase y corrigiese sus versos para la impresión, todavía
predomina en las más de las ediciones lo de «su dueño».
Enmienda, en verdad, morfológicamente correcta. Porque

4

«dueño» era entonces (y aún queda como reliquia del lenguaje del amor en labios más o menos cursis lo de llamar a la amada «mi adorado dueño») normal para indicar no sólo al hombre sino a la mujer, ya que «dueña» tenía aún bien vivo el recuerdo de las dueñas satirizadas de la literatura de teatro y novela. Pero no siempre. Bécquer había escrito «de su dueña tal vez olvidada», con lo cual evitaba todo posible equívoco, sin que a nadie se le pudiera ocurrir una referencia anacrónica a dueñas ya desaparecidas de la vida ciudadana española, puesto que en el verso la palabra estaba determinada por el arpa: dueña del arpa, no dueña como institución familiar. Observemos también que su aparición en la famosísima rima tiene un sentido de símbolo. Las notas dormidas en las cuerdas como el pájaro duerme en las ramas son el símbolo del genio dormido esperando que le llamen como a Lázaro. Pero este símbolo es a su vez profundamente simbólico de lo musical, de la música dormida —tan misteriosamente— existente, latente y sin embargo callada, paciente, aguardando siempre, siempre, que la despierten de su letargo de años o de siglos para cobrar efímera vida sonora.

Otra de las muchas bellezas que nos ofrece la rima del arpa es su ritmo. No tengo tiempo para ocuparme de uno de los aspectos más fundamentales de la relación entre Bécques y la música: el del ritmo de su verso y de su prosa. Quede al menos su mención para tratarlo cuando pueda con la atención que merece. Uno de los casos en que podría estudiarse con mayor fruto es el de esta poesía preciosísima con su ritmo ternario y no necesariamente anapéstico, como opinan los que se dejan engañar por la simple casualidad de que empiece «Del salón», igual a un monosílabo átono y un bisílabo agudo. Basta considerar el pie siguiente, que sería, según los fanáticos de esa manera equivocada de entender la métrica, «en el án-», si se quisiera conservar el ritmo anapéstico. No, no es éste el camino fecundo para sentir mejor que analizar la métrica y sobre todo el ritmo y la música de unos poemas y de un poeta. Las conclusiones a que se llega por esas vías, tan anatomizadas, son ingenuas, cuando no radicalmente falsas, y la ganancia material de la observación y los cómputos, tan nimia que no valía la pena de tomarse el trabajo de inventar toda una nomenclatura que resulta tan pedante como innecesaria.

ORGANO.

Volvamos a los instrumentos músicos en Bécquer. Seguramente sus preferidos, al menos por la frecuencia y amplitud de sus apariciones y por las maravillas con que reduce sus sonoridades a términos de idioma de palabras, son el órgano y las campanas. ¿Vocación espiritual, religiosa de Bécquer? Algo hay de eso. Pero aún más de su tendencia a la música o músicas del silencio previo o posterior a su nacimiento disolución. El órgano «suena por su ausencia» desde el primer verso de la rima que quedó elegida para la primera edición como obertura del poema que entre todas constituyen: *Yo sé un himno gigante y extraño.* ¿Qué otro instrumento que el majestuoso órgano, gloriosamente envuelto en el coro de voces humanas, podría asumir la epifanía de ese himno? Y las páginas de las rimas no son sino cadencias del himno que el aire dilata en las sombras. No se puede decir más ni mejor del misterio de la música y que es a un tiempo el de la mejor poesía. Habría que comparar estos versos incomparables con los párrafos, también inspi-

radísimos, en prosa, donde Bécquer orquesta u «organiza»
el milagro del mundo sonoro, musical o natural, desde el
silencio en que duerme hasta el nuevo silencio en que vuelve a acostarse pasando por toda la infinita gradación de vibraciones y armónicos que no hay reguladores ni argucias de
grafía musical que sean capaces de expresar. En el caso de
esta rima la alternancia de decasílabos y dodecasílabos, íntimamente hermanados por su común ritmo ternario, cumple
maravillosamente su balanceo rítmico otorgando a cada verso
el punto preciso de elasticidad que conviene por un lado a
su eufonía, por otro a su fidelidad al sentido que quiere
expresar. Así el segundo verso «que anuncia en la noche del
alma una aurora» amplía grandiosamente la proposición rotunda del primero, en tanto que el tercero prepara con su
leve inversión final, la infinita amplitud cadencial de las
«cadencias que el aire dilata en las sombras». Notemos ese
«dilata» que es la música misma. ¿Verdad, Mompou?

Nada tiene de extraño que el órgano en el breve mues-
trario de las rimas no suena nunca. Aunque «suene» calla-
do, según hemos paradójicamente advertido. Está de algún
modo el órgano en la que empieza « ¡Cuántas veces, al pie
de las musgosas» y en la última «En la imponente nave».
Son pocos unos centenares de versos para obtener conclusiones estadísticas de léxico. En cambio, la prosa es mucho
más abundante, aun sin contar la que se haya perdido o disimulado anónima. El órgano es el verdadero protagonista de
Maese Pérez el Organista, la leyenda sevillana. De cómo
sentía Bécquer su música nada ni nadie mejor que su prosa
misma puede dar testimonio. Acotarla y comentarla me parece inútil. Escuchémosla:

> Una nube de incienso que se desenvolvía en ondas
> azuladas llenó el ámbito de la iglesia. Las campanillas repi-

caron con un sonido vibrante y maese Pérez puso sus
crispadas manos sobre las teclas del órgano.

Las cien voces de sus tubos de metal resonaron en un
acorde majestuoso y prolongado, que se perdió poco a
poco, pero como si una ráfaga de aire hubiese arrebatado
sus últimos ecos.

A este primer acorde, que parecía una voz que se
elevaba desde la tierra al cielo, respondió otro lejano y
suave, que fue creciendo, creciendo, hasta convertirse en
un torrente de atronadora armonía. Era la voz de los ángeles que atravesando los espacios, llegaba al mundo.

Después comenzaron a oírse como unos himnos distan-
tes que entonaban las jerarquías de serafines. Mil himnos
a la vez, que al confundirse formaban uno solo, que, no
obstante, sólo era el acompañamiento de una extraña melodía, que parecía flotar sobre aquel océano de acordes
misteriosos, como un jirón de niebla sobre las olas del
mar.

Luego fueron perdiéndose unos cuantos, después, otros.
La combinación se simplificaba. Ya no eran más de dos
voces, cuyos ecos se confundían entre sí; luego quedó una
aislada, sosteniendo una nota brillante como un hilo de
luz».

En el sublime momento del alzar estalla una explosión
de armonía gigante. Y luego:

«De cada una de las notas que formaban aquel magnífico acorde se desarrolló un tema, y unos cerca, otros lejos,
éstos brillantes, aquéllos sordos, diríase que las aguas y los
pájaros, las brisas y las frondas, los hombres y los ángeles,
la tierra y los cielos, cantaban, cada cual en su idioma, un
himno al nacimiento del Salvador».

Cuando Bécquer habla de temas, de desarrollos, de
melodía, de ritmo, de armonía sabe siempre lo que dice.

La otra leyenda musical, *El Miserere,* es a la música
coral lo que la que acabamos de recordar a la orgánica. Y si
en *Maese Pérez* se adivinan los coros, en *El Miserere* se escucha, tácito y al fondo, el órgano. Luego volveremos sobre
la música nocturna de la naturaleza de la que se pasa insensiblemente a la humana, celeste o diabólica en *El Miserere.*
Ahora vayamos a la otra predilección, a las campanas.

CAMPANAS.

Son frecuentísimas sus apariciones en las páginas de
Bécquer. No sabe uno qué elegir. Lo admirable es la íntima
unión del espíritu religioso y cristiano de Gustavo Adolfo
y de su portentosa sensibilidad, no sólo para la música
propiamente dicha, la que se integra con melodía, armonía,
ritmo, timbre y forma, sino para la música natural o de la
naturaleza o la que imitada de ella por el hombre, se concreta a un solo elemento, al timbre con toda su riqueza de
armónicos y su presentación, a veces rítmica en los toques
separados, a veces armónica, en los superpuestos de un vol-
teo simultáneo. Zorrilla entra en la poesía española al son de
«Ese vago clamor que rasga el viento», a la voz funeral de
una campana, frente a la abierta huesa de Larra. Bécquer
quizá se acuerde del suicida y de su poeta cuando escribe
su escena de Madrid, *La Noche de Difuntos.* No es la única
sobre el tema. Recordemos *El Monte de las Animas* sorianas.
Pero en ninguna prosa becqueriana hay tal sinfonía, plenitud
y expresionismo romántico —y moderno hoy también— de
campanas como en la meditación que Gustavo escribe para
publicarla con su firma y un dibujo de Valeriano en «El
Museo Universal» el 9 de octubre de 1865. No sólo de los

prerrománticos y románticos españoles tenemos que acordar-
nos al leerla sino de los extranjeros. De Schiller, de Hugo,
de Liszt, de las óperas italianas y de los dramas románticos
historicistas. Y Bécquer, tras de afirmar que cree reconocer
una por una las diferentes voces de las campanas que en la
noche triste se sueltan a cantar en discorde conjunto de sonidos, ya graves o agudos, sordos o metálicos, se figura que
exhalan como palabras misteriosas que el poeta logra interpretar al escucharlas palpitando en el aire, envueltas en sus
prolongadas vibraciones.

La serie de imágenes que se le ocurre revela una opu-
lenta y cálida imaginación, una sensibilidad exacerbada para
los timbres y las vibraciones.

Sus sonidos, al juntarse, se tornan simbólicos. Hay la
campana asordadora de ritmo matemático y ritual que con-
voca a los industriales de la muerte y del entierro y hasta
al maestro de capilla que además de dirigir toca en su violín
un nuevo «Dies Irae». Hay en cambio el tañido triste, desigual y agudo de la pequeña esquila. Su eco se va debilitando
—qué bien sabe Bécquer graduar los crescendos y las evanescencias de las sonoridades—, se va debilitando poco a
poco, hasta perderse entre el torbellino de notas. Pero sobre
todas imperan los sordos y cascados golpes de una de esas
gigantes campanas que hacen estremecer los hondos cimientos de las antiguas catedrales góticas. Espléndidos conciertos
de campanas, y no sólo en noche de Difuntos sino en todas
las fiestas y duelos de la cristiandad. Escucharlas a todas
las que resuenan en las páginas becquerianas y escuchar y
también ver las imágenes, fantasías, consejas y apariciones
que en su ánimo despiertan, bastaría para poblar la fronda
de un robusto libro. Recordaré para terminar, esta frase
casi al final del concierto, porque es una de las muchas en

que el poeta muestra su aptitud para sentir y trasladar al
lenguaje la polifonía, la forma y el espíritu mismo de la
música. Qué bien dirige Bécquer la orquesta de sus palabras:

> «Así, unas tras otras, o todas a la vez, las campanas van
> sonando, ora como el tema melódico que se destaca sobre
> el conjunto de la orquesta en una sinfonía gigante, ora
> como en un fantástico acorde que se prolonga y se aleja,
> dilatándose en el viento».

Los músicos y Bécquer.

Otro motivo que habría que estudiar para un trabajo
completo sobre la musicalidad del poeta de las *Rimas*. Ya
hemos dicho que hay mucha casualidad en presencias o
ausencias en obra tan varia y tan mal conservada. No obstante, se ve que al poeta le gustaba no sólo la música popular
sino también la culta. Como casi siempre que habla de
música es periodísticamente al referirse a la ópera, nada tiene
de extraño sus preferencias, ante todo por Bellini, de cuya
música nos deja las más precisas y sensibles apreciaciones.
Junto con él, Donizzetti y Rossini. Y luego, el autor de
Martha, Flotow, entonces en boga. Y con Mozart y Beethoven, Weber. Y el Verdi de *Rigoletto.* Y el *Fausto* de Gou-
nod. Y algunas alusiones, no muchas, a los compositores
españoles. Para la zarzuela y los zarzuelistas ya sabemos su
equívoca postura. Por una parte, él mismo la cultiva e idea
asuntos y escribe poesías, algunas verdaderas rimas, como
cantables para coro o solistas. Pero a la vez, aunque amigo
de autores de música de zarzuela renombrados, teme al género y desprecia casi su cultivo asustándose ante la posibili-

dad de que la bella misteriosa y muda se disponga al acercarse al piano a tocar un número de zarzuela. Lo que principalmente nos interesa en este capítulo es su capacidad de trasposición a lo poético y evocador. Es una pena que no nos haya dejado nada concreto en torno a *Lieder* de Schubert o al *Requiem* de Berlioz que, sin embargo, tanto se parece a la música que nos describe en sus artículos y leyendas. ¿Y el *Miserere* de Eslava?

Elijamos una de estas metamorfosis mágicas de la música a la literatura poética. Es del Rossini más español y sevillano, el de *El Barbero*. (Hay también otras referencias al *Guillermo Tell* y al *Otello*). No nos extrañemos que llame sinfonía a su obertura; era vocabulario de la época. Falla y Debussy —como, por supuesto, Turina—, se hubieran deleitado con este su casi profeta que sabe escuchar a Rossini inventando de paso matices y ambientes que sólo la música del siglo xx lograría.

> «Deliciosa sinfonía la de *El Barbero,* sinfonía especial y característica, que trae efectivamente a los oídos rumores suaves, como los que en las calles de Sevilla se escuchan a las altas horas de la noche; murmullos de voces que hablan bajito en la reja, rasgueos lejanos de guitarras que poco a poco se van aproximando, hasta que, al fin, doblan la esquina; ecos de cantores que parecen tristes y alegres; ruidos de persianas que se descorren, de postigos que se abren, de pasos que van y vienen, y suspiros del aire, que lleva todas estas armonías envueltas en una ola de perfumes».

¿No es asombroso? «Des sons et parfums tournent dans l'air du soir». Toda la *Iberia* de *Debussy*. La *Sinfonía Sevillana* con su nocturno bético. Y la bética fantasía y los béticos nocturnos de Falla. Como en otras páginas, la pro-

cesión, las saetas y las campanas catedralicias de Albéniz. La
poesía de una prosa inventando rigurosamente la música de
cuarenta años después. Y aún nos queda lo popular. La co-
pla, el cante, el baile. Sin excesos pintorescos costumbristas.
Con sobriedad que eleva y quintaesencia los primores de
El Solitario, de *Fernán Caballero* y de Valera. La posición
de Bécquer frente al ya en su tiempo iniciado proceso de la
europeización del *folcolorismo* (palabra esta de mi invención
para castellanizar y colorear las imposibles españolizaciones
del compuesto inglés) es prudente y comprensiva, pero a la
vez elegíaca y protestante ante las infidelidades de las indí-
genas que vuelven de extranjis dejándose contagiar de modos y pasos y «puntas» que serán todo lo bellas y coreográ-
ficas que se quiera, pero que resultan incompatibles con la
sal auténtica del baile español.

MÚSICO DE LA NATURALEZA.

Por encima de todo, Bécquer es un músico de la naturaleza. Son verdaderas partituras naturales las que nos hace
escuchar en sus versos y en sus prosas. En esto, es insupe-
rable o, mejor, incomparable. Bécquer es el constante inspirado ante la música natural, ante la música incoercible,
sobre todo en su época de arroyos, brisas, murmullos, ecos,
gorjeos en coro, suspensiones de silencios. Son los suspiros
y risas, colores y notas de su verso y de su prosa. Zorrilla
en sus salmodias de extrema madurez, contemporáneas o
posteriores a Bécquer, se le acerca, pero más virtuosista y
superficial y en imágenes intercambiables y enumerativas.
Mientras que los paisajes sonoros de Bécquer son cada uno
distinto de los demás. Aquí también anuncia y preludia la

música del porvenir. Y si es cierto que hubo un Mozart y
un Beethoven y un Weber y un Schubert que supieron escuchar la música natural, también lo es que, como la sintió
Bécquer, habrá que esperar a los impresionistas y, más aún,
a Bartók, y a los músicos experimentales de hoy mismo para
encontrarle paralelo. Entre tantos pasajes inspiradísimos,
elijo sólo éste de la música del mar. Todo Debussy, hasta
con su *Cathédrale engloutie* está aquí:

> «Después de haber escuchado atentamente tus murmu-
> llos, de haber creído oir algo fantástico y extraño, como
> canciones vagas, palabras sueltas, suspiros, lamentos, cosas
> lejanas de las náyades que viven en su fondo, voltear de
> campanas de cristal de las ciudades que dicen que existen
> en tus abismos, oyéndote un día y otro, siempre esperando
> a percibir más claro lo que sólo adivinaba».

Debussy, sí, y también Granados en una de sus páginas
juveniles que resulta impresionante al pensar en su fatal
naufragio.

Percusión y asonancia.

Otro capítulo interesantísimo que sólo apunto. Por el
camino del fragmento que acabo de citar y de otros muchí-
simos pasamos insensiblemente, por un lado, y dentro de la
música, a la actual en la que reina por efecto de la invasión
percutidora y de la tímbrica de los instrumentos puros que
se suman en su uso —tantas veces contra natura— a la
totalización abejeante, enjambrante, una atmósfera próxima
al ruido, alejada ya de toda intención precisa de notas, melodías, armonías y ritmos; y dentro de la poesía a la vague-

dad imprecisa, mucho más sutil que el número de Verlaine, vaguedad que tiene su exponente, utilizado por Gustavo como nadie hasta su tiempo con sensibilidad tan prodigiosa, en la rima asonante. Si una orquestación con predominio percutente y atonalidad por aglomeración de un hormigueo o contundencia de sonidos en libertad e indeterminación desintegrante atómica, no nos remite a notas precisas sino a áreas más o menos grises en que la diana precisa aparece ahogada entre los disparos que cubren todo el martirio del anchuroso blanco; y si la simple emisión de un golpe de instrumento o seudoinstrumento no emite una vibración concreta y situable en la gama sino una conmoción traumática, una mancha sonora, esto es, un ruido, como puede serlo el del edificio que se derrumba o el del estampido que nos atruena o el de la música natural del arroyo sobre las guijas, aunque en cada caso, lo mismo natural que artificial, causal o humano, pueda un oído avezado distinguir el centro de gravedad de la masa confusa y traducírnoslo a nota, sol de su planetario sistema ruidoso; entonces podemos decir que esta música puesta al día, esta música de 1970, tiene su equivalencia anticipada en la rima asonante de Bécquer, y en lo que podríamos llamar asimismo su prosa asonante. Prosa asonante en oposición a la sonante de un Castelar, por ejemplo. Y verso asonante en oposición al consonante de un Núñez de Arce o al también asonante, pero por pobreza no por gracia y espíritu, de un romancerista de la época. Gustavo huye por igual de la rima consonante que en su edad adulta, aunque siempre juvenil, usa rarísima vez, y del verso blanco que también encuentra inadecuado por frío y por su inevitable —entonces— tangencia humanística. La rima asonante es a la consonante lo que es la música casi ruido o el ruido casi música a la música dibujada y exacta.

En la asonancia hay también su centro de gravedad presidiendo una nube de sonoridad y resonancia ambiente que Bécquer utiliza de modo tan espontáneo como genial. Y algo parecido puede decirse del ritmo todo y de su métrica, tan fluctuantes y tan siempre haciéndose a lo largo de su camino.

La recepción de la cultura y ciencia alemana en España durante la época romántica

PLANTEAMIENTO DEL TEMA Y SUS PRELIMINARES EN EL SIGLO XVIII.

La percepción de la cultura y ciencia alemana moderna como fenómeno singular por las naciones europeas de occidente, seguida de un enfoque reflexivo y acompañada de un intento de asimilación, constituye un proceso tan curioso como notable, ya que se apoyaba en vivencias e impresiones que carecían totalmente de tradición. Hacia mediados del siglo XVIII la literatura de goce y fruición estética, o sea la bella literatura, solía ignorarse, y la de índole docta, que se leía mucho por su utilidad, no se relacionaba apenas con el país de origen, al expresarse 'de manera predominante en latín.

En cuanto a Francia o a la Gran Bretaña, el viraje intencional hacia Alemania con el subsiguiente proceso de recepción de su cultura 'ha sido estudiado tanto en sus grandes líneas como registrando pormenores. Mejor o peor se conocen hoy las fases principales, con lo que sus contornos dejan de estar borrosos[1]. Con respecto a España, casi todo el terreno queda aún por explorar para fijar los jalones de esta evolución, fundamentalmente análoga, aunque muy diferente en sus apreciaciones y resultados. Hay claros testimonios de esta realidad, sin embargo, si bien más escasos en número. De la literatura barroca sólo se leían las poesías latinas de Jacob Balde, cuyos libros se encuentran con cierta frecuencia en las bibliotecas de España. Los filósofos conocían las obras de Leibnitz, y más adelante, ya entrando en el octavo decenio, los tratados de Wolff, que estaban redactados en latín. Para perfilar aún más el cuadro, cabría citar el caso del polígrafo Mayans y Siscar a título individual. Para su correspondencia con historiadores alemanes, debidamente destacada, pero nunca merecedora de un estudio serio, empleaba el idioma de Roma. Como muestra de presencia general de una obra científico-didáctica, se nos ofrece la amplia difusión que tuvo la historia de la filosofía de Brucker en las Universidades de España. El vehículo prácticamente exclusivo para todo lo alemán fue el latín.

[1] Véase para Francia: Levy, Paul, *La Langue allemande, pénétration et diffusion des origines à nos jours*. 2 vols. Lyon, 1950-2.

Carré, Jean Marie, *Les écrivains français et le mirage allemand, 1800-1894*. Edit. Contemp. Boivin et Cie. 1947.

Para Gran Bretaña: Stokoe, F. W., *German Influence in the English Romantic period*. Cambridge 1926, repr. New York 1963.

Mandus, John, *Our German Cousins, Anglo-German relations in the 19th and 20th Century*. Londres, 1973.

Durante el último tercio del siglo XVIII no varía la situación de modo esencial. Por lo común se mantenían pocos contactos con la cultura germánica, y pocos eran los saberes que de ella se habían adquirido. Este juicio se justifica más plenamente aún, teniendo en cuenta las investigaciones que por aquel entonces se estaban emprendiendo en la sola Universidad de Gotinga, para superar la información que suministraba la venerable *Hispania illustrata* de Andrés Escotio o la obra de Mariana para hacerse con una noción más adecuada de España en su historia y literatura[2]. El viaje que en 1793 efectuó Leandro Fernández de Moratín por los valles del Rhin, refleja con bastante precisión el alejamiento espiritual del clima alemán[3]. Los conocimientos concretos de los pueblos germánicos procedían de fuentes francesas, según nos deja entrever Antonio de Capmany[4].

Así y todo, se advierten diversas corrientes capaces de modificar el clima, al establecerse una política de apertura hacia Europa durante el reinado de Carlos III. Intereses económicos e ideológicos empujaban a ello. La colonización de Sierra Morena que Olavide realizó con familias alemanas, constituye un primer ejemplo a retener dentro de nuestra perspectiva[5]. Otro factor mucho más importante en este

---

[2] Más detalles en JURETSCHKE, *Die Anfänge der modernen deutschen Historiographie über Spanien (1750-1850)*. Festschrift für Johannes Vincke, Madrid, 1962-63.

[3] *Diario* (Mayo 1780-Marzo 1808). Edición anotada por René Mireille Andioc. Castalia, Madrid, 1968, 368 págs.

[4] *Compendio cronológico-histórico de los soberanos de Europa*, por Antonio Montpalau, Madrid, 1784.

[5] Son numerosas las publicaciones sobre este curioso episodio. Una información actualizada a la vez que enriquecida con estudios propios de archivo se halla en el artículo de PALACIO ATARD, Vicente, sobre *Los alemanes en las nuevas poblaciones andaluzas*. *Sp. Forsch. der Goerres Gesellschaft*, 1962, t. 20.

conjunto, fue la repercusión admirativa que causó Federico
el Grande entre los militares desde el Conde Aranda hasta
el Marqués de la Romana, sentando con ello como un anticipo de la atracción ejercida por Prusia en el curso del
siglo XIX [6]. Del Marqués se sabe que leía obras alemanas,
ya que aprendió el idioma en Gotinga. No menos curiosos
son los vínculos que creó el regimiento suizo al que probablemente se debe atribuir la presencia de muchos ingenieros
en la construcción de las carreteras. Destaco este último
aspecto, ya que con él se registra la confección de la primera
gramática alemana por Raymundo Strauch Vidal en 1783,
aunque el manuscrito del posterior obispo de Vich quedara
inédito y sin terminar su empresa de escribir un *Neues
Teutsch-Spanisches Diktionarium* [7]. Hay que insistir en esta
aportación suiza, porque sin ella es posible que Juan Valera,
cuyo hermanastro Freuller fue descendiente de estos suizos,
nunca supiera el alemán. La presencia de la tecnología alemana consta asimismo en las minas de Almadén y el Seminario de Vergara, debiéndose esta relación con Sajonia, a
buen seguro, a la vinculación de las casas reales [8]. En el
plano cultural, como presupuesto para la recepción de la
cultura de los países germánicos, se explica de esta manera

---

6   Un resumen de las investigaciones de Agramonte, Sánchez
Diana y de las suyas propias sobre este particular, facilita KONETZKE,
Richard, en *Zwischen Berlin und Madrid. Preussisch-Spanische Ver-
bindungen im Zeitalter des aufgeklärten Absolutismus.* Publ. en el
homenaje a Peter Rassow, *Historische Forschungen und Probleme.*
Wiesbaden, 1961.

7   Véase la tesis doctoral de PALAU-RIBES CASAMITJANA, Francisca,
sobre *La primera gramática alemana escrita para españoles.* Barcelona, 1962.

8   Detalles, aunque muy someros, de esta actividad se relatan en
los libros de viajes de Link y Kaufhold, cuyos datos cita BRÜGGEMANN,
Werner, en *Die Spanienberichte des 18. und 19. Jhdts. und ihre
Bedeutung für die Formung und Wandlung des deutschen Spanien-
bildes. Span. Forsch. der Goerres Gesellschaft,* 1956, tomo 12.

la *Gramática alemana compuesta para la nación española,* cuyo autor fue el Padre Antonio de Villa, confesor de extranjeros en el gran hospicio [9]. Cabría enumerar otros testimonios para este tímido ensayo de la comprensión de lo alemán en la España del Antiguo Régimen, sin que cambiara nuestra impresión de modo apreciable.

Sin embargo hay una excepción a este estado general, y ésta se presenta con todas las circunstancias que la explican como tal, corroborando, por otra parte, el acierto del análisis que se ha hecho. Esta excepción la constituye el Padre Andrés con su obra *Origen, progreso y estado actual de toda la literatura,* que estuvo gestando entre 1782 y 1799. En este estudio enciclopédico a la vez que en las cartas del autor, de las cuales merece especial interés a nuestro respecto la que dirige a su hermano en 1793, «dándole noticia de la literatura de Viena» (1793), se hallan tantas referencias a asuntos alemanes, individuales y genéricos, abstractos y concretos, que a cualquier lector atento le fuerzan a admitir que su autor indagó durante varios años el estado de la cultura alemana, y que llegó a leer sus textos en su lengua originaria.

Es significativo que este ensayo de aprehensión de los hechos germánicos fuera emprendido en Italia, es decir, con elementos informativos extraños y dentro de un ambiente ajeno a la Península Ibérica, por un hombre al que los avatares de la vida impusieron la necesidad de sentar su empresa sobre cimientos más centro-europeos que hispánicos. Con motivo se compuso esta obra primero en italiano, aunque se debe admitir que Juan Andrés y los demás jesuítas salieron de su país con una «vibración intelectual... más

---

[9] PAGEARD, Robert, *Goethe en España,* Con. Sup. Inv. Cient. Madrid, 1958.

abierta que España, entonces, a todas las corrientes literarias, críticas y científicas del Setecientos europeo», según
subraya su biógrafo moderno. De todas maneras consta que,
«en Italia... sólo se abrió el germen vivísimo que traían de
España» [10].

El conjunto de las observaciones que Andrés apunta
sobre materia alemana posee una ligazón interna, son diferentes aspectos de una visión general. El autor las distribuyó por géneros, épica, lírica y dramática porque ésta era la
costumbre de las generaciones formadas por la poética renacentista. Igual procedían los hermanos Schlegel, Mme. de
Staël o Chateaubriand. En la descripción de Andrés aparecen
los escritores de Zürich, Leipzig, Hamburgo y Berlín con la
actitud particularísima de Federico el Grande. Andrés sabe
de Gottsched y Bodmer, Hagedorn y Cramer, Ramler y
Gleim. Sus juicios engloban nociones sobre Klopstock,
Wieland y Lessing de modo tal que hay que suponer, y ya
lo hizo Menéndez Pelayo, que se apoyan parcialmente en
lecturas directas. Del famoso Haller, autor de los *Alpes,*
poema plenamente prerromántico, gusta menos que de las
églogas y demás obras de su paisano Gessner, que fué, entre
todos, su autor favorito. Andrés advierte la evolución ascendente de la cultura germánica y no se le escapa el papel
que, dentro de este movimiento, le incumbe a los suizos.
Más curioso, por singular en la crítica española del siglo
XVIII, es su elogio de Lessing, como autor de la *Sara Sampson.* Frente a ello merece menor interés el comentario admirativo de Leibnitz o de Wolff, ya que le eran accesibles por
vía latina, si bien dejan entrever una gran compenetración
con el ideario de ambos. La obra alemana que le impresionó

---

10 Batllori, Miguel, *La cultura hispano-italiana de los Jesuitas
expulsos. 1767-1814.* Madrid, 1966. Texto citado pág. 64.

más fue, sin duda, la de Winckelmann, cuyo valor como fundador de las ciencias clásicas admite no sólo sin reserva, sino más bien celebra con evidente entusiasmo, llamándole «el más sólido, más profundo y más perfecto anticuario» para hacerle «intérprete y árbitro de toda la antigüedad» [11].

Ahora bien, todas las observaciones de Andrés sobre materia literaria, sólo alcanzan en la práctica el estado del año 70. Ni siquiera su famosa carta sobre Viena supera este límite cronológico. Sus conocimientos se mantienen en cauces clasicistas. No percibe el lado moderno de la crítica estética de Lessing ni tampoco el lado renovador del lirismo de Klopstock. Calibrando esta circunstancia, no sorprende que Andrés no hiciera siquiera mención del *Sturm und Drang*, ignorando, a todas luces, el mundo de Herder o el del joven Goethe. Si se dio cuenta del ascenso de la cultura alemana y no hay que dudarlo, no supo apreciar su giro verdadero. Hay que registrar los límites de su visión, especialmente decepcionante en su descripción de Viena, aunque su comentario sobre la Universidad constituya un documento precioso de la presencia continuada de la Germania docta entre los españoles. La auscultación de Andrés no pudo servir de guía para quienes querían saber de la evolución hacia el romanticismo. Y nada tiene de particular, por tanto, que los españoles de la era siguiente apenas le mencionaran. El historiador del proceso de recepción de la cultura alemana en España tiene la sensación de que este suceso se inició nuevamente en los umbrales del siglo XIX, sin que Andrés lo orientara.

---

[11]   Ob. cit., vol. VI, pág. 548.

Repercusiones de las teorías literarias
de A. W. Schlegel (Böhl, Durán y Lista).

Un país mal gobernado desde la muerte de Carlos III,
agotado por una guerrilla atroz en seis largos años de lucha,
que le costó la pérdida de su continuidad administrativa,
y con brotes reiterados de contienda civil, al quedar resta-
blecida la paz, no estaba en condiciones de entablar un diálogo cultural de alto nivel con un pueblo lejano. El estado
truncado en que quedó la obra de un Jovellanos o Capmany,
la frenética actividad del joven Próspero Bofarull, empeñado en salvar el Archivo de la Corona de Aragón o el
destierro voluntario del médico toxicólogo Orfila son otras
tantas muestras de esta situación. La España de entonces,
la del primer tercio del siglo, carecía durante mucho tiempo
de universidades con una vida siquiera normal. Apenas
había revistas científicas o literarias. La discusión espiritual
con los alemanes tenía que reducirse al tema de interés
más inmediato y este fué la historiografía literaria del romanticismo en su aplicación a España.

La difusión de estas ideas se debió a un alemán profundamente hispanizado, desde Cádiz, donde representaba
las ciudades hanseáticas. Böhl de Faber empezó su campaña
hacia 1805 y la prosiguió durante unos quince años para
convencer a sus contrincantes clasicistas. Fundamentalmente
utilizó un solo libro, el *Curso de literatura dramática,* de
August Wilhelm Schlegel, que fue, según Josef Körner, el
mensaje del romanticismo alemán a Europa.

Exceptuado el tema de la revalorización de la cultura
española, Böhl se limitó a propagar la idea organicista de la
época clásico-romántica alemana, según la cual la forma era

resultante del contenido, no dependiendo por tanto aquélla de cánones literarios [12].

Más importante que las polémicas del alemán gaditano, que se restringieron erróneamente a una querella en torno a Calderón, fueron sus trabajos de recolección de textos antiguos, la *Floresta de rimas antiguas castellanas* y el *Teatro Español anterior a Lope de Vega,* publicados entre 1821 y 1832.

La aplicación de las ideas de Herder a través de Schlegel y Böhl rebasa las discusiones sobre clasicismo y romanticismo que ocuparon el primer plano, para centrarse en la emancipación literaria, fundada en la dependencia de la sociedad, o del pueblo como se acostumbraba a decir entonces con preferencia. En el terreno objetivo servían para aquilatar el valor del teatro y de la poesía lírica. La comedia española del barroco y el romancero fueron los temas del proceso crítico y de revitalización de los valores nacionales. Esta aplicación del ideario de Herder, aunque indirecta, tuvo mucho más peso que las querellas en torno al binomio clásico-romántico.

En este diálogo, y no la polémica que podemos pasar por alto por archiconocida, intervinieron Agustín Durán, que vivió desde 1793 hasta 1862, y Alberto Lista. El primero fue alumno del gran poeta, literato y periodista de Sevilla. Políticamente estaba mejor situado que su maestro y ejercía un predicamento notable entre los jóvenes de la generación liberal. Quintana le confirió un puesto relevante en la Dirección General de Estudios durante el trienio liberal y después del 33 se le nombró Secretario General

12 Véase mi artículo: *Die Deutung und Darstellung der deutschen Romantik durch Böhl in Spanien,* en *Span. Forsch. der Goerres Gesellschaft,* 1956, tomo 12.

de Imprentas y Librerías del Reino, y luego Director de la Biblioteca Nacional.

Igual que Lista, Durán ignoraba el alemán. Si se enteró primero de la nueva estética y su historiografía literaria por Böhl de Faber, tuvo luego que recurrir a traducciones francesas para adquirir nociones adicionales. Las primeras manifestaciones impresas de los dos críticos sobre la materia son de 1828. La de Lista es el *Discurso sobre la importancia de nuestra historia literaria,* al ingresar en la Academia de la Historia, que menciona a A. W. Schlegel expresamente. La de Durán es el *Discurso sobre el influjo que ha tenido la crítica moderna en la decadencia del teatro antiguo español y sobre el modo con que debe ser considerado para juzgar convenientemente de su mérito popular.*

Lista continuó sus explicaciones en las *Lecciones* del Ateneo en 1836 [13] en las cuales adoptó el esquema de Schlegel para la historia del teatro español. Durán le secundaba en esta investigación con sus trabajos sobre Tirso y Lope de Vega. Su aportación fundamental fue, sin embargo, la edición del *Romancero* en la *Biblioteca de Autores Españoles,* para la cual aprovechó gustoso y agradecido las sugerencias y saberes de A. W. Schlegel, Jacob Grimm, Bouterwek, Böhl, Depping y, sobre todo, de Ferdinand Wolff, que representaba la erudición universitaria alemana en el mejor sentido de la palabra. Durán se valió de los seguros conocimientos de su colega vienés mediante una traducción privada de Santiago Palacios y de artículos franceses, ya que la versión impresa de la obra principal de

---

[13] El título *Lecciones de Literatura española* recuerda ya de por sí el ejemplo sentado por las Vorlesungen de los hermanos Schlegel en Berlín y Viena, de las cuales Lista sólo conocía las que dio A. W. SCHLEGEL en Viena, el famoso *Curso de literatura dramática.*

Wolff, que él recomendó, se atrasaría decenios hasta que
la realizara finalmente Miguel de Unamuno hacia finales del
siglo. Insisto en la postura de Durán frente a este conjunto
de ideas, porque fue la primera y más decisiva, anterior a
la de Manuel Milá y Fontanals, aunque éste le ganara luego
en saber y altura de miras. Al lado de Durán se movía una
pléyade de jóvenes, entre otros Pascual Gayangos, Juan
Eugenio Hartzenbusch y también Pedro José Pidal, quien
le patrocinó después políticamente en el Partido Moderado.
La presencia más positiva, duradera e indiscutible del pensamiento alemán en la España del siglo XIX se manifestó,
a mi modo de ver, en este campo. Así y todo, no alcanzó
la densidad que pudiera haberse esperado. Se interpuso el
desconocimiento lingüístico y la falta de contacto verdadero
entre las dos culturas hasta fines del cuarto decenio. La
limitación se percibe claramente al constatar que Herder
quedó excluído de toda atención. No se tradujo ningún
ensayo suyo sobre poesía popular, sobre Shakespeare o
filosofía de la historia, ni se reseñaron sus obras. Los únicos
españoles que le habían leído entonces, que yo sepa, fueron
el diplomático Leopoldo Augusto Cueto, más citado bajo
el título de Marqués de Valmar, y Pi y Margall, el propagador del regionalismo catalán, aquel en alemán y éste en
la traducción de Quinet.

Tampoco se tradujo el *Curso de literatura dramática*
de August Wilhelm Schlegel. Aunque se nombrara de continuo, sólo se vertió y reprodujo tres veces el capítulo referente a España. Y de la famosa *Historia de la literatura
española,* que el profesor de Gotinga Friedrich Bouterwek
editara en 1804, no pudo salir la versión íntegra. La empresa quedó truncada por su dificultad linguística, a pesar
del apoyo que le prestó el Director de la Academia de la

Historia y amigo de Böhl, don Martín Fernández de Na-
varrete. Al primer volumen de 1829 no siguieron los demás.

Al margen de las teorías literarias cuyo debate imprime
carácter a este período y que coincide mayormente con el
reinado fernandino, se tradujeron ciertamente obras literarias de Goethe y Schiller, pero pocas; de Goethe sólo el
Werther y *Hernán y Dorotea,* aunque varias veces, y de
Schiller sólo se conoce la de *María Stuard,* en Sevilla en
1818. Mirándolas críticamente, su número es tan escaso
como baja su calidad, mientras que las obras científicas
brillan en general por su ausencia. Estas se encontraban,
empero, en manos de especialistas, sobre todo algunas de
ciencias clásicas, filosofía e historiografía, de autores como
Niebuhr, Kant, Heeren y Alexander von Humboldt[14]. Al
primero se cita con frecuencia, pero de paso. En cuanto a
Kant, nos consta por un artículo de Ramón Dionisio de la
Sagra, de 1819, que ya se discutían sus ideas en España
como oscuras, ininteligibles y extravagantes. Después de
fijar brevemente su puesto en la filosofía del XVIII, de la
Sagra expone la teoría del conocimiento[15]. Las menciones
de Heeren son tan accidentales como las de Niebuhr, pero
dan la impresión de que se maneja mucho al autor. Con
respecto a A. v. Humboldt cuyo paso por Madrid a principios de siglo se recuerda, se tradujo de él el *Ensayo político
sobre el Reyno de Nueva España sacado del que publicó
en francés A. de H.,* por Pedro María de Olive en 1818. Y
cuatro años después, el historiador Vicente González Arnao
publicó una traducción de la misma obra con título casi

---

[14] En este sentido es muy elocuente la difusión primaria de
Schiller. Véase LORENZO, EMILIO, *Schiller y los españoles,* Arbor,
marzo 1960, o la tabla cronológica establecida por Pageard, con respecto a las traducciones de Goethe.
[15] Véase *Crónica científica y literaria,* mayo, junio y julio, 1819.

idéntico en París. La *Crónica científica y literaria* le recuerda con mucha frecuencia como autoridad indiscutible en su especialidad.

Durante todo este período fernandino y cristino subsiste en Madrid un desconocimiento casi total de la cultura germánica. A su manera lo refleja Mariano José de Larra en un juicio, sugerido por la lectura de Heinrich Heine, afirmando que la literatura alemana, «que en el día se nos ofrece como la más esencial, como la más pensadora y filosófica, es casi desconocida...» [16]. Ni Fernando Corradi, al que Larra comenta en su artículo, ni el propio Larra sabían de lo alemán más que lo escrito por Mme. de Staël y Heinrich Heine.

LA SUPERACIÓN DE LA BARRERA LINGÜÍSTICA CON AYUDA DE ALEMANES.

La barrera lingüística que frente al alemán existía y que todavía se levanta para cada nueva generación de españoles, fue la que pudo dar tanto relieve a la actuación mediadora de Böhl. Su ejemplo fue singular, pero no único, si nos fijamos en aquellos que le siguieron, desempeñando el mismo papel. Tan decisivo considero este aspecto que voy a intercalar los nombres de algunos especialmente relevantes, ya que la formación y mentalidad de cada uno intervino, a su manera, para seleccionar o presentar su imagen de Alemania.

Ahí nos encontramos primero con el alsaciano Carlos Ernesto Cook en Menorca y Barcelona a principios de siglo, dando clases a Orfila, informando a sus compañeros del

---

[16] *Ateneo científico y literario de Madrid,* en *Artículos completos,* Madrid, 1944, pág. 1178.

Europeo sobre asuntos alemanes y orientando, con toda probabilidad, los primeros pasos de Bergnes de las Casas. Por lo visto, fue un hombre polifacético, igual que otros tantos románticos, pues escribía sobre música, lingüística e indología, en este último aspecto sin duda inspirado por A. W. Schlegel, que había difundido las publicaciones del indólogo inglés Jones en Alemania. Su figura, cuya procedencia sólo pude identificar después de larga búsqueda, destaca todavía con poca nitidez y debiera ser estudiada más detenidamente [17].

Caso análogo al de Cook es el de H. Bohemann, que colaboró en la revista progresista *El Propagador de la Libertad.* Tal vez fuera un estudiante huído que tenía que esquivar las medidas reaccionarias de los gobiernos alemanes. Sólo sabemos de él el juicio con el cual se le introduce, el de ser un «digno colaborador nuestro, natural de Alemania, quien se ha trasladado a esta provincia para pelear en ella como soldado por la causa de la libertad, ligada íntimamente con el trono de Isabel II». Tampoco en este caso disponemos de investigaciones de ninguna clase [18].

El tercero de esta relación es, por supuesto, el semialemán Juan Eugenio Hartzenbusch, asistido, claro está, por la hija de Böhl de Faber y precedido por Federico Madrazo, ya que los tres eran de familias mixtas. De entre los tres, pesaba más el primero, dada su actividad como periodista, crítico y traductor. Su aportación al conocimiento de la literatura alemana es muy varia. Por una parte, contribuía a la difusión de los clásicos desde Gellert y Lessing hasta Schil-

---

[17] Para más datos véase mi trabajo sobre *Alemania en Milá y Fontanals,* en el *Boletín de la Academia de Buenas Letras* de Barcelona, t. XXXV, 1873-4, pág. 5-67.

[18] Sobre el conjunto consúltese Juretschke, *Del romanticismo liberal en Cataluña, Revista de Literatura,* Madrid, 1954.

ler, por otra facilitaba la penetración de la literatura del Biedermeier y, finalmente, sirvió de puente entre los romanistas alemanes y los historiadores de España. La labor de Cecilia Böhl o la de Federico Madrazo se limita mucho más a la esfera personal, pero queda visible en la corriente colectiva. Acerca de los tres faltan las monografías correspondientes que nos pudieran informar debidamente [19].

Más sistemático, desde luego, y mejor preparado para enseñar alemán, difundir su literatura e informar sobre la situación científica de su país, fue el alemán Julio Kühn, que vino en 1838 a España, ganó en 1841 un puesto de oficial de la Interpretación de Lenguas del Ministerio de Estado y al que vemos en 1845 como Catedrático de alemán en la recién creada Facultad de Filosofía de la Universidad Central de Madrid.

Nacido en 1813 en la capital de Prusia, efectuó sus estudios jurídicos en Berlín y Bonn. Ya naturalizado español, fundó en 1840 una *Academia Alemana-Española* para lo cual pudo contar con la ayuda de Narciso Feliú como vicepresidente, Basilio Sebastián Castellanos como bibliotecario archivero, y en el puesto de contador-depositario, con Tomás de Sancha. De especial apoyo le serviría Juan Eugenio Hartzenbusch, que actuó de secretario de la *Academia,* asistido por Agustín Pascual como vicesecretario.

Entre las obligaciones de la *Academia* se mencionan la fundación y sostenimiento de una cátedra de alemán, la creación de cátedras de ciencias y literatura y la suscripción a los *Boletines, Anales, Indicadores sabios* u otros periódicos

---

19 Sobre algunos aspectos de la actividad de Hartzenbusch, instruye mi publicación *Der Briefwechsel von Ferdinand Wolf mit Juan Eugenio Hartzenbusch, Festschrift Nikolaus Grass,* her. von Louis Carlen und Fritz Steinegger, Innsbruck, 1974, Universitätsverlag Wagner.

de este género que se publican en Alemania» [20]. Por tanto,
fue una empresa que contó con dinero y que podía permi-
tirse el lujo de imprimir su *Constitución* en la imprenta de
Sancha. Tal vez ésta utilizó a Kühn para sus actividades editoriales, lo que explicaría su presencia en la directiva de la
nueva institución.

La *Academia* no prosperó, al parecer, si nos dejamos
guiar por un comentario de Hartzenbusch, pero quien prosperó fue Julio Kühn. En 1844 pudo publicar una *Gramática
alemana, precedida de un cuadro histórico,* que se imprimió
por cuenta del Gobierno a instancias del académico e historiador Antonio Ramón Zarco del Valle y Huet, prestándole
consejos Hartzenbusch, Sanz del Río y Cayetano Rosell,
según nos informa el autor en el prólogo de su obra [21].
Supongo que el nombramiento de Kühn para ejercer la enseñanza en la Facultad de Filosofía esté en relación con la
suerte de la *Academia.* Estando inaccesible el archivo de la
Universidad Central, no he podido averiguar más datos sobre el particular.

Desde el principio de sus actividades, Kühn se preocu-
paba por la difusión de las ciencias cual nos revelan los
estatutos de la *Academia.* Más elocuente a este respecto
resulta todavía un manuscrito de 1844 en el que traza las
líneas generales de un *Curso de Ciencias políticas.* Este
texto, curioso de por sí, lo es más aún al ver que su autor lo
dirige al señor don Carlos Gaertner, Teniente General y

---

[20] Este texto y los demás datos se encuentran en el expediente
de Kühn en el Archivo del Ministerio de Asuntos Exteriores, donde
los buscó a requerimiento mío, mi antiguo discípulo y buen amigo
el doctor Angel Ochoa Brun, Consejero de Embajada y Profesor de
la Escuela Diplomática. Aprovecho la ocasión para darle mis gracias
por su constante ayuda.

[21] La *Gramática* se difundió mucho y se halla aún hoy fácilmente en las bibliotecas públicas, como la Nacional de Madrid.

Ayudante de Campo del Excmo. Sr. Ministro de la Guerra, etc. [22], o sea, a un alto oficial de origen germánico. Ahora bien, ¿quién protegió a Kühn? ¿Sería él también un hombre progresista que viniera a España, igual que Bohemann, para luchar por Isabel II y la causa liberal, en oposición a la postura oficial de Austria, Prusia y la mayoría de los demás estados germánicos que apoyaban el carlismo? Adelanto estos datos y otros posteriores porque poseen un interés capital para el tema que aquí se estudia y cuya explicación se encontrará probablemente al investigar la intervención europea en la primera guerra carlista [23].

EL RECURSO A LIBROS Y TRADUCCIONES FRANCESAS.

El predominio de Francia en el continente anticipó su papel mediador entre los pueblos de Europa a comienzos del siglo XIX. Voltaire precedió a Napoleón y éste a Guizot, que formuló la tesis de la civilización francesa como mercado de cambio de los valores nacionales. En cuanto a España, no hay duda de que Francia cumplió con esta misión informando sobre los aspectos más diversos de las Alemanias. Interminable proceso sería pretender encauzar este chorro de noticias de toda índole en algunos conceptos básicos, aunque de suyo valdría la pena hacerlo.

En el centro de esta actuación se sitúa Mme. de Staël con su obra *De l'Allemagne.* Tal vez por ser protestante,

---

[22] El *Prospecto de un curso completo de ciencias políticas,* llena 16 cuartillas.
[23] Los datos completos en torno a Kühn serán presentados próximamente en un estudio sobre *los elementos alemanes* en la obra de SANZ DEL RÍO.

oriunda de Suiza y opuesta a Napoleón, aunque eminente-
mente francesa en sus gustos y formación, fue esta hija de
un ministro de Luis XVI, una observadora de excepción. La
redacción del libro fue el producto de tres viajes a tierras
germánicas y de diez años de desvelos, esfuerzo que sólo
recientemente se ha llegado a evaluar en lo justo[24]. La obra
de Mme. de Staël fue una especie de guía, con cuadros sis-
temáticos de todas las regiones de habla alemana, con excepción o casi, del país suizo. Su mirada va desde Viena a
Königsberg, pasa de la Alemania del Sur a la del Norte,
deteniéndose morosamente en Weimar, reflejando impresiones y conversaciones concretas. A la descripción general
sigue un repertorio literario de los grandes autores, tal como
pudo recogerse honestamente a la sazón, y acompañado de
un comentario breve de la escuela romántica. Esta se identi-
fica con los hermanos Schlegel, pero con tal acento que cabría calificar toda la literatura alemana de romántica. Esta
se estudia por géneros, con amplios datos acerca de las obras
importantes y con capítulos especiales sobre la crítica y la
historiografía. En el último de los tres volúmenes se facilita
un breve tratado de filosofía alemana, centrada en Kant y la
influencia de su pensamiento, sin una sola alusión a Hegel.
A continuación se ofrece un cuadro confesional de trazado
muy libre y personal, una especie de descripción de la religiosidad de los alemanes, llena de fervor y simpatía, cuadro
que enfureció a Balmes y que contribuyó a la simpatía de los
españoles liberales por Prusia[25].

---

[24] Para formarse cabal idea de la famosa escritora, hay que leer
los numerosos estudios de la Comtesse Jean de Pange y de su colabo-
radora Simone Balayé, que nos dieron como resultado los diarios de
viaje, gran parte de su correspondencia y una edición crítica del libro
De l'Allemagne en el curso de los últimos decenios.
[25] Véase especialmente *El Protestantismo comparado con el Ca-*

El libro se prestaba para servir de guía, al encerrar una información objetiva sobre personas, obras e instituciones, todas explicadas con innegable inteligencia y habilidad. En España constituyó una cantera inagotable para toda clase de artículos o juicios concretos, entre 1835 y 1842 en primer lugar, y todavía visible hacia fines de siglo, según el testimonio tardío de Fernández Matheu en el *Museo Universal* durante el séptimo decenio. Me inhibo a demostrar la profundidad de su influjo en España, que bien pudiera clasificarse de omnipresencia, porque un mero resumen desbordaría los límites de esta visión de conjunto de la recepción de lo alemán en la Península Ibérica.

Complemento material de la visión de Mme. de Staël y políticamente afín, lo constituye otra obra francesa de 1835. Su autor se llama Jean Louis Eugène Lerminier, jurista de profesión y gran admirador de Savigny, del que comentó y tradujo la famosa monografía *Sobre la posesión en derecho romano.* Hoy ignorado, incluso entre los juristas de España, aunque tenga su puesto en la difusión de las ideas de la escuela histórica, ha de recordarse aquí su nombre. El libro de Lerminier, que consta de dos volúmenes, se titula significativamente: *Au-delà du Rhin, ou tableau politique et philosophique de l'Allemagne depuis Mme. de Staël jusqu'à nos jours.* Trátase nuevamente de una descripción informativa. El primer tomo resume la historia reciente de Alemania, las guerras contra Napoleón y el proceso unificador, aparte de tratar sobre aspectos constitucionales. El segundo comprende un índice detallado de universidades y profesores, es decir, también pretende servir de guía. A la

---

tolicismo en sus relaciones con la civilización europea (1842), en la edición de las *Obras Completas* del Padre Ignacio Casanovas (vols. 5, 6 y 7).

6

descripción de las instituciones académicas de Berlín, Munich, Gotinga y Bonn (ya no figura Viena), siguen breves capítulos sobre filología, historia, jurisprudencia, filosofía, religión y la situación literaria. En este último se halla un detenido análisis de la segunda parte del *Fausto*, de más de veinte páginas, la cual, recordémoslo, sólo se publicó a la muerte de Goethe, entonces muy reciente.

Lerminier reforzó el impacto de Mme. de Staël, como ya vio Juan Valera, al comentar cincuenta años después la presencia alemana en España [26]. El texto amplía la información en materia germánica, extendiéndola a los campos jurídicos e históricos, modernizando a la vez la documentación universitaria. Su presencia en la obra de Sanz del Río, antes de su viaje a Heidelberg, es innegable.

Cronológicamente coinciden con el libro de Lerminier los diversos trabajos de Joseph Willm. A partir de 1829, informa detenida y concienzudamente en la *Revue Germanique* sobre la filosofía alemana de Kant, Fichte y Schelling en términos rigurosamente científicos y un plano de alto nivel. Este Willm, bilingüe en el mundo germano-francés y radicado en Estrasburgo, publicó a los cinco años de la muerte de Hegel, es decir en 1836, un *Essai sur la philosophie de Hegel* de más de 400 páginas y remató sus investigaciones con una obra enjundiosa de cuatro volúmenes, de más de 600 páginas cada uno, dando una visión y valoración del pensamiento filosófico moderno que incluía a Krause y a Herbart. No le acerco a la esfera española de un modo arbitrario, porque el ensayo sobre Hegel orientó unos años después a Valera, mientras que la *Histoire de la philosophie*

---

[26]   La obra tuvo mucha resonancia. Utilizo la edición de Bruselas, de 1839, a la cual precedieron por lo menos dos de París, de 1835 y 36 respectivamente.

allemande depuis Kant à nos jours, publicada entre 1846 y 1849, fue utilizada por Sanz del Río y sirvió de libro de consulta continuo a Pi y Margall, el español más hegeliano de aquella época. A título curioso permítaseme añadir que el libro por mí manejado en la Biblioteca Nacional fue el ejemplar de Pi y Margall [27].

Para medir el impacto del papel mediador de Francia entre Alemania y España quedan por mencionar dos obras de la esfera estrictamente literaria que aquí se citan por su valor representativo más bien que con intención exclusiva. La primera es la antología de Sébastien Albin (seudónimo de Hortense Lacroix): *Ballades et chants populaires de l'Allemagne.* Entre otras análogas, había más de una docena por lo menos, privó en España por su índole amplia y extensa, ya que incluye poesías antiguas y modernas. Otro motivo para su divulgación en España sería la nota popular de la selección, entendiendo esta palabra en el sentido de Herder y Uhland. Los textos de Albin tenían, además, la ventaja de presentarse en una prosa elegante y traducción precisa de las poesías originales. A su manera, aportaban el mejor comentario a la *Historia de la literatura antigua y moderna* de Friedrich Schlegel, al publicarse ésta en español dos años después de la selección de Albin [28]. Milá y Montanals, que leyó esta antología con frecuencia, nos informa que su utilización en España era corriente.

Pecaría de superficial si no añadiese a la selección de

---

[27] Sobre Willm consúltese Ed. Sitzmann, *Dictionnaire de biographie des hommes célèbres de l'Alsace,* Rixheim, 1910, págs. 997-8, que trae datos muy útiles acerca del autor que nació en 1798 y murió en 1853. En la valoración de la obra de Willm dudo, sin embargo, de que sea adecuado o definitivo el juicio del Diccionario.

[28] París, 1841, 438 págs. Al lado de este texto, se leía sobre todo, pero menos, la antología de N. MARTIN, *Les poètes contemporains de l'Allemagne.* Paris, 1846, 336 págs.

Albin el comentario de Henri Blaze sobre los *Ecrivains et poètes de l'Allemagne* [29], que ilustra la poesía moderna con explicaciones tan pertinentes como comprensivas.

IMPRESIONES E INTERPRETACIONES CATALANAS
DE LO ALEMÁN (1820-1850).

Frente a lo alemán, la opinión de Barcelona venía formándose de un modo autónomo, aunque no siempre independiente de Madrid, puesto que las influencias mutuas entre las dos capitales fueron frecuentes. Si se observan las tres revistas más significativas de la primera fase de este proceso, *El Europeo* (1823-24), *El Propagador de la Libertad* (1835-8) y *El Museo de Familias* (1838-42), se advierte una innegable tendencia hacia mayor amplitud y diversidad de miras que deja bastante atrás una publicación tan representativa como la *Crónica científica y literaria* (1817-20), sin llegar, por otra parte, a la densidad intelectual y al rigor sistemático del *Censor* (1820-2). Esta evolución, que se refleja en la atención a los asuntos alemanes, no fue casual, toda vez que *El Europeo* ya define como aspiración suya la de informar simultáneamente sobre «ciencias metafísicas, morales, naturales y exactas» [30].

La temática y punto de partida del *Europeo* coincidía con la *Crónica,* sin embargo, en cuanto giraba en torno a las teorías culturalistas de A. W. Schlegel. Aunque no se mencione el nombre de Böhl siquiera una vez, Aribau y López

---

[29] París, 1851, 426 págs.
[30] Véase el prospecto que traza el programa de la revista cuyo índice reprodujo Luis Guarner en 1964 en la *Col. de Ind. de Publ. periódicas,* C. S. I. C. Madrid.

Soler según la pauta del debate clásico-romántico, iniciado por el alemán, pero en la vertiente general de su aplicación a la literatura universal más que en cuanto a las líneas concretas de la teoría referente al teatro del siglo de oro. El italiano Monteggia refuerza esta orientación con argumentos sacados del *Conciliatore* milanés (1818-19) y de los escritos de Manzoni, el cual nunca dejó de tener mucho predicamento en Barcelona.

Las ambiciones universales y modernas de Aribau, verdadero director espiritual de la empresa, se manifiestan en una serie de comentarios inspirados por numerosas lecturas extranjeras. Abarcando a Chateaubriand y a Mme. de Staël, a Barante y a Guizot y muchos autores menores, engloba este saber actual del catalán no pocas nociones del mundo germánico. Su afán de pensar en términos de mayor envergadura contribuiría a espigar puntos de gravedad, como cuando advierte que las ciencias clásicas de Alemania tienden al primer rango de Europa [31], o en su artículo sobre la estética de Schiller que resume el ensayo del autor *Über den Grund des Vergnügens an tragischen Gegenständen,* revelando de paso que conocía la relación de la estética de Schiller con la filosofía de Kant. Si recogía también en este aspecto una sugerencia de Böhl [32], es de notar, así y todo, que Aribau comprendiera el interés de la cuestión para apreciar la literatura moderna. Lástima que su conocimiento del alemán no le acompañara en su cala, razón por la cual reproduce el

---

[31]   Idem, vol. II, pág. 161.
[32]   Véanse las *Reflexiones sobre la poesía,* publicadas en 1805 en las *Variedades de Ciencias, Literatura y Artes,* año II, t. IV, de Madrid.
[33]   *El Europeo,* vol. II, págs. 35 y sigs.
[34]   T. XII, 1806. Véase EGGLI, Edmond, *Schiller et le romantisme français.* T. I, Paris, 1927, págs. 321-2.

título sólo a medias, hablando de la *Teoría de Schiller sobre
la causa que excitan en nosotros las emociones trágicas* [33].
Probablemente le sirvió de fuente documental una traducción muy arbitraria e incluso equívoca, publicada en los
Archives littéraires [34].

Una nota muy específica del *Europeo* constituye la
aportación de Cook, imbuído de lecturas de Schlegel a la vez
que de la filosofía romántica de la naturaleza y de las ciencias de la época, íntimamente imbricadas. Cook informa
sobre la frenología de Gall, del uso medicinal del vinagre
por el doctor Herberger, de trabajos de Messmer sobre la
electricidad y los ensayos de Gmellin, el famoso químico y
médico de Heidelberg. Calculo que esta es la primera vez
que en España se hablara del autor del famoso manual de
química inorgánica [35].

Ahora bien, en su conjunto esta revista está aún más
cerca de A. W. Schlegel que de Mme. de Staël, aunque se
nutra de las ideas de ambos. Y no está de más subrayar que
si la literatura francesa ocupa todavía el primer plano en
todos los órdenes, ya no aparece como representante único
de la vanguardia intelectual y artística. Lo que ocurría en
El Europeo, puede expresarse en términos de Chateaubriand
que lo formulaba en 1831 de la manera siguiente:

«Auprès de nous, tandis que nous fondions notre école
politique, l'Allemagne établissait ses nouvelles doctrines, et
nous devançait dans les hautes régions de l'intelligence; elle

---

[35] Al parecer Cook publicó un libro sobre Gall cuyo título según *El Europeo* es este: *Exposición del sistema del Dr. Gall sobre el
cráneo y el cerebro,* recopilada por el Dr. Mayer, arreglada y añadida
por D. Carlos Ernesto Cook. En cuanto a los demás datos véase el
Indice de Guarner. La mención de Gmelin se hace en las *Noticias
literarias* del vol. II, pág. 121-9, diciendo equivocadamente *Amelin* en
lugar de *Gmelin.* Un error tipográfico parecido convierte al famoso
arquitecto Schinkel en Selinkel. *(Not. Lit.* II, págs. 229-32).

faisait entrer la philosophie dans l'histoire, non cette philosophie du dix-huitième siècle, qui consistait à rendre des arrêts moraux ou antireligieux, mais cette philosophie qui tient à l'essence des êtres: qui pénétrant l'enveloppe du monde sensible, cherche s'il n'y a point sous cette enveloppe quelque chose de plus réel, de plus vivant, cause des phénomènes sociaux» [36].

Un cambio notable en el enfoque de la situación alemana, provocado por la evolución del propio país, pero advertido en Cataluña antes que en ninguna parte de España, se produce con la publicación del *Propagador de la Libertad*. Esta revista, subvencionada por el poder, abogaba por un liberalismo progresista muy en consonancia con el ambiente de la guerra civil. Las novedades que introduce de Alemania son dos fundamentalmente, ambas netamente inspiradas por ideas políticas.

En primer lugar figura el descubrimiento de Heinrich Heine como intérprete de la nueva Alemania, es decir, la liberal del *chartismo*, opuesta a la visión catolizante de A. W. Schlegel lo mismo que al paisaje bucólico pintado por Mme. de Staël. La *Romantische Schule* que Fontcuberta tradujo parcialmente [37] para el *Propagador*, fue redactada en consciente oposición a la escritora suiza, con el fin de sustituir un cuadro idealizado por una descripción real. Heine, el judío alemán de Renania, bautizado, pero religiosamente emancipado, se había formado en el culto a Napoleón, a

---

[36] *Etudes ou discours historique sur la chute de l'Empire romain, la naissance et les progrès du christianisme, et l'invasion des barbares.* El texto citado forma parte del prólogo, de carácter general y sumo interés para enjuiciar el estado de la investigación en Francia en aquel entonces. Véase 2 ed. Paris, 1848, pág. 32.

[37] Véase mi artículo *Del romanticismo liberal en Cataluña, Rev. de Literatura*, 1954.

quien admiraba como ejecutor de la gran revolución francesa. Heine había estudiado con A. W. Schlegel en Bonn, pero luego había sido discípulo de Hegel en Berlín que reforzaría su disconformidad con el romanticismo. Luego, es decir, en 1833, se había trasladado a París, donde vivía en un destierro medio voluntario, medio obligado, a causa de sus discrepancias con la política alemana reinante, impuesta por Metternich y las dinastías reaccionarias. En la capital francesa y muy a gusto con el ambiente creado por la Revolución de Julio, acabó su texto sobre Alemania.

No sería justo calificar el libro de Heine como un comentario de Mme. de Staël, pero algo de ello tiene sin duda. No es una obra de carácter informativo, pues supone a los lectores enterados de los datos básicos que pretende enderezar y presentar en otra perspectiva, a favor del liberalismo, contra el antiguo régimen, predicando, ante todo, la emancipación religiosa. Alemania aparece también aquí como un país de filósofos y poetas, pero históricamente está interpretada como una proyección única hacia el panteísmo en lo religioso y filosófico, y, en lo político, se espera ha de producir la revolución definitiva y bienhechora que libere al mundo de sus lacras. Estéticamente, o sea, desde un ángulo formado por la historia literaria, habría que añadir que, a pesar de su burla continua del romanticismo de los Schlegel, utiliza su clasificación de la literatura mediante los conceptos de clásico y romántico, fenómeno este que, a mayor altura, se produjo igualmente en la estética de Hegel, de la que el texto de Heine no deja de ser un reflejo, aunque sea un reflejo con fuerte luz propia.

El contenido del libro de Heine se presenta en dos círculos concéntricos. El primero comprende la religión y filosofía desde Lutero a Hegel, pasando por Lessing, Kant,

Fichte y Schelling. El segundo encierra los autores del romanticismo en sus diferentes fases y cenáculos.

La segunda novedad del *Propagador* fue la aportación del alemán Bohemann, al que ya mencionamos con anterioridad. Su colaboración, que consta de seis artículos, describe primero la situación de los liberales, traicionados por Prusia después de 1814. Luego da cuenta de Karl Sand, de los Burschenschaften y del Wartburgfest. A continuación, comenta el asesinato de Kotzebue y los Carlsbader Beschlüsse. El cuarto artículo refiere los disturbios entre 1820 y 32, especialmente en Gotinga. El siguiente relato trata de Baviera y al final narra los sucesos de Hannover y Braunschweig.

Bohemann reforzaba las tesis de Heine, al hacerlas coincidir con la actualidad e introduciendo el topos del liberalismo en las universidades alemanas.

Lo decisivo del *Propagador* es su acento político-cultural, la reinterpretación de la situación alemana en función a ideas progresistas, ya que en el terreno literario no extendió el horizonte apenas, si se exceptúa la incorporación de Heine al paisaje alemán.

Cronológicamente, sustituye al *Propagador* el *Museo de Familias*. El mayor mérito de su editor, Bergnes de las Casas, consiste en haber ensanchado el campo de visión científico-cultural a través de esta revista y de las publicaciones de su editora. Por aquel entonces, reinaba en toda España un deseo general de mayor información del extranjero para recuperar el atraso producido por la primera guerra carlista. En este esfuerzo tan característico de los Moderados, fue Bergnes uno de los protagonistas más notables. Ahora bien, publicaciones como el *Museo* había varias, entre otras la *Revista de España, de Indias y del Extranjero,* de muy corta duración, ya que no pasó del año fundacional (1845), y la

Revista de España y del Extranjero (1842-8) que dirigía Fermín Gonzalo Morón, pero ninguna igualó en calidad la empresa de Bergnes, porque éste sabía los idiomas más importantes de Europa.

El *Museo de Familias* se confeccionó a base de traducciones o resúmenes de artículos, muchos seguramente hechos por el propio Bergnes, sirviéndose para ello primordialmente de revistas británicas, lo que en esta proporción no era corriente. Para enjuiciar la labor de Bergnes, habría que examinar su criterio selectivo que concede un lugar poco común al temario alemán.

En su conjunto, determinan el panorama germánico las noticias literarias, pero con una perspectiva que ya no está condicionada por unos cuantos autores. Por supuesto, figuran Mme. de Staël y A. W. Schlegel todavía en un primer plano. La obra sobre Alemania tiene categoría de autoridad que se cita para justificar una valoración concreta, como por ejemplo, en el caso de Zacarías Werner, autor dramático de la escuela romántica, hoy justamente olvidado y al que ya Milá descartó por excéntrico [38]. Del *Curso de literatura dramática* de A. W. Schlegel, se presenta un apretado resumen. En otro artículo se recuerda la actividad traductora de Schlegel, que, hasta hoy, sigue siendo uno de sus mayores títulos de gloria [39] con el debido matiz a la vez que subraya el impacto extraordinario de Shakespeare en Alemania [40]. Que Heine forme parte del cuadro literario, no sorprende, ni que se reconozca su papel especialísimo como jefe de una

---

[38] *Zacarías Werner*, t. III, págs. 474-82.
[39] *Historia del drama*, t. IV, págs. 374-83.
[40] *Shakespeare*, t. II, págs. 381-9.
Comparación entre las literaturas de los diversos países del globo, t. IV, págs. 10-7.

nueva escuela de incierto porvenir y alcance, aunque de indudable valor [41].

Al mismo tiempo se suple la información general sobre la literatura con referencias a Wieland, Lavater, Jean Paul y Zschokke; en cambio, no aparece el nombre de Herder. Acerca de Goethe se publica un artículo basado en Carlyle que perfila la biografía del autor de manera poco frecuente en la España de entonces. Tampoco falta una biografía de Schiller en la que, siguiendo a Menzel, se opone este a Goethe, cosa nada rara en la Alemania de aquella época. Lo notable es que Bergnes se fijara en este fenómeno de la discusión de los clásicos [42].

Al margen de lo estrictamente literario, se introducen dos fichas descriptivas de las universidades alemanas. Sobre el caudal de noticias suplido por Mme. de Staël y Lerminier, seguramente conocidas, se aportan datos sobre la filosofía germana desde Leibnitz y Wolff hasta Kant, Schelling y Hegel [43].

Alusiones casuales, diseminadas en otras notas o artículos, contribuyen a redondear la imagen de la cultura universitaria alemana, como por ejemplo, una al lúcido historiador de Gotinga A. L. H. Heeren 1760-1842) cuyo *Handbuch der Geschichte des europäischen Staatensystems und seiner Kolonien* (1809) se consultaba en todas partes [44]. Ni que decir tiene que Friedrich Schlegel ya se asoma a las páginas de esta revista y a una luz bastante adecuada. Ale-

---

[41]   *Poetas alemanes del siglo XIX,* t. V, págs. 193-204.

[42]   *Schiller,* t. IV, págs. 136-8.

[43]   *Costumbres de las Universidades de Alemania,* t. IV, págs. 89-102; *De las Universidades de la Alemania y de la enseñanza superior en diferentes países de Europa,* t. V, págs. 326-32.

[44]   *Carta de Mr. Víctor Cousin,* t. IV, páfs. 241-9; *Progreso y desarrollo de la filosofía y ciencias metafísicas desde el principio del siglo XIX,* t. IV, págs. 318-26.

mania, cuyo puesto entre las naciones cultas de Europa
queda patente por un informe de Cousin acerca de su
instrucción pública, es el país de Lutero, Leibnitz, Kant
y Goethe [45].

No podía estar ausente una nota sobre la erudición
filológica. Un artículo, o más bien reseña, habla de la investigación sobre la poesía antigua de España, reuniendo títulos de Jacob Grimm, Depping y Böhl de Faber, con lo cual
se sitúa a Böhl en el marco apropiado de la romanística [46].
Y de paso, se muestra que en Barcelona lo mismo que en el
Madrid de Agustín Durán se seguía esta faceta de la investigación histórica con especial interés, lo que era lógico, al
fin y al cabo. Muchas noticias del *Museo* constituyen, por
consiguiente, una especie de comentario al texto de Chateaubriand, antes citado. Lo que suponían en el ambiente
español en el que varios de estos nombres alemanes aparecen por primera vez, ya lo expuso debidamente Santiago
Olives [47].

Complemento y remate de la labor de Bergnes fueron
las obras alemanas que editó, pues cada una de ellas fue
un acierto. Suele destacarse la primera traducción directa
del *Werther,* presentada por Mor de Fuentes en 1835; con
razón, pero tal vez resulte aún más significativa la versión
que Bergnes hizo con Mor de Fuentes de la famosa obra de
Christoph von Schmid, *Erzählungen für Kinder und Kinder-
freunde,* publicada con el título: *Biblioteca infantil, obra
dedicada a los niños y a los amigos de la niñez,* en 1840.

---

[45]   *Comparación entre las literaturas...,* t. IV, pág. 14.
[46]   *Bosquejo de la poesía española anterior al siglo de Carlos V
de Austria,* t. II, págs. 324-30.
[47]   Véase su admirable monografía sobre *Bergnes de las Casas,
Helenista y Editor,* Barcelona, 1947, 279 págs., con un instructivo
prólogo de Rubió y Balaguer.

Siendo de categoría muy inferior y más bien de carácter utilitario, es de admirar sin embargo, con qué instinto más seguro supo Bergnes seleccionar esta publicación del Biedermeier, tan apreciada en todas partes y muy acorde con las aspiraciones educacionales del momento.

Un afán pedagógico a la vez que sistemático se aprecia igualmente en la traducción de dos obras de historia alemana. Me refiero, en primer lugar, a *l'Allemagne* de Philippe Le Bas. Este texto informativo de un autor que ya había publicado un *Cours de littérature allemande,* salió en 1838. La versión facilitada por Bergnes, llamada *Historia de la Alemania,* ya estaba a los tres años a disposición del lector español.

De mayor envergadura fue, desde luego, la *Germania, o colección de nuevos escritores de Alemania,* cuya primera parte incluye el segundo texto histórico escogido por Bergnes. Es esta la obra *Vier und zwanzig Bücher allgemeiner Geschichte* de Johannes von Müller *(Los veinticuatro libros de la Historia Universal)* (1850). Me inclino a creer que Bergnes se decidió por esta obra y no por la de Schlosser, recordando, por ejemplo, la recomendación que del autor hiciera Mme. de Staël. Su inclusión en el conjunto de obras sobre Alemania prueba, una vez más, hasta qué extremo Bergnes respiraba el ambiente de la Restauración europea, muy afín, por otra parte, al clima de los Moderados. Es este también el motivo que le hace dar la preferencia a Müller sobre Heinrich Heine [48].

La segunda parte de la *Germania* representa todavía una sorpresa mayor. Dedicada a las ciencias, publica las *Chemische Briefe* de Justus von Liebig, a los seis años de

---

[48]   Para más detalles, véase OLIVES, ob. cit., págs. 246-7.

su aparición en alemán. Insisto en la importancia de este
título, ya que revela la entrada de las ciencias naturales de
Alemania, iniciada en este terreno por Cook, al traducir el
tratado sobre Gall. Es posible que las *Cartas Químicas* no
fueran la única obra de este género. Lo juzgo probable al
constatar que un catedrático y profesor de química indus-
trial de la Universidad de Barcelona, Magín Bonet y Bofill
hacía, en aquel entonces, varios viajes entre Alemania y
España [49].

Un aspecto no menos curioso que el que se acaba de
referir, es la atención que Bergnes concede a las ciencias
clásicas alemanas en sus estudios del griego. No lo describo
por la extensión que reclamaría este comentario, ya hecho
de un modo exhaustivo por Santiago Olives.

Antes de concluir el examen de Bergnes, convendría
fijarse en otro aspecto, hasta cierto punto más relevante
todavía para nuestra exposición. Tanto para la traducción
de Müller como la de Liebig, Bergnes disponía de conoce-
dores catalanes del alemán, que eran universitarios del
campo jurídico y de la medicina. La importancia que Bergnes daba a este hecho se desprende de que los cite expresamente con sus títulos profesionales. Fueron «don Miguel
Guitart y Buch, doctor en medicina y cirugía, y regente de
primera clase de medicina; don Juan Pradt, doctor en jurisprudencia, regente de primera clase de la misma Facultad,
y abogado del Ilustre Colegio de Barcelona; don Juan Roig,
profesor de lenguas vivas; don Ignacio Godás, abogado».
Ignoro si aprendieron el alemán con el propio Bergnes y
su colaborador Mor de Fuentes, o si pudieron hacerse con

---

[49]   Debo esta información a la correspondencia inédita de Ferdinand Wolff con sus amigos o compañeros en España se trata del
gran amigo del padre de Menéndez Pelayo.

el idioma porque ya se enseñara con normalidad en los colegios de Barcelona. Su plantilla demuestra que ya no había
necesidad de recurrir a alemanes o a germano-españoles bi-
lingües.

LA PENETRACIÓN DEL IDEARIO DE FRIEDRICH SCHLEGEL.

Con promover tanto la difusión del ideario germánico,
extraña que Bergnes no interviniera en la traducción y
publicación de uno de los textos capitales del romanticismo
alemán. Es este la *Historia de la literatura antigua y moderna* de Friedrich Schlegel que sintetiza de un modo extraordinario la historiografía de la época, caracterizada por
esos vastos cuadros de conjunto. Antes de imprimirla en
1815, su autor había trazado las líneas fundamentales de
su visión en las famosas conferencias de Viena, pronunciadas
en 1812. La traducción española que siguió a las que se
habían hecho al inglés, italiano y francés, procedió de la
segunda edición alemana, de 1822. El texto castellano apareció por entregas en la casa Oliveres de Barcelona entre
1843-44. Largo tiempo juzgado como trabajo de un autor
anónimo, pude finalmente averiguar el nombre del autor.
Fue José Petit de Córdova. Hay motivos de peso para
creer que Manuel Milá fomentó esta traducción [50].

La *Historia* de Schlegel tiene la ambición de dar un
panorama de toda la cultura de occidente, desde los tiempos
de Grecia hasta la época moderna. Como Andrés, utiliza el
autor el término literatura en sentido general, englobando

---

[50] Véase mi trabajo ya citado sobre Milá.

toda clase de escritos impresos. El eje de la exposición gira
en torno al desarrollo histórico del pensamiento humano.
Por esta razón coloca el ideario filosófico en el centro, pero
no deja de prestar preferente atención a las letras y a las
bellas artes. Discípulo de Herder, convierte los pueblos en
los portadores de la historia, buscando en cada caso el punto
de gravedad característico. A la historia de la humanidad no
preside, por tanto, una lógica racionalista. Si el trazado de
Schlegel destaca por sus amplios horizontes, se distingue
a la vez por el cúmulo de datos concretos. Con respecto a
Alemania comprende el libro un recorrido total de su historia y literatura, aunque repartido por diversos capítulos.
Acerca de Francia contiene páginas de gran penetración,
que rectifican las injusticias de Herder, Lessing y su hermano August Wilhelm Schlegel, especialmente en cuanto al
período de Luis XIV. Los capítulos sobre España merecen
particular atención por el extraordinario puesto que el autor
le concede a la historia de la constitución de Europa. Conce-
bido con criterio católico muy abierto, por ejemplo en los
juicios sobre el protestantismo, ofrece, por otra parte, un
agudo análisis de la Ilustración. En cuanto al romanticismo
del que reniega en su sustancia, aunque suprime el binomio terminológico clásico-romántico, se caracteriza por la
crítica que de éste se hace, destacando en este punto su
condena de la exaltación individualista del *Sturm und
Drang* [51].

La *Historia de la literatura antigua y moderna* ejerció
un profundo influjo sobre Milá y Fontanals. Su presencia
se hace igualmente sentir entre historiadores del centro que
configuran su visión de Alemania en gran parte sobre esta

---

[51] Para detalles adicionales remito a mi ensayo sobre *Federico
Schlegel* en *Filología Moderna,* junio 1973.

obra, entre otros, Cánovas y Menéndez Pelayo. Por ello
es tan sorprendente que Bergnes no interviniera en su versión y lo es mucho más aún el hecho de que Balmes la igno-
rase totalmente.

La actuación del pensamiento de Friedrich Schlegel que
en el quinto decenio de la centuria desplaza al de su hermano, o mejor dicho, lo incorpora en lo que tenía de valencia actual, se extiende sobre unos veinte años. Este proceso integrador fue tanto más natural cuanto que en lo
básico A. W. Schlegel había construído todo su edificio
histórico literario sobre ideas de Friedrich, siendo su mérito
personal el haber rellenado esta construcción con datos posi-
tivos de la literatura inglesa y, sobre todo, de las culturas
románicas, al dar interpretaciones y traducciones de Dante,
Petrarca, Shakespeare y Calderón. Con su enorme caudal
de saberes filológicos y con un instinto estético muy superior al de su hermano, August Wilhelm engrosaba ahora el
haber de Friedrich, porque en España se tendía a confundir
a los dos, conforme nos demuestra Juan Valera una y otra
vez.

Aparte de ello, el pensamiento de Friedrich Schlegel
cobró vigor adicional por una corriente pictórica que, ni
entonces ni hoy, muchos relacionaban con él, aunque le
diera vida a comienzos de siglo. Fue ésta el purismo de los
nazarenos, escuela alemana temporalmente radicada en Roma
y vinculada al nombre de Overbeck, imbuído de schlegelianismo.

Federico Madrazo, hijo de una alemana y ahijado del
príncipe Federico de Sajonia-Gotha, revela su atracción en
cartas a Eugenio Ochoa y Masarnau [52]. Pero, más que en

---

[52] Véase *El Artista, Col. de Ind. de Publ. Periódicas,* C. S. I. C.
Madrid, 1946, págs. 24-6, al principio del cual publica Simón Díaz

Madrid, caló este movimiento en la ciudad Condal donde
hizo su propaganda Pablo Milá, secundado por su hermano
Manuel reiteradamente y con insistencia. El influjo de esta
faceta del schlegelianismo fue muy hondo, juzgando por los
numerosos cuadros y dibujos que entonces lo aplicaban o
pensando en los pintores que lo patrocinaban por haber
estado becados en Roma, como Espalter, Luis Ferrant, Clavé, Esquivel, Ponzano y Lorenzale. Nos lo corrobora, además, Pi y Margall, al dejar de colaborar con Parcerisa en
los *Recuerdos y Bellezas de España*[53]. En quien más caló
el ideario de Friedrich Schlegel y quizás quien más lo aprovechó, fue Manuel Milá. Cronológicamente llena Friedrich
Schlegel los últimos años de la época romántica, si admi-
timos que ésta se extiende hasta 1860 aproximadamente.
Schlegel continúa y profundiza a Chateaubriand en el campo
católico, fenómeno que ya se había iniciado en Francia unos
diez años antes. Tanta fue su fuerza que el consabido eclecticismo literario entre el clasicismo y el romanticismo se
nutrió de él, es decir, de la autocorrección que Friedrich
Schlegel hizo de su primer ideario en la *Historia de la literatura antigua y moderna,* sin dejar por ello de ser romántico, si nos atenemos a la sustancia espiritual y no a las
palabras.

Hacia mediados de siglo había, pues, dos imágenes de
Alemania: conservadora y catolizante la una, frente a ella
la progresista que tendía hacia el panteísmo. Friedrich Schlegel capitaneaba la primera, mientras que Heinrich Heine
presidía la segunda, al menos en una primera etapa, ya que
a partir de 1850 surge lentamente la estrella de Hegel,

---

una carta de F. M. a Masarnau que complementa la correspondencia
del artista con E. Ochoa sobre el mismo particular.
[53] *De la decadencia del arte, La América,* 1857, n. 14.

según veremos todavía al final de estas páginas, reduciendo, aunque sin apagarlo, el foco de Heine como teórico. Ambos perseguían objetivos análogos en la interpretación de la cultura alemana.

Antes de presenciar el pleno despliegue de esta segunda visión de Alemania y que en definitiva trata de desplazar a la otra, alcanza el movimiento romántico aun su mayor densidad espiritual. Contribuían a ello obras de toda índole, sobre todo en el campo científico-histórico. Figura a este respecto en primerísimo lugar la obra histórico-jurídica de Savigny: *Tratado de la posesión según los principios de Derecho Romano* que, utilizando la versión francesa, se editó en Madrid por la Sociedad litográfica y tipográfica en 1845 [54]. Difícilmente se exagera la importancia de la presencia de Savigny, recordando su impacto posterior en el pensamiento político español. Pero, por de pronto, tuvo aún más peso la *Simbólica o exposición de las contrariedades entre los católicos y protestantes según sus profesiones públicas de Fé* [55] del gran teólogo Johann Adam Möhler. Este tratado, que no pocos consideran como el exponente más elevado de la teología católica del xix, data de 1832. A través de la versión francesa del Padre Lechat, de 1836, se hizo la traducción al castellano, que apareció en 1846. La llevó a cabo un joven presbítero, de nombre Antolín Monescillo, el mismo que a finales de siglo llegó a ser Cardenal Primado de España y Arzobispo de Toledo [56].

---

[54] *Das Recht des Besitzes,* 1806. Precedió esta traducción otra obra alemana, hoy olvidada, la *Historia del Derecho Romano,* por Gustav Hugo, profesor de Gotinga. Sobre la versión francesa de F. Poncelet, la tradujo Pedro de Madrazo en 1843.

[55] Madrid, Imprenta de José Félix Palamós, editor, 1846, 2 vols., 8.°, 308 págs.

[56] *Symbolik oder Darstellung der dogmatischen Gegensätze der Katholiken und Protestanten.* La mala traducción de la palabra

Informes sobre Prusia y medidas
de acercamiento a aquel país
(Gil y Carrasco, Sanz del Río y Kühn).

La aportación catalana a la recepción de la cultura
alemana en España fue múltiple y compleja, pues abarcó
los sectores más diversos de la espiritualidad y ciencia. Una
investigación más sistemática y profunda que la mía, que
al fin y al cabo no es más que un primer desbroce del terreno, confirmaría la índole polifacética de la presencia
germánica, encerrando en sí los elementos más diversos
y opuestos. Este proceso era lógico, si se piensa que la
observación de lo alemán tenía que seguir la evolución de
los alemanes, que en esos decenios sufrieron una honda
transformación. Basta recordar la reacción adversa de Böhl
de Faber contra la Alemania de los años 30 para comprender la naturaleza de este fenómeno [57]. Al valorar la tendencia predominante del espectador, se manifiesta una inclinación clarísima hacia el elemento católico y conservador. Así
lo vieron también los propios catalanes, al ignorar durante
mucho tiempo las tremendas virulencias de las ideas progresistas que les vinieron del Rhin. Al darse cuenta de su
error de perspectiva, empezaron a dudar de la bondad del
germanismo, tantas veces puesto por las nubes, si bien esta
recapacitación se produjo bastante más tarde [58]. Por de

Gegensatz, contradicción, contraste o divergencia de opinión, se hallaba ya en la versión francesa de Lechat, que habla de *exposition des
contrariétés dogmatiques...*
   [57] Heinermann, Theodor, *Cecilia Böhl de Faber y Juan Eugenio
Hartzenbusch,* Madrid, 1944, 263 págs. Véase comentario de Heinermann en la pág. 100.
   [58] Feu, José Leopoldo, *El romanticismo en España, La América,*
VI, págs. 20-1, Madrid, 1862, y *Datos y apuntes para la historia*

pronto, prevalecía en las mentes la Alemania de los hermanos Schlegel y de Mme. de Staël. Prevalecía, no por razones económicas, según creo, sino por la orientación que le dieron hombres como Manuel Milá, Piferrer o Bergnes de las Casas. En la capital de España, en cambio, recuperada la normalidad mediante un compromiso con los carlistas, se iba a formar una visión mucho más afín al movimiento de ideas reciente e innovador, propugnado por los alemanes opuestos a la Restauración. Tanto fue así, que a los diez años había ganado la estimación preferencial de la minoría decisiva: como la de Juan Valera y Sanz del Río. Veamos los detalles de este proceso.

Las relaciones de España con los países del Norte, siguiendo la nomenclatura de la época, estuvieron interrumpidas desde 1836 hasta 1848, porque Austria, Rusia y Prusia habían apoyado la causa carlista. España carecía, por consiguiente, de contactos diplomáticos normales con las dos potencias alemanas más importantes y gran parte de sus aliados respectivos. Austria constituía el núcleo de la resistencia a un reconocimiento de España. Prusia, deseosa de restablecer su comercio textil con España y menos abiertamente opuesta al liberalismo, aspiraba en el fondo a un arreglo. En esta situación, el Gobierno de González Bravo encargó una misión confidencial a Enrique Gil y Carrasco con el fin de enderezar este estado de cosas. Sabido es que oficialmente se le pidió sólo un estudio sobre el *Zollverein* [59].

---

de la moderna literatura catalana, en *Memorias de la Academia de Buenas Letras,* t. II, Barcelona, 1868. Véase esp. pág. 462 acerca del «racionalismo germánico».

[59] Una exposición detallada de este proceso se halla en PICOCHE, Jean Louis, *Un romantique espagnol, Enrique Gil y Carrasco,* 2 vols. Thèse présentée devant l'Université de Paris, IV, 1972. Repro. Lille, 1972.

Valera precisa su cometido, diciendo que «había ido a Berlín en comisión del Gobierno para hacer un estudio político, administrativo y social de la *Confederación Germánica* con cuyos distintos gobiernos nuestras relaciones diplomáticas se hallaban a la sazón interrumpidas» [60].

Partiendo de la creencia de que un diplomático debiera conocer el país sobre el cual se le pide información, Gil y Carrasco estaba mal preparado, porque no sabía la lengua alemana, aunque la estudiara seis horas diarias antes de emprender su viaje. Sus conocimientos teóricos de Alemania descansaban en lecturas francesas y, posiblemente, en los datos que el amigo Hartzenbusch le suministraba. Al llegar a Alemania, captó mal el ambiente y sólo destaca la escuela pictórica de Düsseldorf (relacionada con los nazarenos) y su visita a la casa de Goethe en Francfort, entonces obligada. De la Universidad de Heidelberg, o la de Bonn nada percibe. Por lo demás, sabía de las teorías de A. W. Schlegel sobre el teatro español que aprobaba, igual que Hartzenbusch. El romántico que era, gustaba de los cuentos de E. T. A. Hoffmann, que conocía por traducciones al francés. Más interesante para juzgar su misión es el dato de que en Berlín le encauzaba diplomáticamente Alejandro von Humboldt [61].

En este ambiente político-cultural, que, por otra parte ya conocemos, recordando la actuación de Julio Kühn, con su fundación de la *Academia Alemana-Española* en 1840 y la publicación de la *Gramática alemana* de 1844, hay que ver igualmente el encargo que hacia las mismas fechas se le

---

[60]   *Historia General de España,* de Modesto LAFUENTE. Vol. 22, pág. 314 de la edición de 1930.

[61]   Referencias concretas a mi resumen en E. GIL Y CARRASCO, *Obras en Prosa,* 2 vols., Madrid, 1883. T. I, págs. 25, 39-40, 50, 59, 68-69. T. II, págs. 470-97.

hizo a Julián Sanz del Río, por aquellos años protector y colaborador de Kühn. Como Hartzenbusch, pertenecía Sanz desde 1840 al núcleo germanófilo que se había formado en torno a la *Academia Alemana-Española*. De Kühn, lo mismo que de Hartzenbusch, pudo aprender el idioma y otras muchas nociones de interés. Ideológicamente comulgaría más con el primero. En lo que al segundo se refiere, hay que suponer que desentonaría bastante de la mentalidad, más bien conservadora, del escritor romántico. Matizo así la actitud espiritual del crítico y periodista Hartzenbusch, puesto que nunca se distinguió por la nitidez de sus ideas. En el fondo carecía de una disposición espontánea para la filosofía y la política.

El interés de Sanz del Río por la cultura alemana ya se había manifestado antes de su viaje a Alemania. Antes también había aprendido los elementos básicos de la lengua. Insisto en este punto nuevamente, porque sus comentaristas suelen ignorarlo con rara unanimidad, fundándose en una declaración epistolar del propio Sanz, lamentando el estado insatisfactorio de sus conocimientos lingüísticos. Sobre las primeras impresiones que Alemania causó a Sanz del Río, poseemos dos documentos muy elocuentes, ambos artículos de revistas, escritos con intención informativa.

El primero es un *Examen filosófico de la Alemania desde la Revolución Francesa*, publicado en la *Revista de España y del Extranjero* en 1842. El análisis del autor tiene un carácter político-histórico. Su punto de arranque es la revolución francesa de 1830. A la vista de este suceso, observa la actitud política de los estados alemanes entre la reacción y el progresismo. Su atención se dirige, por tanto, a las manifestaciones constitucionalistas, o sea, al fenómeno ya subrayado por Heine y *El Propagador de la Libertad*.

El texto de Sanz puede resumirse diciendo que refleja su inclinación al sistema representativo del *chartismo,* que lo ve mejor encarnado por Prusia. Las concesiones al liberalismo por parte de Berlín se destacan de manera tal que revelan una simpatía abierta del autor por Prusia [62].

El segundo artículo de Sanz, publicado por la *Revista de Madrid* en 1844, trata de *Literatura y Lengua Alemana.* A pesar de la fecha, es posible que Sanz lo redactara igualmente antes de su salida para Heidelberg. Al aceptar este supuesto, habría que admitir que Kühn le suministrara gran parte del material ya que éste no le era accesible en el Madrid de la época. Más probable parece, sin embargo, que el autor lo mandara desde las orillas del Neckar, cosa que explicaría el número extraordinario de erratas, tan extraordinario, que lo hacen a veces ininteligible para un lector que no esté enterado de los antecedentes efectivos [63].

Por su contenido complementa el segundo trabajo el primero, procurando describir el trasfondo espiritual de Alemania. Parte del hecho de que las grandes figuras, Goethe, Schiller, Chamisso, Platen, Want y Wilhelm von Humboldt son del pasado. El mundo estético retrocede. En su lugar, registra el surgimiento de una nueva sociedad, caracterizada por la investigación y la erudición que intenta hacerse con la dirección científica del mundo culto. Entre sus representantes se nombran los hermanos Grimm, el germanista Lachmann, los historiadores liberales Welcker y Rotteck, muy conocidos como autores de una apreciada enciclopedia y por su actuación política, y finalmente, Hegel con su escuela.

[62] Tomo I, Madrid, 1842, págs. 203-14. El texto va firmado por Julián Sáinz (!) del Río. La segunda parte que se anuncia, no se publicó. Posiblemente coincide con el artículo posterior.
[63] Segunda serie, Madrid, 1844, págs. 30-49.

Las fuentes de información que cita Sanz del Río son Gervinus, al cual conoció íntimamente en Heidelberg y a Theodor Mundt, representante destacado de la *Joven Alemania (Junges Deutschland)*. También menciona las grandes revistas de la época, los *Anales (Jahrbücher)* de Viena, Halle y Heidelberg o *El indicador sabio de Gotinga (Göttinger gelehrte Anzeiger)*.

No sería exagerado afirmar que todos los juicios de Sanz del Río proceden de un criterio político. Hegel aparece como el filósofo del progreso. Debidamente expone el caso de los siete catedráticos de Gotinga que en 1837 perdieron su puesto a causa de una protesta contra el quebrantamiento constitucional por parte del Rey Ernesto Augusto de Hanóver. Tal vez debe recordarse que de ellos no sólo formaban parte los hermanos Grimm, sino también su amigo Gervinus. La polémica que en el campo ortodoxo del protestantismo suscitó la *Vida de Jesucristo (Leben Jesu)* de Strauss, antecedente de la de Renan en Francia, como se sabe, tampoco se le escapa. Al hablar de Goethe y Schiller, se percibe que no ignora el ribete político que acompaña la discusión sobre ambos que entonces aún no habían llegado a ser clásicos intocables. Si registra el reconocimiento unánime de Schiller, advierte con respecto a Goethe que «continúa siendo objeto de muchas controversias literarias que se sostienen en diversos sentidos» [64].

La visión general de Sanz se funda en una admiración sin límites de la ciencia alemana. La Universidad, o sea, la *Germania docta,* ocupa el primer plano, por su intensa investigación. «En estos trabajos, escribe, tiene la Alemania protestante una parte mucho mayor que la católica. Prusia,

---

[64]   Idem, pág. 40.

Sajonia, Baden y Wurtemberg son los centros principales
de la actividad intelectual; Austria y Baviera trabajan muy
poco» [65].

Con ser muy elocuente el texto de Sanz del Río, resultan
todavía más llamativas dos omisiones. La primera es el silencio total acerca de los hermanos Schlegel. Como polemiza
en un lugar contra un juicio de August Wilhelm, aunque sin
nombrarlo, no puede dudarse de que la omisión sea inten-
cionada. Pero mucho más sorprendente es la segunda, pues,
a pesar de hablar de filosofía y estética, no menciona nunca
a Krause. Ahora bien, si no se trata de la traducción más o
menos libre de un texto alemán, uno se pregunta quién
orientaría su información, tan nítidamente, a favor de la
Alemania innovadora. ¿Sería Kühn en Madrid, o Gervinus
con Weber en Heidelberg?

Supuesto el caso de que Sanz del Río pasaba por ser un
experto en asuntos alemanes, y el primer artículo de 1842
con su actividad en la *Academia Alemana-Española* bastaba
posiblemente para ello en el ambiente de bajo nivel que caracteriza la vida cultural de Madrid al terminar la primera
guerra carlista, no extrañaría tanto que el Ministro de la
Gobernación, Pedro Gómez de la Serna, le nombrara «catedrático interino de Historia de la Filosofía en la Universidad
de Madrid, con la obligación de pasar a Alemania para perfeccionar en sus principales escuelas sus conocimientos en
esta clase de ciencia» [66]. El informe que se pide a Sanz del
Río encaja en el deseo general de saber más de la Alemania
progresista y, muy en especial, de Prusia. Demás está advertir que la sociedad que aquí surge de las pinceladas de

[65]   Idem, pág. 31.
[66]   Véase Cacho Viu, Vicente, *La institución libre de enseñanza*,
Madrid, 1962, págs. 32 y sigts.

Sanz, aunque todavía un tanto desdibujada, se diferencia totalmente de la que se creía conocer hasta entonces [67]. Los artículos nos demuestran de modo diáfano lo que el autor hubiera escrito en su informe, de haber llegado a fijar las impresiones de su estancia. Sirva de colofón a nuestra consideración una de las frases iniciales del segundo artículo de Sanz que dice: «Alemania puede gloriarse hoy de que no sólo no es inferior a ninguna nación en el método y profundidad de los estudios científicos, en la riqueza y elevación de las ideas, en la robustez del espíritu filosófico y del genio poético, sino que se distingue y sobresale notablemente en el conjunto de estas grandes cualidades» [68]. Antes de ser el importador del krausismo, Sanz del Río fue un gran admirador de la cultura alemana y parte de su influencia radica en este extremo. El traductor del *Compendio doctrinal de la Historia Universal* de Georg Weber y el autor del *Doctrinal histórico de la literatura germánica de J. Weber, G. J. Gervinus, F. G. Eichhoff, E. du Méril* es anterior al intérprete de Krause y tiene suficiente peso para no merecer el olvido, creado por la polémica entre católicos y liberales en torno a su persona [69].

Los intentos de establecer contactos con Alemania, y sobre todo con Prusia, no se agotaron en los encargos que recibieron Enrique Gil y Julián Sanz. A través de un comentario accidental de Julio Kühn sabemos que los militares realizaron otra gira de inspección al Norte para estudiar el país de Federico el Grande y del Coronel von Schepeler, cuyo recuerdo persistía en la alta sociedad, no olvidada, de

---

[67]   Un examen exhaustivo de estos artículos y otros posteriores desbordaría el margen de este estudio, aparte de que su materialidad nos sacaría del límite cronológico que aquí nos hemos impuesto.

[68]   Artículo citado de la *Revista de Madrid,* pág. 31.

[69]   Madrid, 1856 y 1860 respectivamente.

su participación en la Guerra de la Independencia, ya que
sus libros sobre España se leían entonces en Madrid. «Oficiales españoles, escribe Kühn, comisionados para examinar
el estado de la artillería prusiana y de las escuelas militares
han conseguido en el invierno pasado enteramente su objeto, con el beneplácito de Su Majestad y bajo la dirección
del Príncipe Adalberto y del general Stosch» [70]. Del texto
citado no se deduce con claridad si este viaje se hizo en
1846, o sea un año antes del viaje de Kühn a Berlín, o en
1849, año que precedió a la publicación del folleto de Kühn,
dando cuenta del hecho. Sólo una investigación detenida en
los archivos militares nos informaría sobre esta expedición
o acerca de Carlos Gaertner, el Teniente General y Ayudante de campo, que, al parecer, patrocinó a Kühn.

Todavía nos queda por mencionar un cuarto informe
que los historiadores ni siquiera han registrado. Es éste el
resultado de la comisión que se dio a Julio Kühn «para que
durante [su] permanencia en el Reino de Prusia examinase
el estado de la instrucción pública en aquel país, los métodos y libros de texto que se empleasen en la enseñanza, y
manifestara a su vista hasta qué punto podrían tener aplicación...» [71].

Durante su estancia en Berlín, Kühn abordó igualmente a Alejandro von Humboldt cuyo *Cosmos* pensaba traducir al español. Este lo recibió con mucha amabilidad y lo
pasó al famoso administrador Eichhorn y aquél, al no menos
conocido Juan Bautista Schultze. Kühn publica planes de enseñanza de varios colegios, pero llega a la conclusión de que

---

[70] *Memoria sobre el Estado de la instrucción Primaria y Secundaria en Prusia,* por el profesor Julio Kühn, Madrid, 1850. Texto citado págs. 4 y 5.
[71] Idem, pág. 3.

poco pudiera decir que completara el informe que Víctor Cousin publicara unos años antes sobre la misma materia en Francia.

Al margen de esta actividad oficial de Kühn, hay todavía otro aspecto mucho más curioso. Mientras preparaba su memoria sobre la enseñanza en Prusia, redactó un texto, el cuarto que de él conocemos, cuyo título reza así: *Hodogética de filosofía y jurisprudencia, o sea, guía para los estudiantes de ambas facultades* [72]. Esta introducción, fundamentalmente bibliográfica, que se extiende sobre 72 páginas, constituye una iniciación muy completa en la literatura de ambas asignaturas. A la vez, comprende títulos de historia general, psicología y antropología, filología y ciencias clásicas. Las obras citadas no son sólo alemanas, pero en su conjunto predominan éstas de manera aplastante. No hay aquí lugar para discutir la selección hecha por Kühn, ni si ésta fue parcial o enteramente suya, pero sí se debe decir que es francamente representativa para la época. En cambio es lícita la duda si tanto título alemán y de obras tan extensas servía de veras a la finalidad requerida, dado el conocimiento limitado del idioma.

Acerca de los nombres mencionados cabrían muchos comentarios. Me limito a uno sólo, referente a Krause. Kühn le llama «el profundo Krause». Hablando de su filosofía, la califica de «independiente», al lado de la de Herbart. Y al describir la ciencia de lo bello, o sea la estética, dice de la de Krause que es la más «filosófica» [73]. Kühn había leído la *Historia de la filosofía* del kantiano Tennemann, entonces ya traducida al español mediante la versión francesa de Cousin, la cual ya concede a Krause una atención reiterada.

---

[72]   Madrid, 1850.
[73]   Idem, págs. 15, 17 y 22.

Y sin duda leería la obra de Willm en cuyas páginas se registra, mejor que en otra alguna, el ascenso de Krause. Además de dedicarle veinticinco páginas, Willm consigna que «ses partisans le considèrent comme le prince de la philosophie contemporaine» y que ha hecho «de louables efforts pour concilier le théisme avec le principe du panthéisme»[74].

Todas estas obras reservan ciertamente la preferencia a Hegel. Lentamente, pero de modo seguro, entró éste a ocupar un puesto central, aunque incómodo, en España. Milá le opone una decidida resistencia, antes de aceptar ciertos juicios históricos de su estética. Valera ya se entusiasma con él, en el fondo de un modo permanente. Castelar y Pi y Margall lo entronizan en el pensamiento político-filosófico, pero el proceso de la penetración de Hegel es lenta y difícil, no en último extremo por la dificultad lingüística de su obra, pero igualmente por el extremismo de los discípulos de Hegel que llegaron a desacreditar a su maestro.

Así pues, se juntaron apreciaciones positivas de Krause con el declive pasajero, pero evidente, de Hegel para incrementar la valencia o preferibilidad del sistema del primero. En estas circunstancias pudo ocurrir y se explica mejor cómo y porqué Sanz del Río dio a Krause la primacía entre todos, pero esto no pertenece ya al tema que hemos tratado de desarrollar. Para situar el fenómeno en su contexto espiritual, conviene tener presente que ni Hegel ni Krause se consideraron románticos, aunque fueron coetáneos de los miembros de la *Romantische Schule,* es decir, de los Schlegel, Novalis y Tieck. Krause se sentía ajeno a ellos y Hegel totalmente opuesto. En la apreciación de la situación alemana, Gervinus estaba más cerca de Krause que

---

[74] *Histoire de la philosophie allemande,* t. IV, págs. 418 y 439, respectivamente.

de Hegel. Presumo que Gervinus decidió en no poca parte la opinión y posterior toma de posición de Sanz del Río [75].

HARTZENBUSCH Y LAS RELACIONES
HISPANO-ALEMANAS.

Si el apellido alemán del autor parece justificar su vinculación específica con el mundo germánico, no lo hizo así de ninguna manera la historiografía literaria. Repasando artículos, libros o manuales desde Eugenio de Ochoa y Ferrer del Río acá, se comenta del autor que nació en 1806, en primer lugar su propia obra creadora en relación con su labor como introductor del teatro romántico francés [76], y su empeño constante de revalorar y adaptar la comedia del siglo de oro al público de su tiempo. Su colaboración permanente en toda clase de periódicos y revistas se advierte, pero en general sin detalles concretos. De su actuación para difundir la literatura y ciencia alemanas apenas se habla, y de hacerse, sólo se suelen mencionar sus traducciones poé-

---

[75] Me limito a esta breve alusión porque una exposición sistemática de lo que unía a Sanz del Río con el historiador, político e hispanista alemán no pudiera hacerse en unos cuantos párrafos. La mejor comprensión de los múltiples problemas que suscita la obra de Gervinus, se facilita y en dos disertaciones de WOLFF, Erich, *G. G. Gervinus, sein politisch-geschichtliches System*, Leipz. 1931 y MÜLLER, Leonard, *G. G. Gervinus*, Heidelberg, 1950. Una muestra de las interpretaciones tendenciosas a las que Gervinus puede dar lugar, se presenta en la antología *Gervinus, Schriften zur Literatur*, por GOTTH. ERLER en el *Aufbau-Verlag*, Berlín, 1962.

[76] Véase CORBIERE, Anthony Sylvain, *Juan Eugenio Hartzenbusch and the French theatre, Publications of the University of Pennsylvania*, Philadelphia, 1927. De un modo indirecto se desprende el impacto predominante del teatro francés del minucioso comentario de Jean Louis Picoche en su edición crítica de *Los Amantes de Teruel*, París, 1970.

ticas de Lessing y Schiller. Así y todo, no resulta difícil
rastrear la intervención concreta de Hartzenbusch en los
contactos hispano-alemanes, a base de sus artículos por de
pronto, pero más a través de la correspondencia extensa que
mantuvo con hispanistas de Viena y Berlín o con jóvenes
españoles interesados en la cultura del pueblo alemán.

Leyendo periódicos y revistas madrileños como el *Se-*
manario Pintoresco Español (1836-57), *El Panorama* (1838-
41) o la *Gaceta de Madrid* correspondiente al decenio 1835-
45 aproximadamente, salta a la vista que, por lo común, las
nociones generales sobre Alemania eran superficiales y de
segunda mano, constituyendo la fuente fundamental Mme.
de Staël y los Schlegel. Si Hartzenbusch formaba excepción
a este respecto, apenas lo manifestó, como no sea por su
afirmación de que «la Academia Alemana-Española, establecida hace poco en Madrid, ha tomado a su cargo llenar este
vacío con respecto a la literatura del país, patria de Klopstock y de Schiller» [77].

Era lógico que un dramaturgo romántico que intentaba
amalgamar la escena antigua con la moderna, supiera de las
doctrinas del romanticismo alemán. Lo sorprendente es que
no utilizara en su argumentación ningún drama de Schiller y
que ignorara totalmente el teatro alemán después de Goethe
y Schiller, dados sus antecedentes. Así fue, sin embargo.
Basta leer sus *Ensayos poéticos y en prosa* (1843) que recogen sus intervenciones en el Ateneo y la prensa, para darse
cuenta de ello. Aparte de las teorías de Schlegel, no se ve
que se basara en conocimientos concretos que abonaran su
punto de vista. Tanto es así que uno lee con cierto asombro
en una carta suya de enero de 1845 una confesión como

---

[77] Véase su artículo *Autores Españoles juzgados por los alema-*
nes, en *Semanario Pintoresco Español,* 1841, págs. 203-205.

esta: «No conozco más poetas dramáticos alemanes que Weise, Gellert, Yffland, Schroeder, Lessing, Schiller, Goethe, Uhland, la princesa Amalia de Sajonia y Raimund, cuyas obras poseo más o menos completas. No he leído ni una línea de Raupach, el Sr. Barón de Münch-Bellinghausen, Oehlschläger (sic), Houwald, ni los demás autores que honran la época presente» [78]. No hay motivo para dudar de la veracidad de esta afirmación, pero de suyo es inesperada, recordando el *Discurso sobre las unidades dramáticas* (1839) o los *Apuntes leídos en el Ateneo científico de Madrid* (1842) que cronológicamente casi coinciden con la carta antes citada. Y coge de sorpresa sobre todo, porque el lector de Hartzenbusch no hubiera sospechado tales lecturas a la vista de sus alusiones a asuntos alemanes. Hay que suponer que el secretario de la *Academia Alemana-Española* demostró mayor conocimiento de la materia [79]. Y hasta cierto punto lo revelan también las traducciones de la *Campana* de Schiller o de las *Fábulas* de Lessing, al presentarse en versión directa y competente del alemán. Digo hasta cierto punto, porque hacia 1840 esto dejó de ser una proeza singular, pensando en que L. A. Cueto publicó en el mismo año la versión literal de la balada *Lenore* de Bürger en *El Semanario Pintoresco* y que los primeros ensayos poéticos de Juan Valera, reunidos en una colección juvenil de 1844, abarcan poesías de Goethe y Schiller. Abrigo la esperanza de que una revisión más a fondo nos dé datos adicionales sobre la actuación

---

[78] Para más detalles remito a mi artículo, ya citado, sobre *Der Briefwechsel von Ferdinand Wolff mit Juan Eugenio Hartzenbusch.*
[79] Nada se sabe del carácter de la *Academia* en la que Kühn daba clases de alemán dos veces por semana. De una nota fugaz de Hartzenbusch se desprende que en una de las sesiones se discutió una traducción de la *Doncella de Orleáns* de Schiller.

de Hartzenbusch como crítico y traductor de obras alemanas.

Por su interés de escritor dramático e historiador del teatro español, representa en la actividad de Hartzenbusch un segundo punto de gravedad la intensa labor que desarrolla para editar textos de los clásicos del siglo de oro. Sus comienzos en este terreno son relativamente antiguos, teniendo en cuenta que su primera edición de Ruiz de Alarcón se presentó en doce volúmenes entre 1839 y 1842. Que esta obra fuera producto directo de la crítica alemana o el resultado del influjo de Durán y Lista, es secundario, y una cosa no excluye la otra, en cuanto a la orientación, porque nadie se atrevería a discutir a Hartzenbusch su gran competencia y saber extraordinario en este terreno. Personalmente me inclino más a la segunda explicación, aunque no cabe negar que igual que en la literatura dramática alemana, el bibliotecario Hartzenbusch dispusiera también de numerosas ediciones y comentarios del hispanismo alemán. El *Conversations-Lexikon de Brockhaus* que ya manejaba en 1841, pudiera haberle facilitado datos sobre el particular. Al principio, en todo caso, no se encuentran referencias a los eruditos alemanes y dudo de que consultara entonces textos de Keil, Dohrn u otros. En cambio, echó mano de la obra clásica de Schack sobre la literatura dramática de España, pero ésta no se publicó hasta 1845-46, mientras que la del norteamericano Ticknor, que también pudo haberle servido de fuente, aún tardaría tres años más en aparecer. Como no disponemos de un estudio general sobre el hispanismo de esta época, incluyendo las aportaciones de Huber, Wolf, Díez y Lembke o de Gayangos, Amador de los Ríos y Milá, no cabe dilucidar cuestiones de prioridad o contribuciones personales. No está demás recordar, sin embargo, que

Hartzenbusch mantenía relaciones epistolares con los más y que conocía a alguno también en Madrid, como por ejemplo a Lembke. En cuanto al tema que aquí se estudia, queda fuera de duda que junto a Milá fue Hartzenbusch uno de los que más ayudaron a la difusión de la labor crítica del hispanismo alemán entre 1840 y 1860, y seguramente antes que el historiador catalán, porque sabía el idioma.

En el curso de estas páginas apunté más de una vez el carácter provisional de mis consideraciones, dado el estado deficiente de estudios especializados sobre la España del siglo XIX. Esto vale muy en particular para el período en el cual los *Moderados* se esfuerzan en incorporar la cultura europea de la Restauración, conservadora por una parte y, por otra, deseosa de innovaciones revolucionarias de toda índole. La actividad de Hartzenbusch forma parte de este esfuerzo precisamente y tiene lugar en un plano paralelo al de Bergnes de las Casas. Como traductor, Hartzenbusch sigue la línea iniciada con anterioridad, que se acerca más a la época de las luces. El Biedermeier alemán lo mismo que la sociedad isabelina gustaban de la poesía didáctica. Así se comprende que nuestro autor vertiera fábulas de Gellert, Herder y Pfeffel al español, y sobre todo, de Lesing. De éste, que fue su escritor predilecto, trasladó también una tragedia al castellano, la *Emilia Galotti,* conocida por su corte clásico en lo formal, pero crítica del Antiguo Régimen. La simpatía de Hartzenbusch por esta literatura reflexiva y pedagógica, a la que pertenece igualmente la *Campana* de Schiller, corresponde a la de Milá y Fontanals por las *Parábolas* de Friedrich Adolf Krummacher. En uno y otro caso nos lleva este gusto a decenios posteriores, ya fuera de nuestro campo de atención, pero claro está que no se explica su modalidad con ayuda de los tópicos consabidos de ro-

mántico, clasicista o realista, porque todo se compenetra
íntimamente.

Antes de iniciarse la correspondencia entre Wolff y
Hartzenbusch, éste ya tenía una primera información del
teatro alemán contemporáneo. Lo sabemos a ciencia cierta
porque en la *Revista de Madrid* publicó la traducción de un
artículo tratando de la *Literatura Dramática Alemana de la
época actual* [80]. Por su contenido, es éste un resumen del
teatro que recomendó August Wilhelm Schlegel, mencionando la época de los *Staufer* como especialmente adecuada para
la evocación del pasado alemán. Hacia 1830, este teatro dominaba todas las esferas, incluso el género psicológico o so-
ciológico que como tales no necesitaban de una ambienta-
ción histórica, según nos explica Friedrich Sengle [81]. Hasta
los autores de la izquierda hegeliana, Prutz entre otros,
recurrían a este elemento. El autor del artículo traducido
que no hemos podido averiguar, enumera en este contexto
los nombres de Halm (Münch-Bellinghausen), Grillparzer,
Raupach, Zedlitz, Oehlschläger, Müllner y Kleist.

No es de admirar que en la primera carta de su correspondencia con Wolff, o sea dos años escasos después, Hartzenbusch exprese su deseo de ampliar su campo de visión,
pidiendo las obras de los escritores ya citados e incluyendo
en su última misiva de 1847 otros, desde Steigentesch,
Deinhardstein y Klingemann hasta Grabbe, Büchner, Immermann, Bülow o Devrient. Y hay que hacer constar que Wolff
le remitió las obras de aquellos autores, que, a la muerte de
Hartzenbusch, pasaron a los fondos de la Biblioteca Nacional de Madrid. En esta misma carta precisa que desconoce la

---

[80] Segunda época, t. I, 1843, págs. 401-10.
[81] *Biedermeierzeit,* Stuttgart, 1972, t. II, véase esp. págs. 387
y siguientes.

novela alemana y que sus nociones de la lírica sólo abarcan a Freiligrath, Simrock, Körner, Platen, Grün y Lenau. Es de notar que no menciona a Heine entre los conocidos o los que quisiera conocer. ¿Fue esta omisión puramente casual?

El propio Hartzenbusch se encarga de orientarnos, porque en una revista de corta duración y un título archirrepetido, *El Español,* dedica tres artículos sin firma a la *Literatura Alemana* [82]. El ensayo es de índole panorámica. Es significativo, sin embargo, que al comienzo hable de los hermanos Schlegel, dejando entrever que ha leído la *Historia de la Literatura antigua y moderna* de Friedrich. De la obra de éste proceden los datos históricos sobre la literatura alemana que, en su parte contemporánea, suple con datos sacados de Blaze de Bury. Hartzenbusch no habla ni de Hegel ni de Heine. Si menciona a Gervinus, no deja de citar los nombres de Raumer y Ranke. El recuerdo de éste, cuya obra quedó desconocida del público español, llama especialmente la atención. Al final del segundo artículo se habla nuevamente de August Wilhelm Schlegel, que acababa de fallecer. Hartzenbusch resume las múltiples facetas de su actividad ensalzando al poeta, crítico, filólogo, traductor y escritor político que «ha compendiado, al parecer, en un solo hombre todo el carácter universal, variado, cosmopolita, absorbente y reproductor de la literatura alemana» [83].

En la correspondencia de Wolff con Hartzenbusch que fue la de compañeros profesionales, los vieneses sugerían al español que escribiera sobre la obra de Münch-Bellinghausen. Hartzenbusch se sometió a este compromiso en dos artículos

---

[82]   6-VII-45, 21-VII-45, y 22-IX-45.
[83]   Idem, 21-VII-45, pág. 8.

impresos en la *Revista de Europa* [84]. Al título *Obras dramáticas de Federico Halm* sigue la nota explicativa «Seudónimo del Señor Barón de Münch-Bellinghausen, Presidente de la Dieta de Francfort». A continuación se relata el contenido de la *Griselda, El Alquimista, Camoens, El Rey y el labrador* (que es una imitación de *El Villano en su rincón* de Lope) y del *Hijo del Desierto,* el cual se tradujo más adelante al castellano.

Es de notar que la obra de Halm se califique de «juicioso romanticismo» frente a Immermann o Grabbe, al que repudió Hartzenbusch por desmesurado. El conjunto de todos estos trabajos constituyen un claro testimonio de que el medio alemán Hartzenbusch no compartía la imagen que Kühn o el germanófilo Sanz del Río presentaban de Alemania. La política los separaba, como era de suponer.

Con el tono apologético de Hartzenbusch concuerda el colofón de su último artículo, que debe reproducirse íntegro, por ser un elemento constante de los comentarios españoles sobre la cultura alemana y que se halla lo mismo en Milá y Fontanals que en Balmes o Menéndez Pelayo. La frase reza así: «Nuestros lectores observarán que las obras de Federico Halm no tienen ese carácter nebuloso y adusto que muchos creen propiedad inseparable de cuanto se escribe en Alemania» [85].

Entre las diversas facetas de la labor de Hartzenbusch queda todavía una postrera por iluminar. Al hacerlo, me he de referir una vez más a su correspondencia inédita. Entre las numerosas cartas que recibió de sus paisanos hay varias que tratan de asuntos alemanes, buscando su asesoramiento o aconsejándole la adquisición de obras científicas determi-

---

[84] 1846, t. I, págs. 349-62 v t. II, págs. 104-17.
[85] Idem, t. II, pág. 116.

nadas. De las primeras forman parte aquellas que le envió el valenciano José Fernández Matheu, conocido por sus numerosos artículos sobre literatura alemana. La consulta demuestra que Fernández Matheu sigue la orientación de Hartzenbusch. A la segunda categoría pertenecen las cartas que le dirige desde Sevilla José María Alava, recomendando la adquisición de obras alemanas sobre derecho romano, por ejemplo, las de Mommsen. Lo que Bergnes hacía desde su editorial o la cátedra, lo realizó Hartzenbusch desde la Biblioteca Nacional, tal vez de manera menos visible, pero no menos eficaz, aunque con menor altura.

CONSIDERACIONES FINALES.

Examinando las varias interpretaciones de Alemania y de su cultura, se observa que tanto en Barcelona como en Madrid había por lo menos dos, la conservadora y la progresista. Ahora bien, mientras que en la ciudad Condal prevalecía la primera, dominaba la segunda en Madrid, porque la visión de Sanz del Río se impuso pronto a la de Hartzenbusch. En ambas visiones ocupaba la ciencia un lugar primordial, fuera ésta la romanística, la historiografía, el derecho o la filosofía, aunque con nombres muy distintos en el curso del tiempo. Las ciencias naturales y exactas, en cambio, sólo empezaron a asomarse en este panorama. Las exactas no dieron lugar a discusiones, pero sí las naturales representadas por Ludwig Büchner, por ejemplo, las cuales tuvieron amplia difusión en España. Los lectores españoles las relacionaron con la izquierda hegeliana o, según Menéndez Pelayo, con el materialismo ateo, preparado por Feuerbach y difundido por Pi y Margall. La historia de su influencia sobre la imagen que el español se formaba de Alemania, cae fuera del ámbito de nuestro estudio.

En cuanto a las tendencias ideológicas, cabría distinguir tres corrientes vinculadas a los nombres de Friedrich Schlegel, Krause y Hegel, aunque el impacto de éste último no llegó a acentuarse hasta el séptimo y octava decenio del siglo, introduciéndose con ello una tercera imagen de Alemania, dentro de las cuales la de Krause poseía un valor intermedio, equidistante de la católica y la progresista. Si los partidarios de Krause y Hegel se separaron a pesar de formar un frente común contra los de Friedrich Schlegel, este proceso desintegrador no se produjo con toda claridad hasta el último tercio del siglo.

El romanticismo y la pintura española

Enrique Lafuente Ferrari

El tema de la pintura romántica en España se nos aparece como vago y problemático, nunca abordado con hondura y precisión a la vez, falto de rigor histórico y, en suma, propicio a que tomemos lo aparente por lo real, y la cronología por la estética. Carentes seguimos de algunas precisiones que la historia de la literatura va logrando, mejor explorada que nuestras artes visuales y más habituada a tener en cuenta las conexiones que son necesarias para salir de nuestro adanismo habitual.

En todo caso, al plantearnos una visión panorámica de un momento estético determinado, el valor que pueda tener este abordaje es el de comprenderlo *en su unidad* posible y real. Hace años, mi buen amigo el hispanista ame-

ricano Prof. Edmund King, de la Universidad de Princeton,
me obsequió con la tirada aparte de un trabajo suyo aparecido en el «Bulletin of Spanish Studies» (1962), cuya conclusión era ésta: no hay romanticismo español.

Todo fenómeno cultural, literario, artístico se produce
en una sociedad determinada y en una concreta situación
histórica y en relación con ella ha de analizarse, si aspira-
mos a una explicación interpretativa de larga onda. La explicación de los movimientos literarios y artísticos en España es siempre fuente de polémicas porque el esquema no
encaja con el de otros países creadores de la civilización
occidental. Quien no se satisface con superficialidades de
erudición cumulativa se ve, pues, obligado a análisis en profundidad, siempre arriesgados por su complejidad y con el
peligro de deslumbrarse por ciertos factores del proceso,
desatendiendo otros no menos importantes. En nuestros
tiempos, *La realidad histórica de España* de don Américo
Castro es el más saliente ejemplo de ese intento de explicar
en profundidad ciertos rasgos o aspectos de la cultura española. A propósito del Romanticismo es inevitable, en este
campo, mencionar el trabajo de este distinguido discípulo
de Castro, el profesor Edmund L. King, de la Universidad
de Princeton, en el que se plantea radicalmente la cuestión:
What is Spanish Romanticism? La tesis de King es rotunda:
si miramos a lo producido por este período literario en
otros países de Europa nuestra conclusión tiene que ser:
no hay romanticismo español. Y no lo hay, *auténtico,* porque histórica y culturalmente no se daba en España la situación en que el romanticismo vino a producirse fuera de
aquí. Pues el romanticismo es una reacción creadora contra
la opresión de la Razón, cuya autoridad exclusiva hace sentir
a unas nuevas generaciones la limitación del horizonte ra-

cionalista, negador de otros valores humanos que los románticos tratan de hacer reconocer y exaltar.

Pues bien, en España no se daban esas circunstancias; el español se sentía oprimido por una absorbente tiranía de la razón, sencillamente porque esta concepción de la vida en el setecientos no había calado hondo en España. El sentimiento romántico no tenía nada que reconstruir con esfuerzo y pasión porque nada se había verdaderamente destruido. La *Ilustración* española, aquella *Espagne eclairée* de Sarrailh, había sido como tantas veces en nuestro país sucede, intento de una minoría que no había llegado a imponerse en la mentalidad de su país. La reacción contra el racionalismo no cobraba fuerza en los *saturados de razón,* sino en los que la atacaban en nombre del pasado tradicional español. La revuelta contra la razón tenía signo contrario al que en Europa podía tener y sólo cabía considerarla como un ingrediente del tradicionalismo *romántico.* «Para que una cultura, escribe King, se vuelva a la actitud romántica tendría que haber pasado por una crisis metafísica de la naturaleza y magnitud de la que la Europa no-española experimentó al final del XVIII o, en la ausencia de esta crisis producida en su propio ambiente, hubiera tenido que absorberla mediante su voluntaria y ávida importación, que es lo que intentaron tardíamente otras generaciones españolas posteriores como las del krausismo, en cierto modo». King acude a autores españoles que autorizan su idea del Romanticismo en nuestro país. Así, Montesinos, refiriéndose a los movimientos literarios del XIX en España en su *Introducción a la Historia de la novela* afirma con rotunda y desilusionada convicción: «Todo llega tarde, todo llega mal, disminuído, incompleto, adulterado, envilecido...» lo que, por desgracia es cierto. Y Llorens en su *Liberales y románticos,* califica

a nuestro romanticismo como género tan falso cuanto el que
se vendía por clásico. Por ello King formula su conclusión
decisiva: «Los románticos españoles, en realidad y en un
sentido profundo, no sufrieron la experiencia espiritual que
sustenta las actitudes románticas y por eso es por lo que
su literatura romántica es más retórica que expresiva» [1].

Los argumentos de King, sólidos y finos a la vez, inclinaban al asentimiento, pero por otra parte, es bien habitual que cuando nos enfrentamos con un período de nuestra
historia, queriendo homologarlo con otros países de Europa, el desconcierto nos asalte, porque nada es en nuestro
país como en los esquemas paradigmáticos de más allá de
los Pirineos. Cuestiones análogas se han planteado a propósito de otros períodos de nuestra historia. No hay Renacimiento en España, dijeron algunos; no hubo Romanticismo, nos dicen ahora. Como se dijo, hablando de pintura,
que no hubo impresionismo... Las cosas ocurren en este
fondo de saco europeo que es España de modo que no se
acuerdan con los claros esquemas racionales que nos vienen
dados hechos de fuera. Por ello nuestra historia es propicia
a ser mal entendida y su construcción requiere, por nuestra
parte, mayor finura, mayor delicadeza de observación y de
trato y matizaciones más sutiles. Válido instrumento de
comprensión nos proporcionó la agudeza de don Ramón
Menéndez Pidal cuando sentó la generalizable idea de que
España era el país de *los estilos tardíos,* observación que
comienza a dar razón de muchas correcciones que hay que
hacer en nuestra historia literaria o artística al aplicar a
nuestro país los esquemas históricos *ready-made.*

---

[1] Vol. II, n.º 1 dedicado a *Studies in Romanticism.* Una traducción al español del trabajo de King vio la luz en el «Boletín del
Seminario de Derecho político».

Pongamos, por tanto, este interrogante al frente de una consideración del romanticismo español, y para mí, concretamente ahora, del romanticismo en nuestra pintura. Digamos, como de costumbre, que el siglo XIX y el XX han aportado mucho a la historia de nuestra literatura, pero menos, considerablemente menos, a la investigación de nuestro arte nacional; tenemos, además, el hecho de que se ha aportado —en ambos campos— mucho más en el área del estudio menudo y erudito y monográfico que en la construcción de ideas generales o en la elaboración conceptual y el fino análisis crítico del proceso histórico. Por otra parte, el sentimiento, pese a todo existente, de considerarnos un país marginal respecto de Europa, complica nuestras reacciones, que pueden ser *in extremis* adánicas o miméticas respecto de los demás países de la cultura occidental y, sobre todo, respecto de Francia que, forzosamente, suele ser nuestro cordón umbilical respecto de la cultura europea.

Hablando de arte y de pintura hay que decir que los franceses, de tan elaborada historia, no exenta de un cierto egocentrismo cultural, han impuesto sus propias clasificaciones como clásicas y omnivalentes, cuando la realidad es que al ser aplicadas a cualquier otro país —porque no ocurre ello solamente con España— necesitan correcciones, a veces máximas, para captar la escurridiza realidad histórica de cada pueblo. Con frecuencia se cae en la exageración de creer que todo lo que se aparta de los esquemas de la historia francesa, es, por sí mismo, aberrante. Este es el principal prejuicio con el que los historiadores españoles hemos de luchar para ver claro en nuestra propia historia.

Con su claridad cartesiana, tan grata a la inteligencia humana, pero a veces tan alejada de la realidad, tan expuesta a graves errores, en el estudio del siglo que se llamó moderno, los franceses distribuyeron la historia de la pintura del xix en cinco períodos, de fronteras no tan claras como se pretende; son éstos:

Neo-clasicismo.
Romanticismo.
Realismo.
Impresionismo.
Simbolismo.

En un estudio publicado muchos años hace, hacía notar cuán raros son los períodos realistas, plenamente realistas, en el arte: parece como si, en la elaboración estética del mundo el hombre quisiera salir siempre de la prisión de lo cuotidiano y prosaico en busca de una pretendida sublimación de su entorno habitual. Si contemplamos a vista de pájaro el proceso del arte europeo de los últimos siglos, hallamos que el artista de occidente intentó reconciliarse con el mundo en el xvii, especialmente en España y los Países Bajos, y sólo en menor grado en ciertos artistas de Italia o Francia, pero normalmente el arte ha tratado casi siempre de evadirse de la realidad desde ángulos diversos.

El neo-clasicismo que el xviii inició es, estéticamente, un intento de idealización normativa, racional, del mundo real, basada en los precedentes de la antigüedad clásica. El romanticismo intentará una idealización de la vida fundada en el sentimiento y la pasión, basada en la imagen que se hace de la Edad Media «enorme y delicada», como dijo Verlaine. De ambas distorsiones idealistas el artista creyó curarse, a mediados del xix, con la aceptación de la vida prosaica y positiva de su época que el naturalismo pone en vigencia. Y esta tendencia, afinada y refinada por una creciente intervención de la subjetividad, del punto de vista individual, es que le distingue en la etapa que llamamos impresionista. Para volver a esquivar la realidad el arte se refugia en el ámbito espiritualista y soñador del simbolismo (Mallarmé, Gauguin, Redon, Art nouveau o modernismo) o mediante los métodos distorsionales de la elisión, la abstracción o la agresión (fauvismo, cubismo, abstractismo, surrealismo). Con ello entramos en pleno siglo xx.

Pero, si alguna realidad concreta escapa a la racionalista rigidez esquemática es, sin duda, la realidad española. Algunos grandes españoles, reflexionando sobre nuestra peculiaridad nacional lo han hecho notar. Así, Menéndez Pidal cuando se ha referido a los *estilos tardíos* de la historia, el arte o la literatura española. Por su parte, Salvador de Madariaga ha hecho observaciones capitales que es pertinente recordar aquí: «Una generación artística o literaria de Francia —ha escrito— se pone a la obra con mayor entusiasmo cuando tiene una bandera y sabe adonde va. Tal es el origen de todos esos *ismos* que aparecen periódicamente en el campo de la crítica literaria y artística de Francia: simbolismo, parnasianismo, *romanticismo,* clasicismo, nombre de generaciones, banderas, etiquetas que el intelectual crítico pega sobre tal o cual período de la vida artística o literaria de Francia. *En general, no tienen sentido alguno fuera de Francia* y, si los críticos no franceses pudieran sentir la fascinación que sobre ellos ejercen los críticos de Francia haciéndoles creer que todo ha sucedido en el mundo como en Francia sucede, estos ismos no pasarían de ser lo que son, meros accidentes de la vida francesa, perfectamente claros y plausibles en un país cuya evolución sigue un plan preestablecido» [2]. Y, continúa: «En España, el romántico, el clásico, el simbolista, el parnasianista, son nombres con poca o ninguna significación. Lo que se da es *el hombre que ha vivido y aprendido por sí* y cuya experiencia y conocimiento empiezan y terminan con la propia vida. De aquí, el carácter heterogéneo del arte español cuando se le compara, por ejemplo, con el arte francés». Lo que me parece una aguda observación que cala hondo en la realidad.

Los estilos españoles son precursores o tardíos; casi nunca llevamos el reloj en hora con otro meridiano. Aceptémoslo. Pero también es verdad que las clasificaciones son cuadrículas metódicas que imponemos a la realidad, pero que tienen siempre un valor relativo. Y el estudio de la realidad puede pecar por excesiva atención a las diferencias, como por exclusiva concentración en las analogías. El historiador o el científico tienen que partir de la idea de que la realidad es siempre compleja, rebasa, por lo común, la cuadrícula de las clasificaciones y no puede ajustarse, sin violencia, a los esquemas rígidos que el hombre fabrica para entenderse aproximadamente.

Siempre que toco estos temas, que con harta frecuencia me han preocupado, me vuelvo a la reflexión, llena de sentido común, de un hombre que no sabía demasiado del arte español, pero que se planteó con honradez la comprensión de nuestro arte. Me refiero al Profesor Oscar Hagen, que murió, como tantos otros europeos de nuestro tiempo, enseñando en los Estados Unidos. En su libro *Patterns and*

---

[2] SALVADOR DE MADARIAGA, *Ingleses, franceses, españoles* (Ensayo de una psicología colectiva comparada). Madrid 1929, págs. 333-334. Yo diría mejor que un plan preestablecido, un esquema tan claro y fácil de aprender; en lo que, precisamente, está el peligro de tomarlo al pie de la letra. Madariaga, ob. cit., pág. 329.

principles of spanish art llegó a esta prudente aseveración: «la única medida aplicable para entender el arte español es la propia autoexpresión española» [3]. Creo que esto puede aplicarse justamente al romanticismo de nuestras letras y nuestras artes.

El romanticismo español es un estilo tardío, heterogéneo, que si está superficialmente lastrado de influencias muy varias, es no menos continuador de tradiciones españolas de dilatada vida que se renueva en este período a favor de circunstancias europeas que son la causa ocasional, solamente, de su reflorecimiento. Son fruto, pues, de una *coyuntura* histórica, literaria o artística.

La complejidad existe en el estilo romántico mismo, en cualquier país, incluso en Francia. Si es romántico Delacroix ¿es romántico Ingres? Al menos, ¿en la misma medida? Este caso límite nos demuestra que el romanticismo tiene rostros diversos, facetas que casi se oponen. De esta contradicción entre Ingres y Delacroix, dentro del romanticismo francés surgieron las incisivas críticas de Baudelaire, el Baudelaire comentarista de los Salones de París. Y si acudimos a otro país, ¿qué son los prerrafaelistas ingleses? Porque tampoco se ajustan al esquema francés. ¿Son académicos? ¿Son románticos? ¿Son realistas? Pues, en cierto modo participan de los tres estilos... ¿Y el Sturm und Drang germánico, surgido de la época en que reinaba el neoclasicismo en Europa y profundamente pre-romántico por el sentimiento? Goethe admiraba a Grecia con la inteligencia, pero escribía vocacionalmente el Fausto o el Goetz de Berlichingen. Y ¿cómo homologar nuestra historia artística con el esquema de los manuales cuando caemos en la

---

[3] Oscar Hagen, *Patterns and principles of spanish art.* Madison 1948.

9

cuenta de que Jacques Louis David, que murió en 1825,
o Goethe, que falleció en 1832, fueron absolutamente coetáneos de nuestro Goya, muerto en 1828? ¿Quién fue aquí
el tardío y quién el precoz? [4].

El hecho es que España, *terra incognita,* redescubierta
en los años de las gueras napoleónicas, ejerció una poderosa
atracción de rareza y exotismo sobre los europeos que, entonces o después, se asomaron a nuestro país. España, la
España tradicional, era algo distinto de lo que ofrecían en
sus creaciones los pintores o escritores franceses —razón,
claridad, sensualidad— y pareció por ello *novelesca,* es
decir nueva y sorprendente, *pintoresca,* atractiva, romántica.
El español que, a despecho de su posible pasionalidad, ha
solido tener los pies bien puestos sobre la tierra —raíz de
nuestro llamado realismo— pareció romántico, por distinto.
Nuestra vida, nuestras costumbres, nuestro arte fueron una
revelación excitante, atractiva, romántica... Un fraile de
Zurbarán o una dama de Velázquez podían ser contemplados románticamente por un francés, pero ¿hay algo menos
romántico que Zurbarán o Velázquez? La *óptica,* el punto
de vista puede deformar el objeto dando lugar a interpretaciones arbitrarias. Son los artistas y escritores europeos
o americanos —Hugo, Dumas, Delacroix, Mérimée, Gautier,
Dauzats, Doré, Roberts, Lewis, Borrow, Wilkie, Irving...—
los que dan de España una imagen romántica y casi podemos decir que revelan a los españoles una visión romántica
de España.

El escaso arraigo del clasicismo —siempre de difícil

---

[4] Me apresuro a advertir que estoy muy lejos de autorizar la
idea de que Goya fuera realmente un romántico, aunque los escritores y críticos franceses le vieran —Hugo, Baudelaire— románticamente.

aclimatación en nuestro país— favoreció esta corriente romántica. El complejo y problemático, a veces contradictorio
romanticismo, encontraba en nosotros un terreno abonado
en la vitalidad espontánea, popular, realista, anticlásica de
nuestra tradición: la picaresca, el teatro, Lope, Calderón,
Murillo, Valdés Leal, el barroco, etc., etc.... Nuestro romanticismo se cree, parece y es, en parte, imitativo, en cuanto
se aprovecha de la coyuntura estética para expresar su
liberación del arte neoclásico o, simplemente, de la académica doctrina francesa, tal como la percibimos en Racine o
en Poussin. Lo que llamo la *coyuntura favorable* es el hecho
de que la propia Europa clasicista había comenzado a disentir de esa tradición. He dicho alguna vez que los ingredientes básicos de Europa pueden resumirse en tres: Cristianismo, germanismo y clasicismo. El equilibrio de los tres
es inestable, pero el romanticismo supone una brusca alteración de la balanza a favor de los dos primeros. El siglo
XVIII después de saturarse de razón fue reaccionando contra ella y apuntando hacia vocaciones opuestas.

Si queremos el ejemplo más representativo de la estética neoclásica, acordémonos de los aforismos de Mengs.
Para Mengs la belleza es «una noción intelectual de la
perfección... la perfección visible» y, puesto que sólo es
visible lo material, «la perfección de la materia», concluyen-
do, pues, que «la Belleza es el alma de la materia». El arte
puede superar a la naturaleza en la Belleza, de donde conviene «que el profesor que quiere hacer alguna cosa bella,
se proponga ir por sus grados *desde la materia hacia arriba».* Podríamos decir que Mengs formula el principio opuesto al del arte moderno en cuanto éste va, más bien, hacia
abajo porque no busca la belleza, sino que va hacia el
misterio de la expresión. Y, refiriéndose a la pintura en

concreto, Mengs formula su definición: «la pintura no debe
ser imitación servil, sino ideal». Y, no obstante, el amigo
y biógrafo de Mengs, el español Azara, al querer caracterizar su siglo escribe en la Vida del propia Mengs: «el
[siglo] nuestro será quizá distinguido en la posteridad por
el siglo de la inquietud» [5].

En aquellas gentes tan razonables, tan amigas de la
perfección, anidaba el gusano de la *inquietud,* la que según
d'Ors fue también la palabra consigna del modernismo,
más de un siglo después. Existe, pues, un oído puesto a
otros estratos del espíritu que no son la razón. Hay de ello
tempranos precursores; Rousseau es uno de ellos. De joven
se alimentaba con la lectura de novelas sentimentales como
L'Astrée de Honoré d'Urfé publicada por los años del Qui-
jote e inspirada en la Diana de Montemayor y en otros
autores españoles [6]. En sus *Confessions,* Rousseau se refiere concretamente a 1719 cuando en su juventud, se entre-
gaba a la lectura de la novela de los *grands sentiments:*
«Je n'avais aucune idée des choses que tous les sentiments
m'étaient dejà connus»; su pasión por la naturaleza, su
individualismo y su culto de la libertad son ya, plenamente,
un antecedente del romanticismo. Pero hay antecedentes
ingleses y alemanes que no coinciden enteramente con la
impulsividad individualista de Rousseau.

Los ingleses han concedido atención al desarrollo del

---

[5] *Noticia de la vida y obras de D. Antonio Rafael Mengs...* en
las *Obras,* de dicho artista (Madrid, 1797, pág. 1). Las citas anteriores
se toman de las *Reflexiones sobre la belleza* y *gusto en la pintura*
del propio Mengs en el citado libro, págs. 1 y sig.

[6] He aquí una fuente de sentimentalismo en el XVIII que fecun-
dará a autores de la Ilustración como Rousseau y que es recordada
por Ernest Seillère en *Les origines romanesques de la Morale et de
la politique romantiques,* París, 1920. Véase especialmente las páginas 5-12 y 44 y siguientes, así como el cap. IV.

sentimiento estético de lo pintoresco, a partir del XVIII, como un elemento precursor del romanticismo [7]. En Alemania el acento va a ponerse en la efusión místico-idealista; lo demuestra el libro de Wackenroder, de curioso título, *Herzensergiessungen eines Kunstlebender Klosterbruders* (Efusiones de un religioso amante del arte) publicado en 1797. El libro describe el viaje de unos estudiantes que van a la Universidad de Erlangen, a través de la vieja Alemania cuyo encanto descubren ante las obras de arte de la Edad Media. Entran ya en juego elementos capitales del Romanticismo: exaltación del sentimiento, entusiasmo, arte cristiano, Edad Media. Cuando Madame de Staël descubre Alemania, la nueva Alemania que aparece como fondo bajo la dominación napoleónica, hace constar que en este nuevo mundo que alumbra la religión y el entusiasmo se inspira la actitud ante el universo de las nuevas generaciones: «La poesía de los germanos, escribe Mme. Staël es la era cristiana de las bellas artes... el genio que la inspira se dirige inmediatamente a nuestro corazón y parece evocar nuestra propia vida, como un fantasma, el más potente y terrible de todos...».

La teorización de estos sentimientos la representan los hermanos Schlegel. Federico se convierte al catolicismo y su pensamiento reconoce el valor creador, cultural y estético de la religión cristiana. En su *Pintura en París y en los Países Bajos* (1802-1804) vamos viendo la quiebra de los principios del arte neoclásico tales como Mengs los expresaba. «La única verdadera fuente de la belleza y del arte es el sentimiento... Del sentimiento religioso, el amor

[7] Véase el libro de Christopher Hussey, *The picturesque (Studies in a point of view)*, London, 1927, importante para la consideración de la pintura y la literatura inglesa.

y la devoción nace la última y silenciosa inspiración de los
antiguos maestros... Vano será el esfuerzo para atraer de
nuevo al genio del arte, hasta que no llamemos en nuestra
ayuda, si no la religión, al menos la idea de ella, por medio
de un sistema de filosofía cristiana basado en la religión...».
En algún pasaje, Schlegel ya, sin complejo alguno, llega a
escribir que «el arte griego nunca podrá elevarse a la altí-
sima espiritualidad del carácter o la expresión». En Italia,
Schlegel y los primeros románticos se sentirán atraídos, no
por las reliquias del arte clásico, sino por el arte medieval,
por la pintura primitiva. De aquí vendrá la restauración
del gusto por la pintura medieval, por los primitivos y el
nacimiento de la escuela de los nazarenos alemanes que
alguna influencia tuvo sobre nuestros pintores románticos [8].

En principio, pues, podríamos decir que el romanticismo es la rebeldía del sentimiento frente a la tiranía de
la razón [9]. Esta rebeldía tiene más oportunidades en el
campo de las ideas o de la literatura que en el de las artes
plásticas; son las palabras mas dúctiles a las efusiones del
sentimiento que la forma lineal o plástica. Admitido ésto,

[8] Por otra parte hay en Schlegel anticipaciones curiosas sobre la
fatiga de la imitación en las artes; la imitación, término equívoco ponderado, con intenciones diversas, por los griegos, los neo-clásicos y
los realistas. Un párrafo de Schlegel en una página de la carta IV de
su *Descripción de pinturas en París y los Países Bajos en los años
1802-1804* podría parecer propio para lema del arte moderno, incluyendo lo no figurativo: «A veces, los extremos pueden conducir al
mismo efecto y, no sería extraño que en la actual y universal tendencia a la imitación, algún genio, consciente de su fuerza, irrumpiese
con una impetuosa voluntad de originalidad *absoluta*» (El subrayado
es mío). Tomo los textos de Schlegel de la traducción inglesa de
E. J. MILLINGTON, *The esthetic and miscellaneous works of Friedrich von Schlegel,* London, 1889. Véanse para las citas aquí utilizadas
las págs. 144-145 y 109.
[9] «El romanticismo es el triunfo del sentimiento. El hombre,
orgulloso de sus ideas, se avergonzaba de su razón» ORTEGA Y GAS-
SET en su ensayo «Para un Museo romántico».

es inevitable, aun habiendo de tratar de pintura, referirse a las ideas generales que informan el romanticismo antes de exponer sus manifestaciones en el arte español. En primer lugar, el romanticismo, además de heterogéneo, comporta varias tendencias que se manifiestan mas bien imbricadas que puras: 1.º Una tendencia espiritualista, religiosa, la que inspira el movimiento nazareno, por ejemplo. 2.º Una tendencia individualista, exaltadora de la pasión como motor de la vida íntima, pero que es tan compatible con un cierto prosaismo burgués (Biedermeier) como con la concepción heroica de la vida personal (byronismo). 3.º La que pone el acento de la rebeldía en la reforma social, en la revolución; en cierto modo participa de un impulso ético y otro heroico.

Ya Milá y Fontanals en su *Principios de literatura general* reconocía en el romanticismo dos direcciones distintas y casi contrapuestas: una espiritualista y restauradora de ciertos momentos embellecidos del pasado (Edad Media), y otra orgullosa, escéptica, egocéntrica, *progresista.* Entre el sentimiento de la nostalgia del pasado y el anhelo de un futuro más pleno, el romanticismo reparte su bifronte actitud.

Ya en el siglo XVIII en los brotes prerrománticos que se anuncian en plena Ilustración surgen como inspiración la complacencia en la nostalgia melancólica, la profundización intimista, la pasión, a veces, que también el pleno romanticismo exaltará. Esa actitud va unida a una idealización del pasado: mundo cristiano, mundo medieval. Apunta también, con la pasión, la violencia, la concepción dramática de la existencia. En esta violencia se engendra el sentimiento revolucionario contra las trabas sociales que coartan la realización plena del individuo (liberalismo), pero, por otra parte, también, nace violenta la oposición a la revolución, la contrarrevolución, la vuelta a la exaltación del honor, de la fidelidad, la lealtad, el sacrificio (tradicionalismo). Esta entronización del particularismo individual o de grupo frente a la fría razón llevará al *nacionalismo* que el Romanticismo exalta frente a la concepción abstracta, normativa del hombre (política y arte del clasicismo). Claramente se expresa esta vocación nacionalista del romanticismo en los escritos de Federico Schlegel: «Hasta la confusión perturbadora de los últimos tiempos, con el internacionalismo del estilo neoclásico, cada nación tuvo sus características propias en maneras, costumbres, sentimientos y fisiognomía, y semejantes peculiaridades nacionales en música, pintura y arquitectura. Y ¿cómo podría ser de otro modo?» [10].

La polaridad del romántico le lleva, pues, a la fe o al descreimiento, extremos contrapuestos. La efusión sentimental conduce a la exaltación de la vida en su concreta e irracional variedad, así como al amor contemplativo de la naturaleza como paisaje. Ambas efusiones dan la preferencia a los valores de lo pintoresco, tanto en la naturaleza, como en la vida (descripción idealizada de las tradiciones, costumbrismo, regionalismo). Frente a la razón, pues, la ensoñación contemplativa o la pasión activa.

Veamos cómo se acomodan a España y a su pintura estas características. Lo que más acerca al español al espíritu romántico es su condición de hombre en el que la pasión predomina sobre la inteligencia o la pura acción. El español se diferencia de franceses o ingleses, según Madariaga, en ese predominio de lo pasional sobre lo intelectual (franceses) o sobre la voluntad (ingleses). «El hombre de

---

[10] En el ya citado trabajo *Descripción de pinturas en París y los Países Bajos en los años 1802-1804*. Ob. cit., pág. 118.

pasión en estado de pasión se halla en su elemento» [11]. La pasión incendia la vida española del xix (Guerra de la Independencia, guerras civiles, guerras africanas o americanas, guerras todas pasionales más que racionales, como las conspiraciones y pronunciamientos).

Esta pasión se vuelca mejor en la acción, aunque sea disparatada, que en la obra de arte que, en fin de cuentas, tiene que ser hecha con una elaboración reflexiva o metódica, en cierto modo racional. Tocaba agudamente este punto Menéndez Pelayo en su *Historia de las ideas estéticas...* cuando hablaba de los extravíos del Romanticismo que en su reacción contra el formalismo clasicista «dio en apreciar las obras de arte, no tanto por sus condiciones intrínsecas de tales, cuanto por las ideas o sentimientos de índole filosófica, religiosa y social que contenían, fuese cual fuese el acierto o el desmaño de la ejecución, como si en el arte salvasen las buenas intenciones y tuviesen el privilegio de no exigir realización perfecta y cumplida» [12].

Quieran o no quieran ciertos estéticos, Menéndez Pelayo hace notar que la distinción —*impura,* se dice—, entre fondo y forma en la obra de arte puede existir cuando se rompe la unidad en que la obra de arte, idealmente, consiste. El Romanticismo se siente inclinado a perdonar los descuidos de la forma, en gracia a la riqueza del contenido. Pero el infierno está lleno de buenas intenciones; el descuido de la forma es siempre grave, pero además, la forma es en las artes visuales el elemento capital.

Había, ciertamente, un empacho de forma vacía en la retórica verbosa o en el diseño de los neo-clásicos. Los es-

---

11 SALVADOR DE MADARIAGA, *Franceses, ingleses, españoles,* página 163.
12 MENÉNDEZ PELAYO, Ob. cit., ed. cit. vol. VII, págs. 214-215.

pañoles, que nunca fueron muy formalistas, ni sintieron el clasicismo con el rigor puritano de otras naciones, produjeron poco y nada genial en esta dirección. La pintura neoclásica en España (ni la de Mengs, más rococó de lo que Mengs creía, ni la de don José de Madrazo, pálido eco de Jacques-Louis David) fue un brote pobre y ocasional, perturbado además por la guerra de la Independencia y su secuela, los años precisos en que podía haber florecido. La estatuomanía o estilo de pintar estatuas —o vaciados— en lugar de realidades, no cuajó. Pese a la solemnidad de cuadros como «La Muerte de Viriato» y al prestigio del pintor, el cuadro, ponderado por los clasicistas, no fue tomado en serio por un versificador humorístico de 1818 que lo comentaba con ironía y guasa que indicaban lo poco que había arraigado en Madrid el sentido reverencial de aquel arte *pompier* [13].

En el lienzo de Madrazo descansa Viriato muerto en su lecho de campaña mientras sus soldados le rodean y juran venganza; el certificador comenta las incongruencias acumuladas en el cuadro, confiado el pintor en que el contenido patriótico de su lienzo, sería de suficiente efecto sobre el espectador:

> Hay en la cama un hombre tan tranquilo
> Y por tan nuevo estilo
> Que está diciendo en su lenguaje propio:
> Yo me morí porque me dieron opio
> Y pues me dio un sueño tan profundo
> Me fui, sin más ni más, al otro mundo
> ... ...

---

[13]   Se emplea hoy la palabra *pompier* por muchas gentes que ignoran el sentido de lo que dicen. La moda de pintar griegos y romanos ataviados con un casco que se parecía al que usaban los bomberos (pompiers) de París, dio lugar a este sustantivo adjetivado que solo puede aplicarse propiamente en este caso.

> En fin, echando pestes
> Se van volando Pílades y Orestes
> Llevando las espadas (cosa es hecha)
> Este en la zurda, aquél en la derecha
> ... ...
> Así es que está la cama tan compuesta
> Como aldeana en día de gran fiesta
> ... ...
> Y él acostado en medio de la almohada
> Como si no le hubieran hecho nada.

El estilo neoclásico, estatuario, dibujístico, no prospera en nuestra pintura, pero la perduración de los asuntos clásicos, tratados con otra factura, es un hecho a través del XIX; César, Séneca, Lucrecia, el fin de la República romana —valgan como ejemplos— fueron tratados repetidas veces (por Villodas, 1876; Rosales, 1871; Plasencia, 1878), fechas bien tardías como puede comprobarse si pensamos en las fechas que al neo-clásico corresponden.

Precisamente, el propio Espronceda, poeta de la primera generación plenamente romántica, como nacido en 1808, en los versos de su *Diablo Mundo* contrapone, como temas de inspiración, los temas clásicos, y los temas medievales, pasionales, exaltados, románticos en fin. Y es curioso observar en ellos —como en tantas otras ocasiones—, que si los pintores del romanticismo son, en exceso, literarios, los poetas gustan de imágenes visuales, gráficas, pictóricas, con frecuencia.

Así Espronceda contrapone en sus versos:

> El puñal de Catón, la adusta frente
> del noble Bruto, la constancia fiera
> y el arrojo de Scévola valiente,
> la doctrina de Sócrates severa

a los temas medievales:

> El valor y la fe del caballero
> Del trovador el arpa y los cantares
> Del gótico castillo el altanero
> antiguo torreón de sus pesares [14].

Brusca y rápida transición del efímero clasicismo al romanticismo. Poetas y pintores suspiran ahora por los nuevos temas románticos y sombríos. Así Eugenio de Tapia en sus tan citados versos:

> Ven romántica Musa; ya de Horacio
> Renuncié a la doctrina; volar quiero
> Libre cual tú por el inmenso espacio
> De la región sombría, lastimero,
> Cantando brujas, duendes, quemadores
> armados con la Cruz... inquisidores [15].

Goya había pintado brujas e inquisidores, pero lo hizo desde el punto de vista de la razón ilustrada... aunque sin formas neo-clásicas, que esa es la contradicción de Goya con su tiempo; no olvidemos que nuestro don Francisco fue coetáneo de J.-L. David. Ahora las brujas son tema *pintoresco* y así, sin tomarlas tampoco en serio, las pintará con desenfadada factura Eugenio Lucas.

La vocación de Edad Media será la que engendre el típico cuadro de historia, de temática inspiración romántica, aunque su cultivo rebase, con mucho, los más benévolos márgenes cronológicos que podemos permitir a nuestro ro-

---

[14]   Recordado por DÍAZ PLAJA, *Introducción al romanticismo español,* págs. 147-148.

[15]   En su poema *La Bruja, el Duende y la Inquisición,* citado por G. DÍAZ PLAJA, *Introducción al estudio del romanticismo español,* Madrid, 1936, pág 32.

manticismo pictórico. En España estos temas tenían además
una oportunidad coyuntural, como ahora se dice. Una
nación decaída, aplastada por la guerra de la Independencia
había conocido exaltaciones del sentimiento patriótico que
volvía con agrado los ojos a las glorias guerreras de la Reconquista o a las hazañas de los exploradores y conquistado-
res de América. El pasado estaba ahí no sólo en las crónicas,
sino en las ruinas. Para la nostalgia del pasado las ruinas,
humanizadoras del paisaje, al que historizan, son a la vez que
un elemento sentimental para la evocación, visualmente, un
motivo pintoresco.

El romanticismo, disgustado con la prosaica vida ambiente, busca evasiones que poeticen la realidad. Esta evasión puede tener su fuga en el tiempo; rememoración de
épocas pasadas, preferentemente aquellas que nos ofrecen
una mayor estimulación sentimental, Edad Media, tiempos
primitivos, épocas heroicas... Puede buscarse también satis-
facción en la evasión en el espacio; vida, paisaje, ambientes
pintorescos de países o pueblos lejanos, rodeados ya por ello
de un halo poetizante. Es el exotismo, fuente de inspiración
de poetas y pintores que había ya tenido un precedente en
los prerrománticos del xviii. Es bien sabido que en tal siglo,
siglo de viajes, se pusieron de moda en la literatura y el
arte, las descripciones y costumbres de pueblos lejanos sobre los que se centra la curiosidad ilustrada, pero cuyo contraste con la vida europea de la época de la razón orla de
una atracción sugestiva y un encanto singular a esos temas
para el poeta, el moralista, el pintor. La *russerie,* la *turque-
rie,* la *chinoiserie* hacen furor en el xviii y numerosos libros,
composiciones y obras de arte nos lo prueban. El *orientalismo* va a ser un género que inspirará con fuerza a los románticos; para los españoles que indagan su pasado medieval,

las gestas de la reconquista, el tema morisco había sido ya
desde siglos fuente de poetizaciones prerrománticas (novelas,
romances moriscos). Los románticos europeos que descubren
España encuentran como fuerte ingrediente pintoresco en
nuestra patria, esa saturación de elementos musulmanes no
sólo en nuestra arquitectura, sino incluso en ciertos elementos populares, musicales, costumbristas. Para los españoles
éste es el atractivo que ejerce, como más próxima referencia,
Marruecos. Para los franceses es Argelia, cuya conquista
bajo Luis Felipe será la causa desencadenante de una oleada
de orientalismo mediterráneo en la literatura y la pintura
del xix. La guerra de España con Marruecos, más tardía,
alimentará el orientalismo de Fortuny y sus seguidores que
ya tenían precedentes en Lucas o en Lameyer. En poesía las
Orientales de Arolas o las de Zorrilla nos ofrecen ejemplo
significativo, pero sobre todo Zorrilla está penetrado de este
exotismo orientalista. Porque este exotismo como fuente de
inspiración sigue vigente a lo largo del siglo, incluso después
de la época propiamente romántica; lo que hace es cambiar
de orientación. La *espagnolade* en arte es para poetas, pintores y músicos europeos un género de larga vida desde
Dauzats o Dehodencq, Musset o Mérimée hasta Bizet o
Chabrier e incluso Debussy y Ravel. Porque es bien sabido
que muchos impulsos del romanticismo siguen viviendo bajo
otras épocas, estilos o momentos. Al orientalismo arabizante
seguirá, para los pintores impresionistas o post-impresionis-
tas, e, incluso, para el modernismo del 900, el japonismo,
como después la atracción del arte de los pueblos primitivos
y, concretamente, desde los primeros años del siglo, del arte
negro. Podemos decir que el sentimiento de curiosidad por
lo lejano, rompiendo los límites estrechos del clasicismo que
sólo estimaba las obras perfectas de la antigüedad griega y

romana, fue renovado por el romanticismo y contribuyó grandemente al ensanchamiento de la historia del arte, que sólo en nuestros días ha llegado a ser verdaderamente universal. Como podemos decir, correlativamente, que romanticismo e historicismo están estrechamente unidos en su origen.

Los viajeros y artistas europeos encuentran a España exótica y oriental, comparativamente con los otros países del continente, lo que quiere decir *romántica*. Para la consideración, en este aspecto, de nuestra pintura y su impacto sobre los románticos franceses, tenemos un reciente e ilustrativo estudio en el libro de mi amiga la profesora Ilse Hempel Lipschutz, publicado hace dos años [16]. Menos estudiadas han sido las relaciones de nuestra pintura con Alemania, dentro del movimiento nazareno. Este contacto no supone propiamente relaciones artísticas con el país alemán, sino con los pintores alemanes en Roma. Roma había sido desde el siglo xv la meca de los artistas y lo seguiría siendo hasta el siglo xix. Pero para cada siglo Roma representa algo nuevo, a tono con las apetencias estéticas de su momento. Para los cuatrocentistas Roma es la educación en las lecciones de la antigüedad, las que orientarán al llamado Renacimiento. Los artistas no italianos, alemanes, flamencos y franceses acuden en masa a las fuentes del nuevo estilo en el siglo xvi; es el llamado romanismo, versión peculiar que los pintores extranjeros aciertan a dar del llamado por Wölfflin *arte clásico,* restringiéndose ahora la palabra clasicismo a este momento derivado, pero creador, tal como se

---

[16] *Spanish painting and the French Romantics,* Harvard University Press, 1972. Una muy copiosa bibliografía puede hallarse en este volumen, ilustrativo de muchos aspectos de tan atractivo capítulo de la historia del Romanticismo en relación con España.

manifiesta en el pleno renacimiento, a caballo del xv y el xvi. Para el xviii, el siglo de Mengs y Winckelmann, de las excavaciones y los estudios arqueológicos, el siglo de Muratori y de Piranesi, Roma es el tesoro de la antigüedad que hay que estudiar y cuya historia hay que construir; para los sabios el inventario y la catalogación de los restos antiguos, para los artistas, la posibilidad de arrancar al arte de aquellas épocas el secreto de su norma para seguirla ciegamente y reconstruir, sabiamente, el clasicismo. Eso sería para Mengs, porque para Piranesi la evocación de la grandeza de los monumentos antiguos, invadidos en Roma por la viciosa vegetación de siglos (el *amarillo jaramago* de Rodrigo Caro) y mutilados por el abandono, está ya impregnada de nostalgia prerromántica. Pero ahora, en pleno romanticismo, cuarenta años después, aproximadamente, de la muerte de Mengs y de Piranesi, una nueva generación, cansada de estatuas antiguas, de frías perfecciones neoclásicas, caldeada por las *Herzensergiessungen* de Wackenroder, por una vuelta al sentimiento y a la religiosidad van a buscar en la Ciudad Eterna y en Italia la nostalgia del pasado y de la fe cristiana, según la habían expresado los artistas de la Edad Media.

Caído Napoleón, todo el arte se une a un sentimiento patriótico que también, por reacción contra el estilo Imperio, se opone al neoclasicismo por estos motivos suplementarios. Una nueva oleada de alemanes invaden Roma con otro espíritu que los secuaces de Mengs. No buscan ni las estatuas antiguas, ni las perfecciones de Rafael, sino precisamente los maestros anteriores al Maestro de Urbino, los pre-rafaelistas, los primitivos. Algunos se convierten al catolicismo —como lo habían hecho ya, animados de otros impulsos, Mengs y Winckelmann—, se casan en Italia e incluso

intentan vivir en común y trabajar en un taller colectivo
que, nostálgicamente, también instalan en el Convento de
San Isidoro en el Pincio [17].

La inspiración venía de Schelegel, que ya recomendaba
desde los primeros años del siglo «seguir a los viejos pintores primitivos, en su honradez e ingenuidad con fiel imitación hasta hacer de su visión y su espíritu una segunda
naturaleza». Schlegel profesaba en Viena, donde se forma-
ron la mayor parte de este círculo de pintores que siguen
literalmente los consejos de Schlegel. Friedrich Overbeck,
llegado de Lübeck a Viena, funda con sus colegas, en la propia capital austríaca (1809) la Hermandad de San Lucas
(Lukasbruderschaft), luego trasladada a Roma y núcleo del
grupo denominado irónicamente los *nazarenos*. Uno de
sus ídolos era Durero, el húngaro-germano, impregnado de
goticismo, a pesar de su pasión por el arte clásico; pensaban

---

[17] Desde el Renacimiento, Roma está llena de artistas alemanes
que no faltaron durante el XVIII. En realidad eran considerados como
alemanes los escandinavos, bálticos, suizos y austríacos que tenían con
ellos relación estrecha en la ciudad Eterna. A la generación de Mengs
sigue la de Carstens y Tischbein, el amigo de Goethe. Generalmente
se reunían en los cafés en torno a la Piazza di Spagna. El agotamiento
del neoclasicismo, engendró la reacción en la que PAUL F. SCHMIDT
(en su estudio *Die Lukas-bruder. Die Overbecke Kreis und seine
Erneuerung der religiöser Malerei* (en la revista *Schöpfung,* 1924) señala tres direcciones: a) clasicistas con impulso romántico, como
Carstens, muerto prematuramente en 1798; b) precursores como
Philip Otto Runge, muerto joven en 1810, a los 33 años y c) los
nazarenos propiamente dichos. Desde el punto de vista alemán, el
autor cree que la muerte de Runge fue una desgracia, porque era más
auténtico y creador que los nazarenos. Sus escritos le hacen aparecer
como el jefe romántico de la Alemania del Norte, especialmente en
su interesante correspondencia (2 volúmenes aparecidos en 1840) en
la que destacan su profunda religiosidad cristiana, su amor a la naturaleza y su propensión al simbolismo. Sobre la intensidad de la vida
artística de los alemanes en Roma véase el capital libro de FRIEDRICH
NOACK, *Deutsches Leben in Rom* (1700-1900), —Stuttgart y Berlín,
1907— libro ameno y documentadísimo, trabajado a fondo y lleno
de curiosas noticias.

en las Gildas medievales, poetizando su imagen gremial o
sindical, como ahora diríamos. En realidad el precursor fue
Franz Pforr, quien al morir en 1812 dio paso a la figura de
Overbeck. Con Cornelius y Eggers constituyeron el núcleo
inicial al que fueron sumándose J. Veit, J. Wintersgerst,
Ch. Xeller, W. Schadow, Schnorr, Führich... Este *Drang
nach Rom,* no atrae sólo a artistas; el Príncipe Federico de
Sajonia Coburgo Gotha (que será el padrino de pila de Federico de Madrazo) y el Príncipe de Hesse-Darmstadt se
convierten también al catolicismo.

Hacia 1818 Overbeck abandona el Convento del Pincio
y establece su centro en el Palazzo Guarnieri. El grupo se
encarga de los frescos de la Historia de José de la Casa del
Cónsul Bartholdy (Palazzo Zuccari) y de los que pintaron
para el Marqués Massimi con asuntos del Dante, el Tasso
y el Ariosto, ciclos pictóricos que marcan el apogeo de la
escuela[18]. Este núcleo artístico provocó ironías de Scho-
penhauer y de Goethe, quien decía de los nazarenos que
marchaban hacia atrás, como si el neo-clasicismo no hubiera
hecho también algo semejante. Los llamaban también *Chris-
telnden Künstler* y los *Nürrenberger* por su devoción hacia

---

[18]   Véase también, además del libro de Noack, el de Kurt
Karl Eberlein, *Die Malerei der deutschen Romantiker und Nazarener
im besonderen Overbeck und seines Kreises,* Munich, 1928 y la tesis
de Wilhelm Vahle, *Die religiöse Kräfte in der Malerei der deutschen
Romantik unter besonderer Berücksichtung der Schriftums der Künstler* (Universidad de Münster, 1929). Muchos de estos artistas tienen
escritos teóricos, al menos en su correspondencia: la de Overbeck
lleva el título general de *Vermächtniss an jungen Künstler* (1866).
Véase el libro de Howitt, *Overbeck. Sein Leben und Schaffen,* Frei-
burg, 1886. Hay también cartas de Cornelius, de Schnorr von Carols-
feld, de Führich, de Rethel, de P. Veit, de Steinle y de Richter. Contrasta esta fecundidad literaria de los artistas alemanes con la pobreza
testimonial de los españoles. Entre los pintores he leído solamente
manuscritos algunos apuntes autobiográficos de Federico de Madrazo,
de escaso interés histórico o teórico.

Durero. Pero tuvieron consecuencias históricas no desdeñables; por lo pronto favorecieron, en el mundo de la historia del arte y de los Museos, el interés por el arte de la Edad Media y singularmente por los pintores primitivos, tratados despectivamente por los neoclásicos y fueron el retoño de las varias escuelas pictóricas alemanas del XIX (Düsseldorf, Munich, Colonia, Viena, Frankfurt).

Los primeros románticos como el pintor Ph. O. Runge exaltan la personalidad, la intimidad; Runge escribía: «El artista debe profundizar en sí mismo, pero reconocer y tratar de fundamentar en su intimidad el mundo». Es decir, el mundo, pura exterioridad en la imitación del pintor, ha de impregnarse de la intimidad del artista; así lo hacían los poetas. Novalis, coincidente con los anhelos de estos grupos de pintores sonaba al rebato del romanticismo: «Ya es hora de que despierte el espíritu y empuñe de nuevo la varita mágica». Y, de nuevo en otro pasaje: «¿No nace una obra de arte en el momento en que sentimos la comunión con el universo?». Los pintores románticos y nazarenos que se expresaron literariamente y que tuvieron cultura y capacidad de autoanálisis, nos ilustran sobre la comunidad de objetivos, sobre la impregnación de su quehacer por un sentido reverencial de la naturaleza, de la eternidad, de Dios. Esta elevación de sus pensamientos, a veces también de su vida, poco común en artistas del XIX, no merece el ligero desdén con que suelen ser tratados —los nazarenos especialmente— por los manuales, especialmente si son franceses, en sus aspiraciones a un arte nuevo que se alejase de la fría estética neoclásica de Mengs o de David.

Sus ideas, no obstante, eran superiores a sus realizaciones; sobre todo no lograron hallar el lenguaje formal y pictórico que convenía a sus intenciones. Siguieron atenidos al culto de la línea, la misma fórmula que enfriaba las creaciones de David y los clasicistas. Heredaban el dibujo neoclásico y lo utilizaban para verter sus visiones de religiosidad vuelta a los primitivos italianos; no llegaron, por ello, al corazón de las gentes y se quedaron en paralizantes ilustradores. Tomaron el viejo camino del eclecticismo y el academismo. Ese predominio del dibujo, apretado y delicado, que a veces llamamos purismo, ahogó las efusiones que intentaban traducir y eso fue lo imitado por otros, cuando el nazarenismo alcanzó reconocimiento entre algunas generaciones de pintores, alemanes o no. Buscando un lirismo rítmico, blando, femenino, ligado a la melodía de la línea, «El nazarenismo, ha dicho Focillon, es romántico por su intención, pero en realidad se relaciona y deriva del neoclasicismo» [19]. No obstante, en esta Europa del XIX que buscaba ardua y difícilmente su camino artístico propio, tuvieron un eco europeo. Aun en Francia lo tuvieron en la pintura religiosa de Lyon, cuyos artistas decían —y ya es significativo— que querían *bautizar al arte griego*. Años después, con otra sofisticación y tocados —a su modo— de un cierto realismo meticuoloso en lo imitativo —no en la concepción del cuadro— los pre-rafaelistas ingleses hacen perdurar este purismo lineal de inspiración romántica hasta los confines del siglo. Son pues tres generaciones europeas de *espiritualistas de la línea:* los nazarenos alemanes, que son la primera generación, nacen entre 1783 (Cornelius) a 1795 (Fohr). Los franceses de la escuela de Lyon nacen entre 1795 (Orset) y 1814 (Jammot) con las figuras centrales de Flandrin (1809) y Chenavard (1807). Por último, los pre-rafaelistas ingleses,

---

[19] HENRI FOCILLON, *La peinture au XIXe siècle*. París, 1927, página 112.

vienen más o menos a empalmar con la generación anterior y nacen entre 1817 (Watts) y 1833 (Burne-Jones).

¿Qué ecos produce el nazarenismo en España? Débiles y no muy precoces en una generación más próxima a los prerafaelistas ingleses que a los franceses o alemanes. El contacto se hace, naturalmente, en Roma, donde José de Madrazo, el discípulo de David, pintor de Carlos IV en el exilio, reside en la Ciudad Eterna en los años en que Overbeck y los suyos están ya allí establecidos. José, impenitente académico, el autor del Viriato antes aludido, no tuvo tentaciones románticas, pero casó con una alemana, Isabel Kuntz, y tuvo varios hijos de los que Federico fue famoso pintor. Nacido en 1815 y ahijado del Príncipe Federico de Sajonia todo nos indica que Federico estuvo cerca de los círculos alemanes de Roma en los que el romanticismo proliferaba. Tuvo sólida formación, pintó luego en París, en 1833, cerca de Ingres, al que retrató, y en 1840 vuelve a Roma, la ciudad que acaso por vez primera, va recibiendo grupos considerables de pintores españoles, los *romanos,* pensionados de la Academia de San Fernando de Madrid o de otras provincias. Los pintores extranjeros se suman al ambiente romano que ya, desde el primer tercio de siglo contaba con dos facciones artísticas, los *carracistas* o tradicionalistas académicos, y los *albertdureristas* o románticos nazarenos. Madrazo visita a Overbeck, con cartas de recomendación de su padre y se siente atraído por su tendencia. En su correspondencia, más interesante que sus Apuntes o Memorias, nos dice que ve en Overbeck el continuador de Giotto, de Fray Angélico y de Rafael y se forma con estas fuentes una estética provisional; ejemplo de ella es este fragmento de una carta suya: «el artista está encargado de dirigir el sentimiento y elevar y ennoblecer las ideas y toda obra artística que no tienda a

este fin digno de la *moral cristiana* debe considerarse como
inútil». Y añade: «Esto es lo que no comprende la genera-
lidad de los franceses que tratan con sus obras sólo de agra-
dar y cuando pintan algún asunto religioso copian el modelo...» [20]. Federico de Madrazo, pues, se contagia de esta
estética romántica; los nazarenos rechazaban la pintura de
desnudo y, en efecto, yo no conozco ningún desnudo de
Federico de Madrazo. Madrazo colaboró en *El Artista*.
la revista romántica que fundó su compañero de colegio, el
Colegio de Lista, don Eugenio de Ochoa. El eco más directo de la influencia alemana fueron en Madrazo *Las Marías junto al Sepulcro,* de 1841, hoy en el Alcázar de Sevilla, cuadro alabado por Overbeck. No obstante, lo que a
Madrazo le quedó del nazarenismo fue un cierto purismo de
línea y una cierta cadencia de ritmo en los cuadros de su
primera época, pero él era un retratista nato que no podía
despreciar al modelo, lo que le ocupó más que los cuadros
de historia de su juventud. La influencia de Velázquez le
llevó a una factura más libre y pastosa, alejada de los métodos nazarenos con lo que la influencia de éstos fue, pues,
pasajera.

En Roma tuvieron contacto con la estética nazarena
un grupo de catalanes pensionados o estudiantes en Roma
que traen a Cataluña el romanticismo. El teórico es Pablo
Milá y Fontanals que abandonó definitivamente la pintura
por la estética, pero que tuvo influjo sobre el grupo barce-
lonés; en Roma estuvieron también por los mismos años
otros pintores catalanes de los que los más conocidos fueron
Claudio Lorenzale, que fue maestro de Fortuny, Joaquín Espalter, Francisco Cerdá y Pelegrín Clavé, que trabajó mu-

20   Fragmentos citados por Bernardino de Pantorba en su monografía *Los Madrazo,* Barcelona, 1947, pág. 20.

chos años en Méjico [21]. Milá en sus ocho años de Roma
(1832 a 1840) entró en relación con Overbeck; cuando regresó a Roma, profesando la estética fue apóstol y evange-
lista del espiritualismo nazareno y tuvo influencia no sólo
sobre los pintores que escucharon sus lecciones sino sobre
escritores como Piferrer, el iniciador de los *Recuerdos y
bellezas de España*. Lorenzale, hijo de padre italiano, fue a
Roma en 1836 y el hermano de Pablo Milá, Manuel, reflejó
en sus escritos su asimilación de las ideas de los nazarenos
y su admiración por Overbeck. Clavé, Espalter y Lorenzale
coincidieron ,en Roma con Milá en los años 30 del siglo y
constituyeron el grupo más coherente en sus románticas in-
clinaciones por el nazarenismo que representaron en Cataluña. El aire seco de la meseta fue, creo, menos favorable
a estas efusiones de germánico origen.

En realidad, algún ruido y pocas nueces. El romanticismo no arraiga con gran fuerza, en el sentido propio de la
palabra, entre españoles, ni franceses. Un momento de relativa intimización de la factura cuidada y dibujística que en
Ingres, por ejemplo, se dosifica con sensualidad y rigor clasicista de ejecución, fue en unos cuantos españoles como una
ilusión juvenil que luego se disipa. En Francia este estilo
domina en los primeros decenios del XIX; en España, en los
decenios tercero y cuarto, principalmente. Quedará un lejano eco de las preocupaciones románticas, pero más bien

---

[21] Véase el texto de F. BERTRÁN DE AMAT, *Del origen y doctrina
de la escuela romántica y de la participación que tuvieron en el ade-
lantamiento de las Bellas Artes en esta capital los señores D. Manuel
y D. Pablo Milá y Fontanals y D. Claudio Lorenzale*. Barcelona 1891,
así como el artículo de A. CIRICI PELLICER, *Los nazarenos catalanes,*
artículo en «Anales y Boletín de los Museos de Barcelona», 1945.
Clavé ha tenido la fortuna, superior a la de otros pintores coetáneos,
de lograr una cumplida monografía en el libro de SALVADOR MORENO,
El pintor Pelegrín Clavé, México, 1966.

derivativo, literario especialmente en la pintura de historia hasta fines del siglo pero la vocación idealizante, íntima, devota y delicada deja el paso —leve tentación para lo que Ortega llama el materialismo mediterráneo de los españoles— a los enfáticos —retóricos— y truculentos cuadros de historia, visiones insinceras de una pintura que busca la pasta y la materia y la factura *valiente* y que mantienen la ilusión de pervivencia del romanticismo en una sociedad revuelta, apegada a la tierra y que se materializa en el culto al progreso conforme avanza el XIX.

También el nazarenismo alemán se disolvió paulatinamente; sus adeptos, al madurar, se hicieron académicos, profesores, directores de colecciones reales. Las ideas de la cofradía de San Lucas, divulgadas, fueron una receta más. En todo caso, no creemos hoy que para expresar auténticamente el sentimiento religioso el camino fuera imitar a los maestros de la Edad Media. De esta doctrina pasadista que emplea para los temas religiosos lenguajes pictóricos de la Edad Media o del Renacimiento florentino sólo ha quedado un rastro de género híbrido que ha parado en lo que llaman los franceses la *bondieuserie* y cuyo último y degenerado producto entre nosotros es la imaginería mercantilizada del género Olot o de la estampita de monjas (monjas preconciliares, por supuesto). Las vivencias del hombre de hoy no coinciden con las que inspiraban a los cofrades alemanes de San Lucas, pero sus pinturas religiosas serán, no obstante, un producto impregnado de época que, en general, deriva su dignidad de la tradición clasicista y académica; hoy se nos aparecen veladas por un blando y nostálgico sentimiento inactual, que lo era incluso en su propio tiempo. El nuestro se ha planteado el problema del arte religioso con la violencia que caracteriza a nuestra época y que en cierto modo agita la vida de la propia iglesia. El romanticismo, en este aspecto, tuvo un empacho de pasadismo que arrastraba un lastre de falsedad; el sentimiento, por otra parte, aunque sea sincero y superabundante necesita para hacerse obra de arte encarnar en forma original, auténtica y no derivada, porque sabemos muy bien que el contenido no se salva sin forma lograda [22].

En un cierto purismo de aire romántico coinciden, tal es la fuerza del espíritu del tiempo, pintores que no han estado en Roma, ni se han formado en contacto con foco alguno extranjero, pintores *puristas* como Tejeo, discípulo de Aparicio, pero cuyos retratos tienen una íntima gravedad de sensibilidad romántica. Incluso Vicente López, un superviviente del XVIII, educado en la refitolería del rococó, acierta, en algunos retratos de los años 40 a impregnar a sus modelos de cierto airón romántico. Más consecuentemente se acerca a esta vena Carlos Luis de Ribera, nacido en Roma, como Madrazo y que tuvo también contacto con los nazarenos en la ciudad eterna; algunos de sus retratos

---

[22] A propósito de los deseos de espiritualización de la pintura y del acercamiento del arte a una cierta gravedad de fondo religioso cabe recordar que, a fines del XIX, surge en Barcelona el Círculo de San Lucas, fundado por artistas que tratan de inyectar al realismo algo de poesía y religiosidad, apartados del rebuscamiento artificioso y literario de los modernistas: me refiero a pintores como los hermanos Llimona o Dionisio Baixeras. La acción de este grupo pasó del XIX al XX y sus obras tienen una dignidad humilde y sobria, una pureza expresiva que nos indican que sus ideales no eran meramente programáticos. Alguna influencia germánica —o aproximación al menos— se ha indicado para estos pintores, acordándose, por ejemplo, de von Uhde. Las pinturas de Llimona y Baixeras tienen un halo poético, íntimo, raro de encontrar en el tiempo del estilismo modernista. Al círculo de San Lucas perteneció Gaudí, un artista excepcional, nostálgico y precursor a la vez, acaso el único genio peninsular después de Goya; su arte, soñador de obras monumentales y *románticas,* en cierto póstumo modo, está poseído de un anhelo de espiritualización que trata, todavía, de revitalizar el gótico.

recuerdan de lejos creaciones de Overbeck y de su círculo.

La escuela de Sevilla, que pareció expirar en la segunda parte del XVIII, revive en los años románticos, sin contacto con impulsos de fuera, viviendo del hábito del tiempo y de su propia tradición. Algún purismo lineal hay todavía en los desnudos tímidos y sentimentales de Esquivel, en su copiosa galería de hombre y mujeres de las generaciones románticas; relacionado personalmente con las figuras literarias, artísticas y políticas del tiempo a él le fue dado pintar el cuadro iconográficamente más valioso de la época, el llamado *Cuadro de los poetas,* que representa a Zorrilla leyendo sus versos en el estudio del pintor. Su paisano Gutiérrez de la Vega empalma con la tradición murillesca y prefiere la factura suelta, colorista, de toque vivo y envuelto aprendida en el pintor de las Inmaculadas, al purismo lineal de los románticos de linaje neoclásico.

Pero en Andalucía nacen —Elbo, los Bécquer, Rodríguez de Guzmán, Cabral, Romero— dos generaciones que atinan con un género puesto en boga por el romanticismo más que romántico en sí mismo: el pintoresquismo costumbrista, el mundo que atrae con su exotismo peculiar a los extranjeros: toreros, gitanos, bailes, corridas, procesiones, en cuyo desarrollo pesa no poco una demanda extranjera, la de los visitantes —que no todavía turistas— franceses, ingleses, alemanes que acuden a descubrir la España popular, morisca y gitana, como un subgénero del orientalismo en boga, en los años de Luis Felipe. Foco de atracción de escritores y pintores de fuera se hizo en Sevilla la corte principesca del Palacio de San Telmo regida por el hijo de Luis Felipe de Francia, el Duque de Montpensier, casado con Luisa Fernanda, hermana de Isabel II. Tuvo esta corte sevillana, con su sucursal de Sanlúcar, un halo literario, intelectual y artístico: Dumas, Latour, Gautier, Merimée y pintores como Pharamond Blanchard y Alfred Dehodencq ilustraron —y no fueron los únicos— esta corte y dieron, como las dieron también Hugo, Quinet, Gustavo Doré, etcétera, sus visiones exaltadas de una España pintoresca, deformada por su óptica francesa. Se descubre todo un pueblo intacto en sus costumbres arcaicas, una vida asentada sobre una filosofía muy distinta del prosaísmo burgués y materialista de la Europa de la época, elementos visuales de paisaje, ciudades, monumentos, fiesta y luz que eran una maravillosa novedad. No sólo fueron franceses, sino ingleses; escritores como Borrow, coleccionistas como Stirling-Maxwell, o dibujantes, pintores y litógrafos como David Roberts o Lewis, o americanos como Washington Irving, los que divulgaron por el mundo esta imagen romántica de España.

Como descubrieron también la antigua pintura española, tierra desconocida para el público europeo, descubrimiento que tuvo sus precedentes en las depredaciones de los generales franceses durante la guerra de la Independencia y su instrumentación posterior en la planeada política de compras del barón Taylor y en los pintores que le ayudaron (Dauzats y Blanchard) a formar el Museo Luis Felipe, que inaugurado en 1838, ejerció un gran impacto sobre las imaginaciones y sobre los pintores hasta el punto que este museo, que estuvo abierto hasta 1848, fue uno de los factores determinantes de los movimientos pictóricos franceses del realismo courbetiano y del hispanismo del primer Manet [23].

---

[23] Sobre esta acción y este descubrimiento de la pintura española sobre los románticos y los artistas posteriores véase, además del libro de Mrs. Lipchuzt ya citado, los trabajos de M. Paul Guinard, *Zur-*

De esta curiosidad, nacida de la complacencia en lo que se siente como exótico, lejano o próximo, nace la *pintura de costumbres,* género romántico por excelencia. No hace falta ser extranjero para sentir en España tal curiosidad, porque la creciente importancia de la vida urbana, frente a la vida campesina, rústica o retrasada, hace nacer tal interés en los artistas de la propia nación, avivado además por las creaciones de los artistas foráneos, muchas veces adelantados en este descubrimiento. El cuadro romántico de costumbres nos asoma a una vida más pintoresca y acaso menos deshumanizada que la existencia en las urbes del XIX, prosaicas y materialistas. Los cuadros románticos de esta vena son, en realidad, versión más animada y viva que sus correlatos literarios, los escritos de Fernán Caballero, de Estébanez Calderón, de Mesonero Romanos... Mesonero pinta la fricción de estos estratos arcaicos con la vida de la ciudad o aun la vida de la ciudad misma que, observada con esta distanciación o desdoblamiento, cobra parte del interés que lo exótico produce en nosotros y así nace el interés por el *género.* La pintura de género, aunque trate temas de la misma sociedad y el mismo ambiente a los que el artista pertenece, contiene en sí cierto ingrediente de exotismo o distanciación; en el siglo del progreso, las clases se diferencian con rapidez en hábitos, maneras, indumentaria... y así puede observarse en las clases más reacias a la cultura urbana, inferiores económicamente, un cierto arcaísmo de costumbres, vestidos, hábitos... que se sienten como pertenecientes a *otro mundo* y por ello pueden con-

---

barán et la dócouverte de la peinture espagnole sous Louis Philippe,* París, 1939 (Hommage a M. Ernest Martinenche), *Romantiques français en Espagne* («Art de France», 2, 1962) y *Dauzats et Blanchard, peintres de l'Espagne romantique,* París, 1967.

templarse con regusto romántico. Esto explica el favor de la pintura de toros, la curiosidad por los gitanos, por la vida de los pueblos campesinos, en los que el tiempo parece haberse detenido, por la existencia de los pobres y artesanos, por aspectos de una vida diversificada, rica, que el urbícola contempla con el sentimiento de que puede ser laminada por *el progreso*. Por ello esta curiosidad pintoresca se centra, principalmente, en la época romántica en el *género andaluz*. Este fue el éxito precoz de Elbo o de José Bécquer, hermano de Joaquín y seguido luego por Valeriano, por Cabral, Roldán y, sobre todo, por el encantador Manuel Rodríguez de Guzmán. No obstante, estos pintores más que sentimiento, ni pasión, lo que exhiben —y de ahí su atenuado romanticismo, para ser exactos— es una gracia picante de observación, una amenidad un poco escenográfica que se viste con alegre paleta, delicada ejecución, finura de composición y esmerado dibujo ilustrativo.

El pasadismo nostálgico traído por los vientos del romanticismo tienen dos campos especialmente propios en que proliferar. El uno es la pintura de monumentos antiguos con su entorno o en sus detalles y rincones pintorescos; son los vestigios visibles de otras épocas encarnados en piedra y más o menos asociados al paisaje en que se hallan. Lo *pintoresco* de estos restos antiguos nace del mismo interés artístico por la arquitectura del pasado que, en cuanto pasado, es, en cierto modo, exótico, ajeno a lo habitual, permitiendo el sentimiento nostálgico de lo que hemos llamado *evasión en el tiempo*. Por lo normal este género basa sus efectos pintorescos sobre el espectador en la ley del contraste: contraste entre el monumento artístico de épocas pasadas sobreviniendo en medio de una época moderna, contemporánea del artista y de los contempla-

dores. Por ello no faltan los detalles en que ese contraste
se hace sentir de modo llamativo y, en cierto modo, irónico;
un viejo palacio morisco, o un claustro gótico en cuyo ámbito se mueven personajes de la época: unos caballeros
enlevitados, con chisteras decimonónicas, o tipos populares,
como un arriero, unos mendigos y unos gitanos. Los pintores que cultivan este género conocen muy bien estos
trucos para dar efectividad al contraste. El *decalage* entre
las funciones, las clases sociales o la época para los que el
monumento fue construído y estas figuras tan alejadas en
talante, vitola o indumentaria, del tiempo de su erección
ofrecen este regusto ambivalente en el que los románticos
se complacen. El pintor puede dar un mayor interés esce-
nográfico, llamativo, al paraje que pinta mediante el eficaz
empleo de la luz; nocturnos, efectos de claro de luna, arre-
batadas luces de poniente o delicados rosicleres de la aurora. Todo lo que pueda acentuar el sentimiento de abandono, inactualidad, soledad, dramatismo, ayuda eficazmente
a los fines estéticos perseguidos por el pintor porque acen-
túan la invocación al sentimiento. También en ello sobre-
salieron los alemanes; sus paisajes efectivistas impregnados
de una emoción de inminencia con la colaboración de un
lugar selvático y una luz intensa o penumbrosa con impresión de irrealidad son especialmente cultivados por pintores como Caspar David Friedrich, Karl Gustav Carus,
M. von Schwind, Ludwig Richter... Las ruinas góticas son
especialmente queridas por los románticos que identificaron
el gótico con la época de los ideales caballerescos, la exaltación religiosa, las Cruzadas, los trovadores..., etc...., toda
la lira. Si los viejos edificios, medievales o góticos son
los preferidos de los pintores del Romanticismo, la curiosidad histórica se va extendiendo como una mancha de aceite;

pueden encontrarse románticas las ruinas de la antigüedad clásica, si las vemos como tales ruinas, habitadas por pastores o campesinos o visitadas por artistas y poetas que llevan la indumentaria del tiempo. ¿Qué más romántico que el Campo Vaccino de Roma, los foros de la República o del Imperio convertidos en prados de pasto para la vacas que rumian entre columnas tronchadas o mutiladas estatuas? Los *antiquarii* del siglo XVIII experimentaron por primera vez el *frisson* prerromántico ante este sentimiento de desolación, expresivo del que inspira la grandeza que fue y la ruina que queda; esto en lo que alienta de romántico en muchos grabados de Piranesi o en los pintores de *Vedute,* italianos o franceses, como Panini o Hubert Robert.

Los románticos propiamente dichos no se limitan a esta descripción respetuosa con la verdad que exhala melancolía por el mismo espectáculo contrastado que nos ofrece; ahora se fuerza el contraste, se desmesura la impresión acentuándola con elementos naturales; la nieve, la soledad, el rayo de luna, la tempestad, la tiniebla, recursos en gran parte de resabiada escenografía. O bien introduciendo elementos fantásticos, sugeridores del peligro, del misterio, de lo sobrenatural: aves nocturnas, fantasmas, visiones... repertorio del que los pintores y los poetas románticos trataban de sacar todo el partido posible. En España, ciertamente, más los poetas que los pintores. Nuestros pintores de ruinas o de vestigios abandonados del pasado histórico no suelen forzar la mano, ni usan una técnica especialmente adecuada para intensificar los efectos. La moderación es característica de nuestros pintores, como que son *moderadamente* románticos. La fuerza de las cosas, el respeto a la realidad, la falta de vuelo de la fantasía son notas harto registradas entre nosotros. Parcerisa, en sus

litografías y pinturas, más bien parece un fiel ilustrador
que un desbordado creador de emociones exaltadas, aunque su intención romántica sea evidente. Parcerisa es de la
misma generación de los primeros románticos (n. 1803,
primera decena del siglo). Gonzalbo, cultivador del mismo
género en la generación siguiente (nació en 1827) es aún
más objetivo y prosaico. Se tiene por especialmente representante de este género a Jenaro Pérez Villaamil (n. 1807,
al que no hay que confundir con su hermano Juan, también
paisajista), pero en realidad este ferrolano es un atento y
preciso estudioso del natural, casi lo que los ingleses llaman
un pintor *topográfico* como Paul Sandby, Cozens, Cotman
o Girtin, por ejemplo. Sus dibujos previos ante los monumentos son de una minuciosidad atenta, con la complacencia en el detalle de un arquitecto de monumentos; en cambio su mano de pintor era suelta, especialmente en la acua-
rela, y así estos dibujos se transfiguraban con libertad al
encarnarse en el color. Las *Vistas* de Villaamil interpretadas
por los litógrafos franceses en la serie de la España pintoresca son de un romanticismo paradigmático, aunque a veces
dudemos de lo que a Villaamil se debe y lo que pusieron
sus intérpretes franceses. De todos modos Villaamil es el
más libre de los pintores de ruinas y de paisajes pintorescos, siempre humanizados, y el que está más dentro de la
vocación romántica, el menos preocupado de los cánones
clasicistas y más propicio a cierta imaginación; al fin y al
cabo, como gallego, tenía veta céltica. En su obra copiosa
y desigual encontramos paralelismos —mutatis mutandis—
con Zorrilla, acaso no el más hondo, ni el más auténtico
de nuestros poetas románticos, pero sí el más representativo de la peculiar deformación que el romanticismo toma
en España, por su estilo declamatorio, verboso, más atento

al efecto que al sentimiento mismo, aunque de una elocuencia fácil que a veces está muy próxima a la inspiración y que puede fingir la pasión sin dificultad. Tenía, además, en sus mejores momentos, el sentido musical de la poesía que tantas veces es suficiente para elevarse sobre lo vulgar y remontar el vuelo sobre lo prosaico.

Cuando en 1837 Nicomedes Pastor Díaz pone el prólogo a las *Poesías* de Zorrilla, al describir el tremendo efecto de los versos del vate vallisoletano sobre la tumba de Larra, reconoce que una crítica apurada hubiera encontrado en ellos defectos y fallos, imitación de Víctor Hugo o Lamartine, como confiesa, en general, que las primeras obras de Zorrilla no son perfectas, pero, al propio tiempo, observa que «la analogía no es el plagio, la semejanza no es la imitación, ni la consonancia el eco; ... por el contrario la conformidad es el sello de la inspiración y de la originalidad; dos obras se parecen y distan entre sí un mundo entero... dos autores se imitan sin conocerse». Pastor Díaz, puesto a definir a su romántico poeta viene a decir que como la sociedad ha perdido su cohesión y su fe, el hombre se halla solo y desamparado y se ve atraído por los restos y recuerdos del pasado. «Su imaginación —escribe atinando a caracterizar excelentemente *la situación del romántico*— debía encontrar en ellos [en los vestigios del pasado] una sociedad homogénea de religión y de virtud, de grandeza y de gloria, de riqueza y de sentimiento, y su pluma no pudo menos de hacer contrastar con lo que hay de mezquino, glacial y ridículo en la sociedad actual, lo que tienen de magnífico, solemne y sublime los recuerdos de los tiempos caballerescos y religiosos»[24]. Como de Zorrilla decía

---

[24] Poesías de D. José Zorrilla, Madrid, 1837, prólogo, pág. XII.

Pastor Díaz, se puede decir del pintor Jenaro P. Villaamil,
que «él ha sido el primero en dar vida poética a nuestros
olvidados monumentos religiosos y a poner en escena las
sagradas y grandiosas solemnidades que hacían las delicias
de nuestros padres». Es cierto, pero estimando la obra,
enorme, de Villaamil, mal estudiada aún, con una línea
paralela de inspiración —en cierto modo— con el poeta, no
llega a la fogosa facundia y la exaltada imaginación de Zorrilla. Si al uno le recordaban Víctor Hugo o Lamartine
como fuentes de su arte, sin duda hay que admitir que a
Villaamil le orientó Roberts. Con todo, la afinidad entre el
poeta y el paisajista es innegable y Zorrilla tenía de ello
conciencia cuando le dedicó su composición poética *La noche de invierno,* en la que encarándose con Villaamil le
dice, entre otras cosas:

> Tú tienes dentro de la mente
> galerías, catedrales
> y todo el lujo de Oriente
> y un mundo para pintar;
> Tú tienes en tus pinceles
> derruídos monasterios
> con aéreos botareles
> y afiligranado altar.
>
> Tienes torres con campanas
> y transparentes labores,
> castillos con castellanas
> que aguardan a su señor;
> Y bóvedas horadadas
> y silenciosas capillas
> donde *en* marmóreas almohadas
> yace muerto el fundador
> ... ...
> A inspirarnos ha venido
> la noche con sus tinieblas,

el rayo con su estampido,
la lluvia con su rumor;
Tú pintarás lo que sientes,
Yo escribiré lo que siento
en el empuje violento
del huracán bramador

Yo escribiré como muge
el vendaval en tus torres,
como entre las jarcias cruje
del buque que va a anegar,
como zumba en las almenas
con que ciñes tus castillos;
como silba en las cadenas
que el puente han de sujetar

... ...

Tú pintarás la montaña
Entre la niebla sombría,
pintarás la lluvia fría
derramada desde *allí;*
los alcázares morunos,
los pilares bizantinos,
monumentos peregrinos
embellecidos por ti.

Pintarás los gabinetes
cincelados de la Alhambra
y el humo de las pebetas
y las bellas del harem
Tú pintarás las memorias
que nos quedan, por fortuna,
Yo escribiré las historias
Que vida a tus sueños den

... ...

Pintor, que la noche ruede
en el ronco torbellino,
que envuelta en tormenta quede
la desvelada ciudad.

Nosotros, lejos del mundo
otro mundo ganaremos,
de la hoguera que encendemos
a la roja claridad
... ...
Prepara lienzo y pinceles,
despliega tu fantasía;
cuando nos sorprenda el día
que alumbre una creación.
Pintor: ese torbellino
ha venido a visitarnos
en él nos trajo el destino
la violenta inspiración.

Larga es la cita, pero difícilmente podría encontrarse
otro texto literario entre los poetas románticos españoles
que mejor exprese los arrebatos del momento estético en
trance de aproximarlos a la pintura. Acaso la obra de Villaamil no justifique enteramente las efusiones de Zorrilla, pero
en todo caso, su fecundidad en interpretar los *alcázares
morunos, los pilares bizantinos,* los castillos almenados, los
gabinetes cincelados (?!) de la Alhambra, las *galerías,* las
catedrales, las *silenciosas capillas* donde los caballeros medievales duermen *en (?!) marmóreas almohadas,* las memorias del pasado *que no quedan, por fortuna,* le hacían
a Zorrilla sentir su afinidad con el pintor ferrolano.

No obstante, el aspecto del romanticismo pictórico
que se complace en escenas insólitas o dramáticas, el agitado
tratamiento de asuntos románticos expresados con fogosa
técnica que se aparta de la corrección y las precisiones puristas en el dibujo convendría más al pintor de Alcalá, Eugenio Lucas (n. 1824), un pequeño Goya, como le llamó Tor-
mo. Goyesco sí, pero derivativo, descuidado, chapucero
muchas veces, mirando siempre al pasado en sus escenas

de Inquisición, brujas, revoluciones o al lado pintoresco de las capeas, las corridas de toros, las tempestades... que interpreta en cuadros generalmente de pequeño formato, con pincelada rápida y toque desenfadado, con dotes de colorista positivas y escaso dominio del dibujo. Lo contrario que otro modesto seguidor de Goya, Leonardo Alenza (n. 1807) que tiene análoga curiosidad que el maestro de Fuendetodos por el espectáculo de la vida, del pueblo, pero que se ha educado ya en el dibujo cuidado y en una factura más lisa que la formación académica le transmitió. Tiene notables dotes de observación, y no es raro que en algunos de sus cuadritos ironice sobre los excesos apasionados, la sombría imaginación y la exagerada emotividad de los románticos, como en los cuadros del Museo de Arte moderno en que un arrebatado galán es víctima de su candor, explotado por la moza y sus cómplices bandidos, o el del Museo Romántico en que un alocado poeta se suicida en un acceso de enajenación. Porque el español, realista, es a veces romántico guiñando un ojo, o como dicen en inglés, *tongue in cheek;* hasta el propio Zorrilla nos da esa impresión hartas veces.

Si uno de los aspectos del romanticismo es el efusivo, reverencial tratamiento de los temas del sentimiento, a lo que corresponde en pintura el dibujismo cuidado de los nazarenos, de Ingres o de nuestros retratistas como Esquivel, Tejeo y el primer Madrazo, el otro, contrapuesto, es el arrebato de factura al servicio de un temperamento. Este segundo aspecto, cuyo más genial exponente en la pintura francesa es Delacroix, aquí tiene sólo el eco —desigual y chapucero en muchos casos— de Lucas o de Francisco Lameyer, (n. 1825) el más próximo al maestro francés en factura y en su vocación por el orientalismo —escenas del mundo musulmán, visiones de Marruecos, en lo que es precedente de Fortuny—, aunque Lameyer no fuese propiamente un pintor profesional.

Si, como antes hemos dicho, la complacencia en lo que se siente como ajeno a la vida actual, vulgar y diaria del urbícola del XIX lleva en la pintura a la representación de lo pintoresco o lo exótico, esta inclinación tiene también otra posibilidad muy explotada por los románticos: la evocación, no de vestigios del pasado, presentes aún —*por fortuna,* como dice Zorrilla— a nuestros ojos, sino de escenas que imaginamos basándonos en los textos de la historia. En realidad, el cuadro de historia —lepra de nuestra pintura del XIX, se ha dicho alguna vez— es un género que el romanticismo cultiva, pero no inventa. En el siglo XVIII, los concursos de la Academia de San Fernando, como de otras Academias de Europa, someten a los aspirantes a los premios o pensiones, como asuntos para sus pruebas, temas históricos, cuya redacción se presentaba a los concursantes detalladamente, a veces con minucia ridícula, para que ejercitasen sobre ellos su imaginación visual. La temática era triple: historia sagrada, historia clásica e historia nacional, con asuntos tomados de la Edad Media o del Renacimiento. Pondré unos ejemplos. En el año 1754 se propone a los opositores de la segunda clase de pintura el texto siguiente, que copio: «Julio Mansueto, herido de muerte en la batalla de Cremona por su hijo, secuaz del partido contrario, al ir a despojarle se reconocen mutuamente». He aquí un tema propuesto a los pintores en 1758: «Después de que el rey de Aragón don Alfonso el Batallador repudió en Soria a doña Urraca, Reina propietaria de Castilla, el Conde don Peransúrez, Señor de Valladolid, entregó a la Reina las fortalezas y castillos de que había hecho pleitohomenaje al Rey. Cumplida así la obligación, el fiel vasallo de la Reina, para cumplir la del homenaje, vestido de púrpura o de escarlata, con una soga al cuello y en un caballo blanco, se presentó al rey de Aragón para que hiciese de su vida lo que gustase, y este príncipe, con consejo de su corte, recibió y trató al conde con mucho agrado y atención». Lo prolijo de la descripción y los antecedentes del momento visual que había de representar el pintor nos plantean el problema de cómo podía caber en la misma escena el espectáculo del conde con la soga al cuello, dispuesto a recibir la muerte, con lo del repudio, el pleito homenaje y sus deberes, así como lo de la entrega de las fortalezas... (!). La escena visual debería hablar por sí misma, sin necesidad de largas explicaciones verbales que denotan lo libresco de este género de asuntos. Los pintores románticos arrojados en brazos de la historia tienen que buscar con esfuerzo la manera de dar elocuente dramatismo a su cuadro de modo que el asunto impresione al espectador con alguna eficacia. Para ello se prodigan los gestos, la violencia de los movimientos, la sangre, los efectos patéticos; digámoslo de una vez, se trata de un género teatral, efectista, falso, en el que todas las exageraciones tienen su asiento. El cuadro de historia, por otra parte, suele tener necesidad de muchas figuras, requiere dimensiones extraordinarias y parece, pues, propicio para ser presentado en Exposiciones colectivas en las que su propio formato comporta una garantía de que va a llamar la atención. Por eso, el cuadro de historia es, por principio, un cuadro sin clientes posibles, un cuadro de Exposición. Así las Exposiciones Nacionales, desde 1856, año en que inician su vida, son el vertedero de este género, condenado al olvido, del que sólo se salvan a lo largo de decenios unas cuantas piezas de efectivo valor pictó-

rico. Podemos tomar la primera Exposición Nacional de
1856 como índice de lo que era la pintura de la época en
España. La cantidad de pinturas es en ella discreta; 215 cuadros. Como calidad, discreta asimismo; no hay genios ni figuras de primer orden; exponen los Madrazo, Federico y Luis,
Federico ya entregado enteramente a los retratos, así como
su compañero de Roma, Carlos-Luis de Ribera. Don Vicente
López ha muerto; exponen algunos discípulos suyos como
Gómez Cros, Gato de Lema, Llorens o Lino García. De
los sevillanos, Esquivel —y su hijo Carlos— y Rodríguez
de Guzmán. Han muerto Alenza, Elbo, Bécquer, Villaamil,
es decir algunos de los que caen más de lleno dentro del
romanticismo. Exponen los dos Ferrant, Brugada, el amigo
de Goya. No expone Lucas, aunque sí algún discípulo suyo
como P. de la Linde y el brigadier de caballería don Leonardo de Santiago. Presenta un cuadro el Duque de Rivas,
así como Tegeo, que muere ese año, algunos discípulos de
Aparicio (Mendoza, van-Halen), de los Madrazo (Pedro
Kuntz, Montañés, Barroeta, Díaz Carreño), o de los Ribera
(Castellano, Espinosa, Mendiguchía), algún discípulo de Villaamil (Rotondo, Ruiz). Todavía expone algún discípulo
de Maella (Diego Monroy) así como algunos pintores que
han estudiado en Francia con Picot, Delaroche, Dumas, Leon
Cogniet, Couture... Expone Haes sus primeros paisajes.
Pero hojeando el catálogo obtenemos no sólo nombres,
sino los géneros característicos.

Primero, la historia. El cuadro de historia está representado por Eduardo Cano *(Colón en La Rábida),* un Domingo García Díaz que presenta la más terrorífica escena
de la leyenda de *Los infantes de Lara,* Gómez Cros, *La batalla de Pavía,* Benito Soriano Murillo, *El suspiro del Moro,*
con largo párrafo explicativo, con el pasaje de las lágrimas

de Boabdil, Francisco van Halen, *La batalla de Lucena* (1483). Hay alegorías *(El camino de la gloria artística* por José Gómez Bande). Rotondo, el discípulo de Villaamil, *Una noche de luna,* y Justo M.ª de Velasco, *Interior de un edificio gótico,* así, sin definir, Gonzalbo, *Patio y galería árabe,* también sin concretar, el hijo de Esquivel, *Un cautivo en su mazmorra;* paisajes varios, imaginativos alguno *(Un país de capricho,* de un discípulo de Madrazo, Larrochette). El *género* triunfa, demostrando cuanto más afín al temperamento español y a aquella época es la observación de lo popular o *costumbrista.* Daré algunos ejemplos: *La venta de un burro por unos gitanos* y *Un cuarto de Gallegos* (José G. Bande), un cuadro de *Costumbres valencianas* de Fortunato Bonich, el conocido *Patio de caballos* de Manuel Castellano, unos *Tipos madrileños en la Puerta del Sol antes del derribo* (Ramón Cortés), *La sopa boba* de V. Esteban, Carlos Larranz, *Una mujer manchega rezando,* Paulino de la Linde, *La romería de San Isidro,* Espinosa, una *Gitana bailando,* M. de la Roca, *Gallegos antes de la siega,* etc., etc.

Es suficiente este repaso para dar idea de lo que se pintaba en 1856, ya no en el climax del momento romántico. De lo retrasada que marcha en España la inspiración de origen romántico en uno de sus aspectos nos advierte el hecho de que fue la Exposición de 1887 la que «marca *el ápice de la pintura de historia»* como escribe Pantorba; ¡en 1887! [25], cuando ya Manet tiene 55 años, Monet, 47, Renoir, 46, Cézanne, 48, Gaugin, 39... y Picasso 6... (!!).

Los cuadros de historia de 1856 son, como lo serán los que les sigan a lo largo del siglo, reconstituciones ilustrativas con muy poco soplo de inspiración romántica; lo

---

25   PANTORBA, Ob. cit. pág. 122.

más fatigoso, a veces con mediocre resultado, es la documentación histórica para lograr propiedad en los personajes y en el ambiente: guardarropía, atrezzo, escenografía. Ello nos está indicando el carácter teatral de este tipo de pintura que comienza con un lenguaje artístico dibujista, purista, como resultado de las enseñanzas de maestros más o menos académicos o nazarenos. Mas luego estos asuntos van adaptándose a los cambios de técnica pictórica durante el siglo [26]. Porque el género histórico de exposición sigue cultivándose *hasta entrado el siglo* xx, ejemplo de este lastre romántico que arrastra nuestra pintura mucho más allá de las fronteras cronológicas propias del romanticismo.

La realidad es que, repasando la lista de los pintores de historia de las dos o tres generaciones de artistas que cultivan este género, muy pocos de ellos pueden considerarse románticos de vocación y de espíritu, aunque por imperativos de la época se ocupan con asuntos de temática romántica. Esta temática lo que les crea es la preocupación, muy de su tiempo, por el asunto como tal, considerado pieza clave del éxito de una pintura. Y es que la crisis de inventiva, la falta de espontaneidad en la inspiración es el verdadero morbo de nuestra pintura romántica. Los pocos testimonios de primera mano que de nuestros pintores conservamos —cartas, escritos...— nos hacen ver que el buscar asunto para sus pinturas es una angustiosa preocupación para los artistas del xix. El vacío que dejan las seguridades mentales y culturales que otras épocas poseyeron es realmente revelador. Los pintores saben pintar, pero ¿qué pin-

---

[26] Véanse las páginas de Gaya Nuño, *Objetividades sobre la pintura de historia,* en el catálogo de la Exposición «Un siglo de arte español» (1856-1956) y la puntual relación de los cuadros de historia desde 1856 en un apéndice al libro de Pantorba, *Historia de las Exposiciones nacionales,* ya citado.

tar? Creo que esto no se había dado en otras épocas y nos indica una *pérdida del suelo histórico,* de los fundamentales supuestos y creencias en que el arte de otros momentos se asienta; denuncia ello una crisis social, cultural, acaso menos profunda que la de nuestros días, de la que es precursora la época romántica. El artista se encuentra sólo con su facultad creadora, encerrado en el subjetivismo angustiado de su yo, falto de apoyo en una sociedad segura de sus creencias. ¿Qué pintar? He aquí el problema denunciado por síntomas muy varios en la vida artística de los decenios centrales del xix. En su *Pintura en París,* ya antes citada, escrito de los primeros años de la centuria, Federico Schlegel se nos aparece extrañamente consciente de este problema: « ¡Cómo se nos aparecen titubeando extrañamente los artistas de hoy en su elección de los asuntos! Unos recurren a las fábulas clásicas, a figuras y asuntos franceses modernos, ossiánicos o a otros varios *sin realidad alguna fuera del cerebro del extraviado artista,* perdido entre la espesura de falsas y erróneas teorías... ¿No sería mejor volver al camino de los antiguos maestros italianos o alemanes? No careceríamos de material en ellos, pues las gentes que creen que el ciclo de *ideas* de los temas cristianos quedaría pronto agotado, están enteramente en un error»[27]. Pero los temas cristianos solamente son un repertorio en el que espigar, no menos externo que los asuntos clásicos. El *Verlust der Mitte* de que se ha hablado en nuestros días (Sedlmayr) ha comenzado ya.

El que se encuentra vacío, exagera, y esto hacen los pintores de historia románticos... y sus seguidores. Ante muchos cuadros de historia viene bien recordar las palabras

---

[27] Ob. cit., trad. cit., pág. 88.

de Diderot: «el gusto por lo extraordinario es lo característico de los mediocres. Cuando se desesperan de hacer algo bello, natural y simple, se apela al recurso de lo excepcional». Es un proceso que ya no se interrumpe hasta nuestros días porque nos recuerda el tremendismo lleno de falsedad de la literatura y el arte de nuestro tiempo, el *suspense* que se ha apoderado del cine, ya en un mal momento. Los *destroza-mundos* —para aplicar la palabra que usaba un pintor amigo mío, muy inteligente— del arte contemporáneo están gritando su mediocridad con sus exageraciones.

Los románticos inauguran este camino. Me viene ahora a la memoria la acotación que Zorrilla pone al acto II de su *Puñal del Godo:* «Un velador triangular [28], un paño negro... Momias egipcias, cuadrúpedos y volátiles disecados. Un reló de arena». No basta esta mise en scene disparatada, porque yo no sé de donde, en tiempo de los godos y en la península ibérica iban a salir las momias egipcias. Todo esto hay que animarlo con cipreses, noche, relámpagos, hogueras, campanas, luz de luna... El espeso clima literario de estas libertades irracionales llega hasta nuestro lírico, doliente y sentimental Gustavo Bécquer; cuando evoca un ambiente propicio para una escena romántica acota: «Capillas —dice— de una arquitectura árabe, gótica o churrigueresca» [29]. ¡Lo mismo da! Vemos con poco agrado que esta veta romántica se mueve a gusto en el barullo mental, en la imprecisión, en el abigarramiento...

---

[28]   ¡Cuidado que es difícil, en materia de muebles, imaginar un *velador triangular!,* pero ello me lleva a recordar que en «Les demoiselles d'Avignon» de Picasso, aparece en primer término, como apoyo de unas frutas, una mesita *triangular* (!) El texto lo recuerda G. Díaz Plaja en su *Introducción al estudio del romanticismo español,* Madrid, 1936, pág. 99.

[29]   Citado por Díaz Plaja, ob. cit., pág. 130.

El romanticismo de los asuntos que arrastra la pintura de historia entre nosotros hasta pisar los umbrales del siglo XX no nos permite considerar romántico todo cuadro engendrado en este clima. A partir de lo que yo he llamado segunda generación de los pintores de historia —en general pintores de la segunda mitad del XIX— el tema y la inspiración literaria podrán ser de procedencia romántica, pero la factura, la dicción pictórica ya no lo es. El *turning point* está en Rosales y Fortuny. Que ya no son románticos sino, en ocasiones, en los asuntos. Pero la dicción de Rosales es amplia, no dibujística [30], sino pictórica, indicando la vuelta a las fuentes, a nuestra pintura española del XVII, a Velázquez, reacción iniciada por el propio Federico de Madrazo, maestro de esta generación segunda. Nuestro sereno realismo pictórico, apegado a la tierra, enemigo de exageraciones declamatorias, vuelve a imponerse tras un paréntesis poco original.

No obstante, la *inspiración* es el slogan de los románticos. La invocaba el Duque de Rivas en el discurso pronunciado ante Isabel II en el reparto de premios de la primera Exposición de Bellas Artes en 1856: «¿Qué son las obras del arte que no emanan de aquella fuente divina? Nada, porque nada dicen al espíritu, en nada afectan los sentimientos íntimos de la humanidad, porque no satisfacen las

---

[30] Algunos dibujos de Rosales, sobre todo de primera época, nos ofrecen una línea de sentimiento y tradición románticos, pero no su pintura, de casta nacional, de mancha y empaste. No hay romanticismo, dígase lo que se diga, en el *Testamento de Isabel la Católica; La muerte de Lucrecia,* más avanzada aún de factura, puede ser algo teatral en su composición —bastante sobria por otra parte—, pero su factura está lejos de los románticos. Lamento disentir de mi amigo Xavier de Salas, que toma demasiado literalmente unos textos de Rosales, en el prólogo al Catálogo de la Exposición Rosales en el Prado, celebrada en 1973.

necesidades vivas del corazón y no producen efecto moral
alguno por más que alucinen un momento los sentidos...
Combinará el pintor líneas y colores, luces y sombras que
agraden a la vista, pero nada dicen al alma...». Hacía después el Duque un recorrido por los artistas que le parecen
dechado de inspiración *desde Tasso, Murillo o Cano hasta
Donizetti y Bellini* y cree encontrarla —la inspiración— en
los *asuntos* de los lienzos expuestos: « ¡Qué asuntos tan
grandes: Colón en La Rábida, Pelayo en Covadonga! ». Pero
el fin no justifica los medios, ni las intenciones el resultado.
Inspiración en el artista no es *inspirarse en*... lo que supone
algo externo, sino inspirarse dentro de sí mismo (in) de
donde ha de salir el fuego y autenticidad de la obra de arte,
no del pretexto escrito que busca, crónica medieval o relato de la historia del Descubrimiento..., que tanto da para
el caso.

Si el romanticismo fue estilo tardío que languideció
póstumamente durante decenios, larga tuvo la vida también
el clasicismo retrasado que formaba la base de la educación
de muchos hombres que vivían en época romántica. Por ello
me llamó la atención que en la propia sesión solemne de
reparto de premios en la que el Duque de Rivas pronunció
el discurso antes aludido, leían unos versos el Marqués de
la Pezuela, don Angel M.ª Dacarrete y don Pedro de Madrazo. En la oda de éste último —tan hostil al Greco y a
Goya— titulada *A la Moral en las Artes* (!) parece intentar
también, en fríos y neo-clásicos versos, una jerarquización
de los asuntos en el arte de la pintura:

> Es *grato* el campo ameno
> la populosa villa
> ver retratados en espacio breve
> e imaginarse el límpido y sereno

> lago surcando en véneta barquilla
> y el viento oir que los ramajes mueve.
> Sólo en las fibras íntimas nos toca
> de los hechos heroicos el ejemplo
> Sólo a acciones magnánimas provoca
> la pintura del pórtico y el templo.

Todavía en aquella ocasión, el político don Claudio Moyano, Ministro de Fomento, pronuncia el discurso final en el que alude al *nuevo gusto literario* (el romántico, ya no tan nuevo) que no sacrifica su brío nativo a «las formas de pura convención, al espíritu exclusivo del intolerante preceptista que rechaza la novedad como un peligro y un escándalo, el atrevimiento como un delirio y la lozanía como una desenvoltura». Y para demostrar que es consecuente con esta doctrina nueva, pone sus ejemplos: «Vedla [la pintura] con qué avidez, al alejarse de las máximas de Maella y de los débiles imitadores de Mengs procura llevar a los preceptos de los pintores de Valencia y de Sevilla el idealismo fantástico, la estética del arte, las invenciones cíclicas de Alemania; el espíritu y la imaginación y el estilo animado de la Francia...». Y para demostrar que está enterado cita a Ingres, *de La croix* (sic), Kunt (?) y Millais. ¡Erudición barata de político, pero afirmación retrasada y programática del romanticismo desde el poder! [31].

Y ya, mencionaremos, en el mismo acto, los versos apocalípticos del Marqués de Auñón, hijo del Duque de Rivas:

---

[31] Canta el ministro todo lo cantable, por ejemplo —otra contradicción— los asuntos griegos o romanos, pero, al mismo tiempo, este realista político moderado *condena* la utilidad material, seguramente por poco romántica.

¿Qué siniestro pavor hoy al humano
Pecho angustia y aterra?
¿Porqué se hiela el hombre ante el arcano
que lo futuro encierra?
La peste, el hambre, la discordia impía
¿nos anuncian el fin de las edades?
¿En polvo a convertirse las ciudades
Van, y en pavesa el luminar del día?

Versos en los que, con gesticulación romántica, parece adivinar el poeta las guerras de nuestros días y la bomba atómica destruyendo la vida en el mundo.

Poco hay que esperar también, desde el punto de vista romántico, de nuestro paisaje [32]. Muerto Villaamil (1854), le sucedió en la enseñanza de este género en la Escuela de Madrid Fernando Ferrant, prudente pintor que se acerca tímidamente al natural y que anima alguno de sus cuadros con incidentes más o menos emocionales; en la exposición del 56, entre los cinco paisajes exhibidos, uno de ellos representaba «Un río desbordado en que hay una barca con dos marineros» nota que algo de espíritu romántico tiene. Pero Ferrant había de morir el mismo 1856 para ser sucedido a su vez por don Carlos de Hues, el belga que nos trae un sentido flamenco, nórdico, del paisaje, con notación precisa y estudio del natural, una influencia que sería más fecunda que la de los románticos nazarenos de Alemania.

Y ello es que el paisaje se prestaba, sin necesidad de gran alarde imaginativo, a poner en él, si hay verdadero sentimiento de la naturaleza, una efusión lírica, panteísta o intimista, que ciertamente no está entre las vocaciones

---

[32] Véase *El paisaje en España,* texto del que esto escribe, en el Catálogo «Un siglo de arte español (1856-1956)», ya citado, y el libro de Pantorba, *El paisaje y los paisajistas españoles,* Madrid, 1943.

profundas del español normal. Haes sería el maestro de los paisajistas españoles del realismo y del impresionismo, pero cuando después de ganar la plaza de profesor de paisaje en la Escuela de Madrid, donde enseñó a sus discípulos a ver el natural y a pintar al aire libre, fue elegido académico de San Fernando en su recepción, en 1859, al contestarle don Federico de Madrazo intentaba hallar por vía curiosa una explicación del despego español por el paisaje: «El español de los siglos XVI y XVII —decía don Federico— grave, sesudo, de ideas ambiciosas, de majestuoso andar y erguido porte, apasionado e impaciente y un tanto perezoso, desdeñaba, al parecer, toda obra minuciosa y entretenida. El paisaje exige mucha observación, muy prolijo estudio, mucha conciencia y hasta mucho sacrificio de la arrogante apostura de conquistador en determinados casos; y el español antiguo tenía, en suma, demasiado de eso que llamamos prosopopeya para plegarse a las penosas correrías y a la incesante actividad del pintor de paisaje» [33].

Claro que esta descripción, un poco convencional, pero no sin algunos matices de verdad, se está refiriendo al paisaje *del natural,* al paisaje realista, no al pintor de imagina-

---

[33] Es curioso que, dentro de unos lugares comunes aceptados sin mucha crítica sobre el carácter español, estas explicaciones se asemejan a las que otros escritores han aventurado sobre el escaso cultivo del grabado en España. Vargas Ponce decía en el siglo XVIII: «es cierto que no conocimos el grabado ¿pero quién podría sujetar el fogoso espíritu de un joven a los tardos y remisos movimientos del buril si en menos tiempo podría, desde el Danubio al Ganges, cortarse unos laureles que llevasen su nombre a su última descendencia?» *(Distribución de premios... por la Academia de Bellas Artes de San Fernando... 1790).* Parecidas son, en el fondo, las opiniones de D. Cayetano Rosell: «Nunca la pintura española ni el genio de nuestros artistas sometieron fácilmente su numen creador a prolijo y mecánico procedimiento; el manejo del buril era harto lento y enojoso para aquellas independientes y vigorosas imaginaciones». (Noticia del plan General de clasificación... de estampas de la Biblioteca Nacional, 1875).

ción, de recuerdo, romántico. Despojando de su ganga histórica la explicación de Madrazo, podríamos decir que no es frecuente en el español el espíritu contemplativo, el sentimiento a la vez de grandeza, intimidad y soledad que el paisaje produce en los hombres sensibles. Y esto sí, sensibilidad, intimidad, efusión contemplativa son ingredientes románticos que no abundaban entre los hombres españoles del xix.

Lo curioso es que España, nuestra literatura y nuestro arte aparecen a los ojos de los otros pueblos occidentales como especialmente *románticos,* en la época romántica. Nos ven románticos, pero ¿lo fuimos? Ciertas cualidades de impulsividad, pasión, violencia, anti-utilitarismo, arcaismo, podían parecer cualidades del español a los ojos de los extranjeros y no voy a negar que en parte pueden ser justas sus observaciones, pero ¿entrega a la naturaleza, sensibilidad, delicadeza de sentimientos, espíritu contemplativo, intimismo, no son más específicamente proclives a la interpretación romántica del mundo que la mera agitación declamatoria o la elocuencia y la retórica pasional? Ciertas cualidades de nuestra literatura y de nuestro arte castizos, parecieron románticas en lo que eran anti-clásicas: sentimiento de la igualdad humana, interpretación áspera y dramática de la vida, religiosidad, estimación de la realidad en sus más bajos estratos, sin prejuicios de compostura y sin sobreestimar los temas nobles y las maneras refinadas, mezcla de lo elevado y lo popular... Todo lo que la picaresca, el teatro y la novela española habían sido y en lo que se diferenciaban del arte de otros países, fueron contemplados como prerománticos por los más curiosos espíritus de Francia o de Alemania. Acaso sea cierto. Pero precisamente porque estábamos vacunados contra el romanticismo por estos elementos incorporados desde hacía siglos a la estética nacional, el movimiento romántico, que carecía, entre nosotros, de otras vetas no menos peculiares, no profundizó demasiado entre nosotros. Pero, por ello mismo, como una enfermedad mal curada, se hizo, en cierto modo, crónica en la literatura y en la pintura. Nuestro romanticismo débil, pero resistente, se hizo de tardía supervivencia entre nosotros acaso por no haber alcanzado en España un climax en su momento de posible plenitud. Un estilo tardío y una corriente duradera a la vez. El español, *ese materialista mediterráneo,* según Ortega, no podía encontrarse plenamente a gusto inmerso en las nieblas germánicas a que aludió Menéndez Pelayo, y no se abandonó enteramente a un estilo que exigía una entrega total, una introversión, que nuestro poso vital, nuestro amor al mundo real y tangible y nuestro desengaño profundo y a priori de las cosas humanas (la picaresca, Cervantes, Velázquez...), no nos permitía sinceramente abrazar. Un freno de contradicción, de sorna, de histrionismo percibido y consciente, nos impedían lanzarnos auténticamente por el camino de la profundización en nuestro yo, en la confesión y en la fantasía. El poso realista y trascendental a la vez de nuestra tradición nos advertía que sólo se pueden tomar en serio *plenamente* muy pocas cosas de este mundo; el ser que somos íntegramente (el integralismo de la persona de que habló Américo Castro) el ser que vive en un mundo hostil, contradictorio e imperfecto, y el destino que pesa sobre la existencia y que sólo tiene valor referido a valores absolutos, no a fantasías pasajeras y calenturientas. Veta romántica, sí, pero entreverada con la vida misma, la vida en torno, tal como es, sin maquillajes solemnes a lo clásico, ni exaltados embellecimientos a lo romántico; nuestro existencialismo trascendental, digámoslo así, nos impidió abra-

zar plenamente el romanticismo. Pero mucho más aún, en
la pintura, arte de lo concreto, de las formas que, para ser
aproximadamente románticas, tienen que impregnarse de
contenido literario, ajeno a sus leyes propias, o estilizarse
en ritmos sutiles o en evanescencias intimistas que no iban
con nuestro temperamento. Esa es la consecuencia que podemos deducir, provisionalmente al menos, de una visión
sumaria y panorámica de la pintura española de la época
romántica.

Dos dramas románticos:
Don Juan Tenorio y
Traidor, inconfeso y mártir

JULIÁN MARÍAS

El Romanticismo fue sobre todo una forma de vida. Lo que tuvo de estilo, de escuela literaria, de forma artística, le vino desde el fondo de una instalación unitaria y total del hombre en una figura de mundo, orientado hacia un proyecto de vida que, en mil variantes, pretendía realizar los mismos rasgos. Por eso el Romanticismo es el nombre de una *época de la historia europea* —y, con diferencias que fuera muy sugestivo precisar, también americana—. En un viejo escrito mío, *Un escorzo del Romanticismo* (incluído en *Ensayos de convivencia*) intenté determinar cuáles habían sido los límites cronológicos del Romanticismo como forma de vida —y, por tanto, de la época romántica—, aunque algunos de sus caracteres puedan encontrarse *aislados* antes o después (es lo

que puede llamarse con rigor prerromanticismo y postroman-
ticismo).

Las cuatro generaciones románticas son, según mis
cuentas, las de 1766, 1781, 1796, 1811. Es decir, los nacidos
entre 1759 y 1818. Por otra parte, si se tiene en cuenta que
cada generación inicia su actuación plenamente histórica a
los treinta años, es decir, cuando cumple treinta años la generación como tal, sea cualquiera la edad de sus individuos,
tendríamos que el Romanticismo alcanzaría existencia histórica —minoritaria— por primera vez hacia 1796; y conserva-
ría vigencia —ya residual y en liquidación— hasta que la
última generación romántica cumpliese sesenta años, es decir, hasta 1871. Esto explicaría, dicho sea de paso, la figura
de Bécquer, cuya vida transcurre íntegra en un mundo todavía romántico, a pesar de haber nacido en 1836 y perte-
necer a la generación de 1841, la misma de Galdós [1].

Siempre se ha señalado que el romanticismo español es
tardío: casi todas las obras literarias importantes de los románticos españoles se escriben o estrenan o publican en el
decenio 1834-44. Pero en aquel antiguo ensayo traté de
justificar mi convicción de que el Romanticismo (con ma-
yúscula, como forma de vida) fue en España tan antiguo
como en los demás países europeos, aunque la *literatura* de
la primera generación romántica fuese todavía neoclásica.
La anormalidad de la historia española durante un cuarto de
siglo —desde el comienzo de la Guerra de la Independencia en 1808 hasta la muerte de Fernando VII y el fin del
absolutismo en 1833—, explica ese desnivel entre vida y
literatura. Los hombres de las Cortes de Cádiz, en sus figuras humanas, en su retórica, en sus ideas, eran absolutamen-

---

[1] Véase mi ensayo «Bécquer en su sitio» (en *Literatura y generaciones,* Austral, Madrid 1975).

te románticos, pero todavía vierten sus pensamientos y emociones en moldes que proceden del siglo xviii; sólo cuando escriben para sí mismos o para los muy próximos descubren lo que llevan dentro; así los diarios, cartas, notas de viaje de Moratín, nacido nada menos que en 1760 [2].

El núcleo del Romanticismo fue la interpretación liberal de la vida —más allá y por debajo de la política, a veces contra las convicciones tradicionalistas o reaccionarias. El romanticismo literario, público, amanece en 1834, recién levantada la tapadera que había oprimido y enmascarado a España durante el reinado de Fernando VII; pero la vida de los españoles estaba ya nutrida hacía mucho tiempo de sustancias románticas, como prueba, entre otras muchas cosas, el irónico y divertido ensayo de Mesonero Romanos, *El Romanticismo y los románticos,* escrito en 1837, saturado de romanticismo hasta la caricatura, en rigor «de vuelta» de él, lo que sería incomprensible si hubiese tenido tres años de existencia y una representación tan reducida como la que significarían sus publicaciones.

Don José Zorrilla nació en 1817 y murió en 1893. Pertenece, pues, a la última generación romántica, la más rica en nombres, la más representativa —aquella que, sin embargo, empieza a salir del Romanticismo. El P. Arolas, López Soler, Esquivel, Modesto Lafuente, Hartzenbusch, Alenza, Escosura, Ventura de la Vega, Cabanyes, Espronceda, Larra, Donoso Cortés, Gayangos, Cheste, Balmes, Baralt, Miguel Agustín Príncipe, Nicomedes Pastor Díaz, el Marqués de Molins, García Gutiérrez, Romero Larrañaga, Gertrudis Gómez de Avellaneda, Diana, Gil y Carrasco, Euge-

---

2 Véase «España y Europa en Moratín» (en *Los Españoles,* El Alción, Revista de Occidente, Madrid 1971).

nio de Ochoa, Federico de Madrazo, Ariza, Martínez Viller-
gas, García Tassara, Tomás Rodríguez Rubí, Miguel de los
Santos Alvarez, Zorrilla, Campoamor: todos estos nombres
son coetáneos, son el nivel histórico de la generación de
1811. Parecen «el Romanticismo»; en rigor, son la salida
del Romanticismo, que en su madurez llevaban dentro otro
mundo, otra forma de vida.

En plena juventud, a los veintisiete años, en 1844, Zorrilla estrena *Don Juan Tenorio*. Es —no hay que decirlo—
la obra más viva del teatro español, aunque estos últimos
años nos hemos empeñado en matarla. Para los españoles de
ocho o diez generaciones —que se dice pronto—, el *Tenorio*
ha representado «lo consabido». Somos muchos los españoles que nos lo sabemos de memoria, que necesitaríamos a lo
sumo de un apuntador cuatro o cinco veces, para salvar algunas zonas muertas. Esto ha sido posible por la extrema
simplicidad del drama, por su estructura de *ballet* —que
Ortega supo descubrir hace cuarenta años—, pero sobre todo
por la gracia del verso, por el prodigioso ajuste con la acción,
por la garbosa andadura de los personajes. Zorrilla supo
combinar la gracia y el drama. Supo vincular en la acción
dramática y en el lirismo el amor y la muerte, los dos hermanos gemelos —*fratelli a un tempo stesso amore e morte
/ ingenerò la sorte*— de que hablaba Leopardi.

El amor y la muerte, sí; pero también el amor y la
retórica. Este es, creo yo, el gran acierto de Zorrilla, su
gran adivinación, una de tantas que surgen inesperadamente
en su obra, y que fuera interesante ir descubriendo. El amor
consiste —entre otras cosas, pero muy principalmente—
en *decirle cosas* a la mujer, es decir, interpretarla. Hasta
hace poco tiempo, y quizá todavía en las ciudades provinciales de España, «hablar con» quería decir tener relaciones

amorosas, un noviazgo. «Pedro habla con Isabel», «hace tres meses que hablan» —se decía—. Claro que lo único que hacían —o casi— era hablar, y hoy se supone que no se trata de eso; pero hay que recordar que el amor es sobre todo cuestión de palabras, y si estas se secan, el amor no llega a brotar, y queda suplantado por sus «sustitutivos». La seducción de Doña Inés, en la quinta junto al Guadalquivir, a fuerza de palabras, es, justamente por ser retórica, una de las escenas más veraces del teatro español.

Pero esto nos lleva a tocar el tema de Don Juan. Se suele pensar que el de Zorrilla es elemental, superficial, sin interés. No estoy seguro. Zorrilla era muy poco intelectual, muy poco teórico, pero era capaz de abandonarse, de entregarse a la realidad, y es la única manera de descubrirla. No se olvide que la inocencia es una de las pocas actitudes creadoras. «Si no os hacéis como niños —leemos en San Mateo— no entraréis en el reino de los cielos». Zorrilla tuvo el acierto de introducir a la mujer, a Doña Inés, en la historia de Don Juan, y esto hizo de él algo más que un coleccionista jactancioso.

El donjuanismo tiene ciertos supuestos, sin los cuales no es posible; ambos tienen que ver con las condiciones de la caza, que tan admirablemente estudió Ortega: la escasez y el peligro. La primera condición para cazar es que no haya caza, que sea muy difícil encontrarla; y que huya, se resista, ataque. No hay quien pueda disparar una escopeta en una granja avícola. Se dirá que las mujeres han sido siempre legión, aproximadamente tantas como los hombres; pero no estaban «disponibles», estaban celosamente guardadas, encerradas en sus madrigueras; sólo se las podía ver tras de celosías, o desde lejos, o entre la multitud. Hablar con ellas, darles una carta, era casi imposible; difícil, costoso, peligroso, improbable. A esto hay que añadir la esquivez inicial de la mujer, su gesto de huída —tradición occidental milenaria, de viejísima sabiduría—. Y el peligro, porque la mujer estaba defendida por la sociedad, la familia, la ley, la religión: padres, hermanos, maridos, dueñas, presiones sociales, el pecado.

Frente a todo esto —es decir, en vista de esto y a pesar de ello—, Don Juan como pretensión humana, como vocación varonil. Su vocación es *enamorar.* Y Ortega definió a Don Juan como «el hombre de quien se enamoran las mujeres». La cosa viene como anillo al dedo. Sí, pero en un libro que escribí hace poco y se titula *Antropología metafísica,* donde se habla mucho, naturalmente, de las mujeres y del amor, tuve buen cuidado de advertir que «aunque gramaticalmente el verbo 'enamorar' parece primario, y 'enamorarse' sólo su uso reflexivo, en realidad es al revés: enamorarse es el sentido fuerte y original, y enamorar es únicamente lo que se hace para que alguien *se* enamore»[3]. De ahí la interna dificultad del donjuanismo: si Don Juan no se enamora, a última hora se queda *fuera,* se convierte en poco más que espectador; y si se enamora, el donjuanismo se vuelve problemático. Exito y fracaso luchan dentro de Don Juan, y el logro significa a la vez la frustración, la desilusión, el tener que volver a empezar.

Pero Don Juan no es sólo eso; hay, desde el comienzo de la leyenda, una dualidad de temas: el seductor se junta con el rebelde. Hay un peligro terreno y otro trascendente. El burlador va siempre unido, en una forma o en otra, al convidado de piedra, a la irrupción del más allá. Don Juan es un rebelde frente a las personas que dominan, protegen

_____

[3] *Antropología metafísica,* 1970, cap. 22.

y defienden a las mujeres; frente a la sociedad con sus usos,
frente a la ley con sus corchetes y justicias; pero también
frente a la moral y, sobre todo, frente a Dios. Lo que hace
Don Juan, no sólo es peligroso, sino que está prohibido; no
sólo es ilegal, sino que es inmoral; no sólo falta a las normas éticas, sino que es pecado. Si estas tensiones desapare-
cen, Don Juan es imposible, porque no tiene sentido, porque cesa de ser Don Juan.

Don Juan es creyente; se entiende, creyente a medias.
Si lo fuera de verdad, sentiría el temor de Dios, hecho de
amor a él, y no viviría como vive; pero si no creyera nada,
le faltaría el estímulo de la rebeldía y, sobre todo, el riesgo
máximo: Don Juan no se juega solamente la vida: se juega
la otra, la eterna; se juega la salvación.

En realidad, Don Juan cree juvenilmente. Es decir,
piensa que «todavía no», por ahora no. « ¡Largo me lo
fiáis! »: ahí está el donjuanismo. «Largo plazo me ponéis»,
dice el Don Juan de Zorrilla—. La muerte está muy lejos,
aunque lo espere en cada esquina la punta de una espada.
La muerte está «estructuralmente» lejos para el joven, bio-
gráficamente remota, no ocupa todavía su puesto inexora-
ble en una configuración. Por eso Don Juan se desentiende
de la condenación, pero la tiene ahí, al fondo, como un telón
sobre el que se recortan con atractiva gallardía sus hazañas.

Hay otra dimensión esencial en el donjuanismo: la actitud del jugador. Don Juan se lo juega todo. Por supuesto, el
dinero, la fortuna: «yo al otro día / la hubiera a una carta
puesto» —dice el Don Juan otoñal al Escultor, al enterarse
de que su padre lo ha desheredado y ha dejado su hacienda
para hacer el famoso panteón—. Pero se juega también la
vida, la apuesta con Don Luis, la pone igualmente a una
carta que no le interesa —o muy poco—: Doña Ana de

Pantoja, a quien todavía no ha visto, a quien va a entrever por la reja, mientras compone ovillejos con el infeliz Don Luis Mejía. El juego supone, a un tiempo, avidez y desinterés. Siempre me ha admirado la prodigiosa agudeza de Pascal. Si al jugador le ofrecemos el dinero que puede ganar, no le interesa: lo que quiere es jugar. Le proponemos entonces que juegue sin dinero: tampoco le interesa, sin dinero por medio no hay juego. Don Juan, ni cree del todo ni deja de creer: así, precisamente así, se juega la salvación. Y ahí estriba el drama: consiste en el encuentro con lo absoluto, con lo que *no es cosa de juego*. Don Juan, el hombre de los amores fáciles, pasajeros, en seis días —incluída «una hora para olvidarlas»—, no sería posible si no estuviera detrás la posibilidad de lo irreversible, de lo irrevocable, con lo que juega precisamente porque con ello no se puede jugar.

Si no me equivoco, hay otra razón explicativa de la vitalidad teatral, dramática, de *Don Juan Tenorio*. No solamente Doña Inés es un verdadero personaje, una persona que, a su vez, personaliza los amores de Don Juan y hace que éste sea *alguien;* sino que «los otros», «ellos», lo que podríamos llamar la resistencia frente a la cual Don Juan se constituye como tal rebelde, aparecen también prodigiosamente personalizados en Don Gonzalo de Ulloa, el Comendador. Son tres los grandes personajes del *Tenorio* —y no olvidemos a Don Luis, contrafigura de Don Juan, a Brígida, última encarnación de Celestina, a Ciutti, donde revive el gracioso del teatro clásico—: Don Juan, Doña Inés y el Comendador.

Creo que Zorrilla pudo crear a este último y genial personaje porque tuvo la experiencia de su padre, magistrado absolutista con quien nunca se entendió, pero a quien respetó, temió y quiso considerablemente. Zorrilla había hecho la experiencia a fondo del «hombre de derechas» en toda su plenitud y esplendor, sin componendas ni compromisos. Un hombre con no pocas cualidades y méritos, no exento de virtudes, pero de una feroz insolidaridad. El Comendador es el hombre de derechas químicamente puro. Cuando Don Juan le pide que lo perdone y lo acepte como esposo de Doña Inés, ofreciéndole todas las pruebas, garantías y sacrificios, Don Gonzalo no quiere escuchar nada; cuando Don Juan se muestra arrepentido y deseoso de enmendarse, no lo cree; y cuando le advierte que con ello va a perder hasta la esperanza de su salvación, el Comendados responde estos dos versos, de los más feroces, más implacables, más pétreos que se hayan escrito en castellano:

> «¿Y qué tengo yo, Don Juan,
> con tu salvación que ver?»

¿Qué tengo yo que ver con tu hambre? ¿Qué tengo yo que ver con tu libertad? ¿Qué tengo yo que ver con tus inquietudes? ¿Qué tengo yo que ver con tus dudas, con tus afanes, con tus diferencias?

¿Qué actualidad puede tener el tema de Don Juan en nuestro tiempo? Todavía en la sociedad romántica persistían muchas estructuras no demasiado distintas de las del siglo XVI o el XVII. Zorrilla fecha el Tenorio en marzo de 1844, y escribe: «La acción en Sevilla, por los años de 1545, últimos del emperador Carlos V». Y la segunda parte, cinco años después. Entre una y otra nació Cervantes. Tres siglos después, todavía Don Juan era directa, inmediatamente inteligible. El antiguo régimen, que había retoñado —violentamente, falsamente— bajo Fernando VII, acababa de mo-

rir. El padre de Zorrilla había sido su leal servidor, intolerante y de una pieza. Pero en la sociedad actual, después
de que las mujeres están en todas partes, sin rejas ni celosías, sin padres ni hermanos —ni apenas maridos— que
«ejerzan», con las vigencias evaporadas y un «runrún» de
que van a quitar los mandamientos, como el que había oído
el gitano de *La rebelión de las masas;* después del teléfono
y el automóvil y el «motel», ¿es posible Don Juan?

No. Pero a pesar de ello, nos sigue interesando, nos
sentimos atraídos por su figura; y cuando las compañías
teatrales acceden a dárnoslo por los días de Difuntos, acudimos puntualmente a verlo. ¿Qué puede interesarnos hoy en
la figura de Don Juan?

Yo creo que lo que puede quedar, lo que pervive en
otras formas sociales, en otras estructuras de convivencia.
El ideal masculino, la figura del varón en cuanto tal, polarmente opuesto a la mujer, referido esencialmente a ella. La
versión a la mujer, esa operación que se llama la «conquista»,
que paradójicamente no puede conseguirse más que mediante el «rendimiento». La retórica, la creación de un lenguaje
amoroso *sin el cual el amor no existe* (y si el lenguaje no es
el nuestro, nuestro amor no es auténtico). Y, finalmente, el
peligro, el riesgo. Pero ¿no hemos dicho que hoy no hay
peligro para el amor? Claro que lo hay; lo que pasa es que
no es de puertas afuera, sino interno, intrínseco; es el
peligro *dentro del amor mismo.* En él, en todo caso, en cualquier época, el hombre se juega la vida. Se dirá que entonces también la mujer. Justamente: es lo que adivinó Zorrilla al crear la figura de Doña Inés de Ulloa.

* * *

Hay otro drama de Zorrilla que ejerce sobre mí una fuerte atracción: *Traidor, inconfeso y mártir.* Es cinco años posterior al *Tenorio:* se estrenó el 3 de marzo de 1849. Quizá la más perfecta de sus obras. Recuerdo haberlo comentado, en 1952, ante mis estudiantes de la Universidad de Harvard, deslumbrados por la belleza y el dramatismo de este drama. Es, como todos saben, la historia de Gabriel Espinosa, el Pastelero de Madrigal, que vivió y murió por tierras de Valladolid hacia 1594; de aquel hombre extraño, de quien decían que era el Rey Don Sebastián de Portugal, desaparecido en Alcazarquivir, causa de la incorporación de su reino a la corona de Felipe II. El pastelero, impostor o rey, fue ahorcado, porque a fines del siglo XVI no era esto cuestión de broma, como cuando ahora aparece, cada pocos años, una Gran Duquesa Anastasia de Rusia, escapada de la matanza de Yekaterimburg. Zorrilla creó un personaje espléndido, lleno de dignidad y de misterio, de sencillez y majestad, de grandeza y una inteligente y burlona modestia; que alterna la retórica con la insinuación y el *understatement:* un personaje complejo, ambiguo, biselado, intrigante, irónico.

Para mí, *Traidor, inconfeso y mártir* ha significado el momento de crisis del Romanticismo español, la pérdida de su *vigencia plena,* saturada, aunque todavía había de conservarla declinante, residual, un par de decenios. No se olvide que 1849 es la fecha de *La Gaviota,* de Fernán Caballero, la primera novela «realista» española.

Zorrilla era absolutamente romántico. Quiero decir que participaba de tal manera de los supuesto del mundo que encontró al entrar en la historia, que nunca pudo salir de ellos e ir más allá. Como buen romántico, fue muy precoz: se dio a conocer, se hizo famoso, a los veinte años, en 1837, al declamar su poesía en el entierro de Larra:

> «Ese vago clamor que rasga el viento
> es la voz funeral de una campana,
> vano remedio del postrer lamento
> de un cadáver sombrío y macilento
> que en sucio polvo dormirá mañana...»

En esta fecha, el *mundo* era plenamente romántico, y a esa forma se adscribió irreversiblemente Zorrilla. Su carrera de autor dramático es paralela a la de poeta lírico o narrativo, y fulgurante. El teatro romántico se había iniciado, recién muerto Fernando VII, con *La conjuración de Venecia,* de Martínez de la Rosa, en 1834. El primer gran éxito dramático de Zorrilla es *El Zapatero y el Rey,* de 1840. En 1849, no lo perdamos de vista, Zorrilla tenía treinta y dos años. Y después del estreno del *Traidor,* su obra mejor construida, más acabada —y así lo pensaba él mismo—, *se retira de la escena.* ¿Qué quiere decir esto?

Zorrilla, al final del capítulo XX de los *Recuerdos del tiempo viejo,* dice lacónicamente: «Desde la representación del *Traidor, inconfeso y mártir,* dejé de escribir para el teatro». Así, sin más, en plena juventud, hasta dentro del esquema romántico de las edades. Dijo alguna vez que su retirada de la escena se debía a que su mujer estaba celosa de que tuviese que tratar con actrices; no se sabe de ningún autor teatral que haya renunciado a serlo, en pleno éxito, por esta razón; pero además sabemos que a Zorrilla no le importaba demasiado su mujer: poco después se fue a Francia, y más adelante a México, y estuvo fuera de casa unos veinte años. Por si esto fuera poco, y aparte de la hermosa dama chilena de la que confiesa haberse sentido enamorado en París, al contar su salida de esta ciudad en noviembre de 1854, dice sencillamente: «El 28 por la noche me despedía en la estación del ferrocarril una mujer en cuyos brazos dormía un ser inocente nacido en el pecado, por quien debía yo vivir, trabajar y volver de América rico» [4].

No, tuvo que haber otras razones. Yo creo que el teatro tiene que ajustarse a las vigencias de una época, por la razón de que en él el juicio es colectivo e instantáneo, es decir, social y no propiamente individual. Si el lector de un libro no gusta de él, lo deja; si es particularmente violento y malhumorado, lo arroja al fuego, tal vez a la chimenea encendida; pero no pasa nada, esto no tiene consecuencias, y *el autor no se entera.* En cambio, cuando cae el telón, el público —retengamos la palabra—, previa una mínima consulta tácita cuyo proceso debería estudiarse, pronuncia un fallo inmediato y global, por encima de las disidencias. La obra teatral no puede apoyarse en el gusto personal o en el lento goteo de opiniones individuales favorables, o en la tolerancia. Tiene que ser *actual.*

El Romanticismo estaba pasando. Zorrilla, en el *Traidor,* pudo *ironizarlo* sin infidelidad, porque *el personaje es irónico;* con maravillosa intuición supo aprovechar esa posibilidad —Zorrilla tenía un olfato literario asombroso, que la crítica ha desdeñado torpemente—; pero esto no podía hacerse más veces; había que salir del Romanticismo, y Zorrilla estaba ligado a él de por vida, mucho más fielmente que a su mujer.

Esto no es mera especulación. Se me impuso esta convicción hace más de veinte años, como consecuencia de *leer* —y no solo analizar o papeletear— el *Traidor;* pero resulta

---

[4] *Recuerdos del tiempo viejo,* Segunda parte, «Tras el Pirineo», cap. IV.

que puede documentarse. El gran actor romántico era Carlos
Latorre, que estrenó el *Tenorio;* el *Traidor* fue estrenado por
el también gran actor Julián Romea, un hombre distinguidí-
simo, poeta él mismo, a quien podemos entrever en las primeras páginas de *La Corte de los Milagros* de Valle-Inclán.
Fue el que introdujo la «alta comedia», lo que después se
llamó la comedia realista. Era el teatro que venía, el teatro
postromántico. Zorrilla lo admiraba, pero no sentía por él
entusiasmo. Con increíble perspicacia cuenta en los *Recuerdos del tiempo viejo* la historia del estreno del *Traidor,*
que debería analizarse en detalle. Su fórmula es: «sí,
pero...». Los dos amigos, autor y actor, discuten; Zorrilla
teme que el éxito no sea grande, que Romea no sepa ser un
Gabriel Espinosa... romántico. «Tú crees —dice Zorrilla—
que la verdad de la naturaleza cabe seca, real y desnuda en
el campo del arte, más claro, en la escena: yo creo que en
la escena no cabe más que la verdad artística». «Tú eres
—agrega— el actor inimitable de la verdad de la naturaleza: que tú has creado la comedia de levita, que se ha
dado en llamar de costumbres: que puedes presentarte, y te
presentas a veces en escena, conforme te apeas del caballo
de vuelta del Prado... Tú eres Julián Romea y puedes serlo
en la comedia actual: pero el drama es un cuadro, un paisaje, cuyas veladuras, que son el tiempo y la distancia, se
entonan de una manera ideal y poética, en cuyo campo jura
y se tira a los ojos la verdad de la naturaleza, la realidad de
una personalidad: yo necesito un personaje para el papel de
mi rey D. Sebastián». Y concluye, con expresión clarividen-
te: «Eso, eso quiero; que representes, no que te presentes» [5].

---

[5] *Recuerdos del tiempo viejo,* cap. XX.

Que represente, no que te presentes: no cabe en menos palabras la diferencia entre el drama romántico y la comedia realista, entre la época que terminaba y la que iba a empezar. *Traidor, inconfeso y mártir,* drama *romántico irónico* —por exigencia intrínseca de su personaje y su argumento— fue el gozne en que se articularon las dos épocas, el punto de inflexión de dos etapas de la vida histórica.

Por si esto no bastara, Zorrilla da en otro lugar precisiones que confirman lo que acabo de decir. Habla de la instalación, poco tiempo después, de un Teatro Español, protegido y subvencionado por el Gobierno, con los mejores autores, actores y asesores; iban, dice, a «dar a conocer y a infiltrar en el pueblo de Madrid las obras maestras de nuestros buenos autores y el buen gusto literario, estragado por los excesos de los dramaturgos revolucionarios que le habíamos corrompido» [6]. Se trata, claro es, de la reacción antirromántica.

Zorrilla se da cuenta perfecta de ello con su habitual perspicacia. Vale la pena leer los párrafos en que cuenta lo que estaba pasando:

> «Asistí a una muy esmerada representación del *Sí de las niñas,* de Moratín; y por la gente que vi en la sala, por los actores que vi en el escenario y por lo que vi y oí en el saloncillo y en los cuartos de los actores, comprendí que aquel suntuoso edificio flaqueaba por sus cimientos, porque lo en él establecido llevaba en su seno el germen de la disolución. Tratábase sin rebozo de una reacción clásica, como hoy de una reacción carlista...
>
> Si las reacciones fueran lógicas, sensatas, imparciales y precavidas, lograrían siempre ser útiles, deseadas y bende-

---

[6] *Ibid,* cap. XXIX.

cidas; pero como vuelven sañudas y se levantan ciegas sobre
las envejecidas, pasadas y ya por sí mismas rendidas revoluciones, no se sirven, por no reconocerlo útil, de nada de
lo que crearon y germinaron las revoluciones; y por no
querer aceptar ni aprovechar nada de ellas, se convierten
a su vez en tan repulsivas y destructoras como inútiles
revolucionarias» [7].

Por estas razones veo en 1849 la fecha crítica del Romanticismo español, quizá su culminación literaria, el comienzo de su declinación, de su transición a otra época histórica. Zorrilla no podía hacerla, no podía instalarse en el
tiempo que veía venir, que no sentía como «el suyo». Es
significativo que titule sus memorias *Recuerdos del tiempo
viejo*.

¿Anquilosamiento, rigidez, falta de flexibilidad? Así
parece, y así lo he pensado mucho tiempo. Zorrilla es un
escritor elemental, primario, bueno para el pueblo, a quien
críticos e historiadores llevan casi un siglo desdeñando.
¿A quién se le ocurre escribir un libro en serio sobre Zorrilla? ¿A quién se le ocurre explicarlo con un poco de
rigor y releyéndolo? ¿Quién piensa en buscar en sus obras
muchas innovaciones que se atribuyen alegremente a poetas
posteriores de los dos lados del Atlántico? ¿Quién utiliza
a Zorrilla como introductor en la realidad española de los
estudiosos extranjeros?

Pero se puede pensar que Zorrilla tenía alguna razón
positiva para no embarcarse en la aventura postromántica.
Precisamente, que no era una *aventura;* que era una mera
reacción, un movimiento hacia atrás, una *inautenticidad.* «La
reacción clásica no pudo cuajar —dice—; el romanticismo
había echado de nuestra poesía popular a las divinidades

---
[7] *Ibid.*

mitológicas...». Entre la *época romántica* y la nuestra —la que comienza con la generación del 98— hay un período que no llega a ser una verdadera época histórica[8], una *fase de transición entre dos épocas*. No sería difícil descubrir elementos de inautenticidad en casi toda la literatura y la política de ese tiempo —a pesar de todos sus valores—, lo que llevó a los hombres del 98 a repudiarlas, con injusto exceso, a Ortega a llamar a la Restauración «un panorama de fantasmas». Zorrilla sintió el cambio como una invitación negativa, a *no ser él mismo*, más que *ser algo nuevo*. El término «reacción» viene una y otra vez a su pluma, y lo asocia inequívocamente con la reacción política.

¿No resultará a última hora que Zorrilla era incurablemente romántico porque era irremediablemente liberal, porque había hecho en su padre —es decir, en carne viva— la experiencia del reaccionarismo? Más aún que *Don Juan* frente al Comendador, ¿no sería el irónico Gabriel Espinosa, pastelero o rey, el hombre fiel a sí mismo, el símbolo del romanticismo maduro, ya de vuelta, que conoce sus límites? Hace muchos años dije que el temple profundo del liberalismo es el *entusiasmo escéptico* o, si se prefiere, la *melancolía entusiasta:* ¿no es ese justamente el temple del último drama de Zorrilla?

---

[8] Véase mi libro *La estructura social,* cap. II, ap. 9.

Viajes y entredichos de Moratín en Francia *

P. Ortiz Armengol

Cronológicamente, la vida de don Leandro Fernández de Moratín en Francia entre 1821 y 1828, fecha de su muerte, corresponde al momento inmediatamente anterior

---

* Este trabajo está escrito en París en 1966 y estaba destinado a formar parte de un libro acerca del vivir en Francia de varios escritores españoles. Pretendía —como otros trabajos anteriores— dar a conocer aspectos del escenario y de las vicisitudes de ciertos hombres a los que tocó en suerte vivir un exilio político en Francia, por causa de los dramas planteados al país, aproximadamente entre 1808 y 1834, y aportando a su conocimiento algunos datos procedentes de los papeles que conservan los Archivos Nacionales de París y que reflejan la vigilancia que la policía francesa de la época ejerció sobre tales inmigrados.

Una invitación a participar en la Semana Romántica de Valladolid de 1973, supuso el destape de esta botella moratiniana que estaba así. Nos pareció que no desencajaba la figura de Don Leandro en aquella, por ser un predecesor del Romanticismo y casi una plena antítesis de él. Sus características de «gracia, alegría, prudencia, amor, patetis-

a la expresión romántica, así que nos importa saber en qué
espacio vivió, y de qué modo, aquel delicado ser, antes de
producirse el gran trueno que haría de él Historia y no presente. Ciertamente su espacio era pequeño, en tono menor
—él es un dios menor— frecuentemente limitado por paredes amables que dan a un jardín, a una calle, o a un lugar
donde se producen con toda naturalidad la sociabilidad y
el diálogo; una habitación donde Moratín nos presenta a
unos personajes comedidos y como dice justamente Casalduero, «en esa sala encauza la vida». En todos sus escritos
vemos cómo así lo procuró hacer en Francia y cómo en su
exilio allí buscaba estar en esa sala cómoda.

Mas, es necesario señalar cómo no siempre fue así y en
qué manera en su vivir joven fue un ávido viajero y corre-
calles, por lo que hay que referirse, aunque sea brevemente,
a sus anteriores viajes a París en el año 1787, el del año
92, en plena revolución, el de 1818, ya gravemente herido
en su alma, durante los cuales fue un paseante y un espectador excepcional.

Moratín es un prerromántico muy atento a Francia, a
veces demasiado atento; precede de modo natural a aquellos románticos franceses tan atentos a España, a veces
demasiado atentos.

Y puesto que estamos en Valladolid, y en una Semana
Romántica, recordemos cómo Moratín vivió los últimos años
de su vida en el hogar de don Manuel Silvela, un vallisoletano serio y pedagogo —lo que pone en su marco un re-
fuerzo de clasicismo— y quizá contribuya ello a que sus

---

mo, naturalidad», que enumera en él el profesor Casalduero, son un
cuadro clínico, casi rigurosamente inverso, de las que presentan los
románticos que, por su parte, son dramáticos, tenebrosos, arriesgados,
apasionados, patéticos de otro modo, y afectados. Y todo contraste
es precioso.

últimas horas adquieran, según vemos en su correspondencia, un tono de grandeza; la finura y la gracia van siendo
sustituídas poco a poco por una aparición de la Muerte,
a la que se ve acercarse, como entrando poco a poco en
escena.

Es también Valladolid la ciudad a la que llega en 1840
Teófilo Gautier —uno de los protagonistas de la eclosión
romántica cuando se estrenó «Hernani»— y ¿qué ve aquí,
en esta ciudad que recorrió Espronceda en un patético episodio de su vida y en la que Zorrilla había nacido? Pues
ve Gautier una ciudad limpia, tranquila y elegante y así
lo dice y escribe; parece como si estuviera definiendo a
Moratín o a una ciudad moratiniana.

Y, en definitiva, ¿es clásica o es romántica Valladolid?
Su racionalismo de Corte ¿está desmentido por sus vínculos
con lo romántico? He aquí que si para nuestro gran clásico
fue éste un lugar de turbulencias y prisiones y un escenario
para oscuros dramatismos de hospital y de alcoba, para el
romántico francés pudo ser esta ciudad un escenario de
claridad y norma, confirmándose una vez más que en todo
organismo vivo y en todo proceso vital coexisten elementos
dispares. Y, por cierto, que no debemos olvidar que durante las breves horas en que estuvo aquí tuvo Gautier
ocasión de presenciar una representación de «Hernani» y
pudo registrar que el público de entonces percibía los prejuicios huguescos del texto de la obra, con lo que aquellos
vallisoletanos, clásicos o románticos, refrendaban su condición capitalina...

Volviendo a nuestro trabajo hemos de precisar que
responde a una pretensión de situar en su espacio, y en
su escenario, a Moratín y a quienes le rodearon en sus años
finales. Pero nos limitamos a un intento de haber hallado las

casas y lugares que vivió, con alguna leve anécdota de su
vida, con matices políticos, que creemos hasta ahora no
publicados. Y todos estos viajes y entredichos de Moratín,
como van acompañados de retratos de amigos y compañeros
de exilio, son como una comedia con gracia y alegría en la
superficie y con drama oculto por debajo; en suma, un
patetismo sepultado bajo un deseo de llevar una vida limpia, tranquila y elegante.

La publicación en 1973 de la magnífica edición co-
mentada de la correspondencia de Moratín, trabajo realizado
por el hispanista francés Sr. René Andioc, merece el agradecimiento de todos los amigos de don Leandro, a quienes
nunca nos pareció bastante el mundo moratiniano que
mostraba la edición de Hartzenbusch de 1867. Ya en 1963
Andioc había publicado en la «Revue de Littérature Com-
parée», en su número de Abril-Junio, los papeles de la
policía francesa sobre Moratín cuando fue «Hôte de la
France», precedencia que nos es grato señalar. Pero ahora,
con la publicación del epistolario comentado de Moratín,
la investigación de Andioc ha ampliado extraordinariamente
el telón de fondo en el que se mueve nuestro personaje.

PRIMER VIAJE A PARÍS EN 1787.

El Conde de Cabarrús, en un viaje que le lleva a París
a comienzos de ese año, y que se presenta como una «misión importante» que le ha confiado don Gaspar de Jovellanos, ha pedido a éste le designe «un joven de talento»
como secretario.

Jovellanos ha elegido a un madrileño de veintiséis
años, ávido de viajes y de idiomas, curioso de papeles y

apto en poemas y dibujos, vástago de una familia relacionada desde hacía varias generaciones con las joyas y las joyerías reales.

El Conde financiero y el secretario deslumbrado van por Barcelona, Montpeller, Marsella, Aviñón hasta París y cuando llegan a Lutecia son ya como viejos amigos. Cabarrús era de Bayona y —como tantos otros hijos de comerciantes de esta ciudad— había hecho con él su padre lo que ya desde hacía siglos era tradición bayonesa: enviar a los jóvenes al Sur del Pirineo para que se curtieran en los negocios y trajeran algún dinero.

El aprendizaje de Cabarrús tuvo lugar en la casa de comercio valenciana de Galabert; el de Bayona casó con María Antonia, hija del patrón, y el matrimonio se estableció en Madrid, donde la preparación y el talento de Cabarrús le llevaron a las más altas esferas financieras. Propuso la creación del Banco de San Carlos y fue su primer director. Tuvo una conserjería cerca del Rey Don Carlos III y hacia 1785 los Cabarrús estaban con un pie en París, dispuestos también a su conquista. La señora y la hija del matrimonio se instalaron en el Hotel del Consejero Boisgeloup, en la isla de San Luis que escolta a Nôtre Dame; el padre va y viene entre las dos Cortes y la familia entera, con fiestas y política, comienza a buen paso la conquista de Versalles.

Este viaje de 1787 del Conde y de nuestro Moratín tiene carácter oficial porque parece ser que Cabarrús llevaba el propósito de proponer en Versalles determinadas fórmulas financieras para mejorar la situación «y evitar la Revolución que amenazaba», ideas que no fueron atendidas. Mas el viaje tenía también aspectos privados ya que Teresita Cabarrús Galabert, entonces de trece años de edad, estaba muy asediada por galanes y había que pensar ya en los candidatos más convenientes.

Viajando al lado de quien era Consejero de dos Reyes, el joven Moratín se empina y prodiga consejos a los que dejó atrás, en epístolas muy jugosas. A Juan Pablo Forner, —el tremendo aragonés que promovía una cuestión personal en cada página que publicaba—, le aconsejó no escribiera esa «Historia de España» que proyectaba hacer para uso de las escuelas: «Créeme, Juan, la edad en que vivimos nos es muy poco favorable: si vamos con la corriente y hablamos el lenguaje de los clérigos nos burlan los extranjeros y aún dentro de casa hallaremos quien nos tenga por tontos y si tratamos de disipar errores funestos y enseñar al que no sabe, la santa y general Inquisición nos aplicará los remedios que acostumbra». No vale la pena trabajar y arriesgarse cuando nadie lo va a agradecer y cuando no logrará sino enfrentarse «con cuantos viven de imposturas y el Gobierno le dejará abandonado en manos de ignorante canalla». Eso dice, un tanto cínicamente, un Leandro eufórico desde la posada de Montpeller a su amigo dejado en la Corte.

Cartas a Ceán Bermúdez y a su protector Jovellanos con las emociones del viaje. Entre ellas no sería la menor la experiencia, turbadora para un español, de entrar en una sinagoga y —rodeado de «judíos y judías y judigüelos»— presenciar una ceremonia cívico-religiosa. Don Leandro tenía ante sí, de golpe y en libertad de movimientos, unos gestos milenarios que no eran posibles en España desde hacía varios siglos.

Al fin, París; alcanzaba Leandro la ciudad que sería su primera tumba. El Embajador Aranda tenía su residencia en el Hotel de Curlandia, en la Plaza de Luis XV, hotel que ya se conocía también con el nombre de «des Ambassadeurs» pero aún no como Hotel Crillon, que es el que lleva hoy ahí en la Plaza de la Concordia. En ese edificio le rendirían visita al viejo Conde aragonés tanto al Conde Cabarrús como el secretario.

No sabemos si éste se alojó en algún aposento del Hotel de Boisgeloup, cosa probable si Cabarrús necesitaba tener siempre a mano al joven. De ser así estaría bajo el mismo techo que aquella Teresita nacida en la quinta de Carabanchel y ya caprichosa e implacable como mujer. Moratín nada nos dirá de ella, quizá afectado por su lejanía de hombre de estudio, y de edad madura en comparación con la de la damisela.

Con Aranda quedaría amigo Moratín y lo prueban las visitas y paseos que con él hiciera en Aranjuez en abril de 1792, y que constan en el diario cifrado del joven.

Secretario de la Embajada era don Domingo de Iriarte, hermano del fabulista don Tomás. El es quien entrega a los viajeros las cartas llegadas para ellos desde España y una de ellas es de Llaguno, compañero de Moratín en el escritorio y preparador por entonces de una nueva edición de la *Poética* de Luzán; la primera carta que conocemos de Leandro desde París es a este Llaguno felicitándole por su trabajo sobre un texto doctrinal del neoclasicismo como era la obra de Luzán. Sumergido en la Literatura desde el primer momento, el culto Moratín olvida un recuerdo que hubiera sido oportuno: que Luzán había escrito su *Poética* en París, siendo Secretario de Embajada en funciones que tenían algún parecido con las del propio Moratín en ese momento. Unía a ambos el representar la norma neoclásica y el «buen gusto» puesto en orden; ambos habían tenido una fecunda relación anterior con el mundo italiano y eran

«neoclásicos» por temperamento aún antes de llegar a París
y beber la doctrina. Mas nada de eso sale de la pluma de
Leandro cuando escribe a Llaguno sobre la *Poética* pues
resulta que algo más importante tiene que decirle: que ha
visitado al gran Goldoni.

Por un escritor contemporáneo sabemos que un don
Vicente Goldoni era diamantista en Madrid. Es probable
que algún parentesco tuviera con el escritor veneciano y es
más que probable que hubiera una relación profesional con
los Fernández de Moratín orfebres.

El caso es que el 28 de abril Leandro se ha citado con
un amigo italiano en el bulevard, junto a la calle de Richelieu, y con su presentador se ha llegado hasta el amable
anciano que por entonces vivía malamente en París su destierro. Escribió el visitante sobre el escritor Goldoni: «Me
habló de la ingrata Patria, que le obligaba a vivir ausente
de ella, atenido a una pensión que le da esta Corte; y al
recordarlo se le bañaron los ojos de lágrimas. Yo le acom-
pañé también, porque en efecto, es cosa cruel que el mérito
de hombres tan extraordinarios, honor de su nación y de
su siglo, se desconozca y se desprecie con tal extremo, que
la soberbia República de Venecia permita que Goldoni viva
a merced de un Gobierno extranjero, y que otra nación haya
de dar sepulcro a un hijo suyo, que tanto ha contribuído a
su ilustración, a sus placeres y a su gloria».

Lacrimosa entrevista, pues, de la que no hay referencia en las Memorias del italiano porque éste acaba de cerrar
las suyas y las estaba ya imprimiendo en la imprenta de la
Viuda Duchesne, Rue Saint Jacques, donde aparecerían en
agosto de ese mismo año. Por esta causa, por una diferencia de pocos meses, hemos perdido quizá una impresión de
Goldoni sobre aquel joven español que le visitó en dife-

rentes ocasiones en la primavera del año 87. Nadie podía preveer entonces que Moratín también había de morir en París en un amargo destierro.

De momento vive plenamente: «Yo me divierto en esta inmensa ciudad, y me apresuro a ver todo cuanto puedo, porque la habré de dejar mucho antes de lo que quisiera». Además de dar consejos a Forner —recomendándole deje inútiles guerras literarias, papelillos y epigramas sólo buenos «para los haraganes de la Puerta del Sol», instándole a que se dedique a Juvenal, Horario y Plauto— acude continuamente al Teatro. ¡Qué entusiasmo el suyo sobre las magníficas representaciones que veía en París! «Si todo no es perfecto, le falta muy poco» exclama en una carta a Forner. Gran diferencia entre este viajero y aquel don Antonio Ponz —seco, aunque útil dómine inventariador— que escribió también sobre París no más de cuatro años antes pero del cual le separan varias generaciones en cuanto a sensibilidad.

Vive con su íntimo amigo Juan Antonio Melón —que está en París de pasaje a Londres— y años después Juan Antonio escribirá refiriéndose a esos días: «Vivimos los dos juntos, aunque en cuartos separados, en la Rue Vivienne, Hotel de la Cour de France, que hoy se llama des Etrangers: noche hubo que me tuvo hasta las tres de la mañana sentado sobre su cama y sin dejar de reir con los graciosos despropósitos que le ocurrían».

Detrás de la Biblioteca Nacional, esa Rue Vivienne hoy tan en decadencia era entonces un centro de viajeros y de compradores. Fondas y pensiones, almacenes de telas y de novedades hacían de ella una de las más animadas de París. Meca de compradoras durante muchas décadas, hay que decir que también el barrio estaba muy frecuentado por los españoles de la emigración romántica que vivieron muy frecuentemente en las inmediaciones de la Biblioteca principal de Francia.

Aún existen muchas casas viejas de la Rue Vivienne, ya sucias y leprosas por estar al aire desde el siglo XVII. El hotel donde Moratín y Melón discutían juvenilmente en 1787 ya no existe; las primeras casas de la acera izquierda eran seis de pequeño tamaño que hiciera construir Colbert cuando compró ese terreno hacia 1661-1669. El Hotel de la Cour de France era el número 3 de la calle. Escribe Hillairet: «Ces inmeubles disparurent progressivement jusqu'en 1880 et leur emplacement a été occupé par l'extension de la Bibliothèque Nationale».

Todavía en 1880, según una Guía para españoles publicada en dicho año, existía ese Hotel des Etrangers en la Rue Vivienne.

No vamos a seguir a Moratín en su fecunda experiencia parisina, tan pormenorizada en sus cartas; en el verano ha de partir hacia el Sur con Cabarrús. Parece que la misión de éste no había producido el resultado que se había propuesto, según escribiría el primer biógrafo de don Leandro. El Conde y el secretario marcharon a Toulouse y ahí quedó el segundo un tiempo, decantando sus impresiones y recuerdos de su medio año en Lutecia.

¿Qué hay, por cierto, de política en este viaje de 1787? Apenas nada en la óptica del joven; a su protector Jovellanos le escribe desde Narbona el 28 de agosto, refiriéndose a Cabarrús: «Su amigo de usted está bueno y alegre y, como siempre, amabilísimo: creo que le escribe por este correo y le hablará de noticias políticas. Yo nada entiendo de ésto: pero le aseguro a Usted que cuando salimos de

París me parece que estaba aquello a punto de dar un estallido».

SEGUNDO VIAJE: TESTIGO DEL TERROR EN 1792.

Unos años más tarde don Leandro volvió a Lutecia; es ya celebrado autor y un protegido del favorito Godoy. Tan protegido que este joven de lenguas y teatros se ha visto favorecido con unos beneficios eclesiásticos procedentes de la Iglesia Parroquial del cordobés pueblo de Montoro y de otros procedentes del obispado de Oviedo, ingresos merced a los cuales llevaría «una subsistencia desahogada». Con esa holgura —moralmente tan discutible— y con treinta mil reales que le había dado Godoy por añadidura, partió Moratín nuevamente hacia París el 6 de mayo de 1792. Su íntimo amigo Silvela escribiría, cuarenta años más tarde, que hacía eso para alejarse de un Poder que actuaba con tanta audacia y arbitrio y cuya estruendosa caída era ya previsible. Sea o no así don Leandro fue a la capital francesa para, según sus palabras, «fijarse» allí. Y escribió a Forner que «tus nervios y los míos no son para resistir esta Numidia...» El caso es que Forner quedó en Sevilla —Numidia hispalense— pero Moratín se alarga hasta París con dinero procedente del concienzudo esquilmo de esa «Numidia» por la que muestra distancias, pero de la que está viviendo con «una subsistencia desahogada».

En el París de 1792 —Numidia luteciense— don Leandro llevará un diario en clave donde cuenta, como espectador, episodios de la Revolución. Pese a lo esquemático del diario, y a su oscuridad deliberada, nos hallamos ante un documento excepcional.

La voluntad moratiniana de alejarse deliberadamente de la política —zona de violencia y de grito— produjo este testimonio sobre aquel fenomenal suceso cuya inminencia ya había señalado en su anterior viaje y del que huye, pues no tiene ganas de servir a nada con riesgo.

El viaje de 1792 había sido emprendido en compañía de un amigo francés. En ese mes de mayo está ya funcionando la guillotina en la plaza de la Grève pero, a pesar de ello, el 17 de ese mes emprenden la etapa final hacia el Garona y el Sena. En Burdeos se detienen unas cuantas semanas. Nuevas dudas sobre la oportunidad de **seguir** viaje; la Revolución está ya en la Gironda y un día ven en la vía pública un cortejo llevando las cabezas cortadas de dos hombres. Quedó pasmado Moratín en la Numidia garonense. Con todo, una necesidad perentoria —o una curiosidad más fuerte que el miedo o el asco—, los empujó hasta París el 20 de julio. Llegaron cinco días más tarde, lo que indica claramente nuevas detenciones y titubeos y no vamos a seguirle día a día en su interesantísimo diario a través de calles, plazas y bulevares. Muchas veces acude al suceso, como cuando visita el Palacio de las Tullerías el 11 de agosto, al día siguiente del histórico asalto efectuado por el pueblo, y otras veces está junto al suceso sin percibirlo claramente, como ese 26 de julio en el que ha acudido a la Plaza de la Bastilla y no se ha enterado de todo lo que allí está ocurriendo.

Alternando visitas con espectáculos macabros que involuntariamente ha de presenciar, don Leandro permanece en el París revolucionario apenas un mes; el 23 de agosto sale para Inglaterra donde llegó asustado y desde donde escribe: «Las cosas de París van mal». En días tan agitados y turbulentos como los últimamente vividos ni despachó los encargos que llevaba de amigos madrileños. Permaneció viajando por la Gran Bretaña, Bélgica, Alemania, Suiza e Italia durante los cuatro siguientes en un fecundo viaje con el que parece que se despide en sazón nuestro siglo XVIII.

DE JOSEFINO.

Varios años después, en 1808, tendría otra vez Moratín ocasión de empavorecerse. El protegido de Godoy ha de oír en su oído interno los gritos del motín de Aranjuez que depone al favorito. Unos días después una multitud popular se arremolinó ante la casa del escritor en la madrileña calle de Fuencarral, pidiendo la cabeza de nuestro tierno hombre. Moratín la oye, percibe la voz de las harpías y escapa por la trasera; a partir de este momento comenzará su vida de huído y de derrotado. Pavura pocos días después durante el 2 de mayo, pavura en todo el verano del año ocho después de Bailén, pavura en los desiertos de Bolarque —Numidia alcarrense— a los que ha de huir. Miedo invencible cuando acepta la nómina del invasor, a quien creía invulnerable. Pavura en sus dos huídas en medio del ejército enemigo en retirada. Se había embarcado en el sueño napoleónico, que era el sueño del orden, y había aceptado equivocadamente cargos de José Bonaparte, moviéndose en los círculos flor y nata de los josefinos. Aquellos Ceán Bermúdez, Melón, y el arabista Conde, sus amigos, serán los hombres de José I en Asuntos Eclesiásticos, en las Finanzas del Consejo de Estado y en Gobernación. Un Marchena y un Gómez Hermosilla, futuros compañeros de exilio, estaban con José en peores misiones de renegados colaboracionistas.

Moratín no fue más que Bibliotecario Mayor de Palacio. Su deseo de orden y de paz se combinaba en él con su encanto personal y un gran sentido de la amistad. En la hora fatal de la huída halló lugar junto a unos amigos con los que se retira a Valencia. ¿Sería otra vez París la meta deseada? Esta vez no: Don Leandro, cansado de huir, decide en Peñíscola regresar a Valencia para hacer frente a sus responsabilidades morales y políticas.

Unos días de cárcel, persecuciones, molestias, ofensas y un destierro a Barcelona. Tras la catástrofe de aquella guerra que dejó en la miseria a nuestro país, y lo mostró desnudo y descalzo ante Europa durante las décadas siguientes, no era mucho que un alto cargo del aparato invasor sufriera molestias y un destierro a ciento una leguas de Madrid, haciéndolo posible en Barcelona. Sanción lamentable, que jamás perdonó Moratín, pero que a ciento cincuenta años de distancia nos parece relativamente generosa. En Barcelona el desterrado asistía al teatro, estrenaba allí su traducción de «El Médico a palos» y en 1815 fue finalmente «purificado» y confirmado en una pena de destierro a no menos de cien leguas y media de Madrid. A partir de ese momento odió a la capital, con invencible resentimiento hacia ella. Mortalmente ofendido por la sanción, y al ver que los pronunciamientos militares y paisanos, y la violencia defensiva de los fernandinos contribuía a enconar la lucha política, un Moratín asustado pidió pasaporte a mediados de 1817 para irse a Francia. La vida política estaba erizada, nuestro hombre creía percibir resurrecciones inquisitoriales, oye las voces enemigas y envidiosas, y se alarga otra vez. «Mi virtud dominante es el miedo», escribiría algo después.

Ya en el Sur francés su amigo Melón —que está en París huído— le invita a ir allá. Respuesta: «Si alguna vez

fuese, no sería para estar en París sino para disfrutar de
París». Perdidas las canongías regaladas por Godoy no tiene más dinero que la escasa renta que le proporcionan unos
rebaños de ovejas castellanas. No sería mucho lo que diese
el esquilmo o esquileo de este pobre «pecus» de Pastrana.
«Pero este peculio, que es bastante para vivir con cierta
holgura en Montpeller o en Florencia (que es la ciudad que
yo veo en el mapa más inmediata a ésta) no lo es para echar
piernas en París, y gozar de las diversiones que abundan
dentro de esa gran jaula. Pensar que yo había de ir allá y
contentarme con estar metido en un cuarto, contemplándote
todo el día, y atizando la chimenea, exclamando con el
poeta:

> «Salud, lúgubres días, horrorosos
> Aquilones, salud...»

es pensar en lo excusado. Añádeme otro tanto a la rentilla
que ahora tengo, haz que el termómetro no baje de tres
grados sobre cero en lo más riguroso del invierno (como sucede en Barcelona) y quítale al turbio Sena las húmedas
nieblas en que envuelve la rugosa frente: y entonces seré
contigo, y no haré caso de las cien postas que nos dividen».

Por estas razones quedó en Montpeller el invierno del
17 al 18, bien instalado, bien comido, con libros y teatro y,
si no feliz del todo, tampoco muy desdichado. «Llegará la
primavera: y si no hemos pasado a mejor vida, hablaremos
sobre esto de viajes como más convenga a las circunstancias». Melón insistiría y, por estar con su íntimo amigo a
quien le unen tantos años de estrecha amistad y de horas
juntas, parece dispuesto Melón a dejar París e irse a Montpeller con la sobrina Luisa Gómez que con él vive. Moratín

le ha disuadido de ello en noviembre del año 17: «Di a la
Luisa que después de tantos meses en París ni ella ni tú
viviríais contentos en Montpeller. No es ésto para quien
está acostumbrado a otra cosa».

En el invierno de la ciudad languedocina le brilla a
don Leandro, pese a las brumas del Sena, París como unos
espejuelos. El 11 de enero del año 18 escribe a Melón una
carta que es un soliloquio, al final de la cual le anuncia
estará en Lutecia a principios de mayo, para quedarse definitivamente. «Cuando llegue diciembre serán los apuros,
pero si tengo a quien querer y con quien hablar, me sobra
cuajo para estarme dos meses enteros encerrado en casa, sin
sacar las narices de ella: y mucho será que con esta pre-
caución todavía me hiele». El hombre de cincuenta y ocho
años ya acepta París desde la habitación con chimenea y
sillón, con tal de estar rodeado de amigos y de libros. Lleva,
además, «proyectos tipográficos».

El proyecto sigue brillando porque decide adelantar
la partida; ya no será en mayo sino después de San José y
acaba por salir hacia el norte el día 13 de marzo. Irá directamente a casa de Melón: calle de Richelieu, número 98.
«Puedes ver entre tanto si encuentras algún alojamiento que
pueda convenirme por el pronto, y después veremos lo que
haya de hacerse».

Esta dirección urbana nos indica que Melón vivía otra
vez muy cerca de la Biblioteca Nacional, unos números más
arriba de la misma calle. Era en las inmediaciones de las de
Feydeau y de Saint Marc, muy cerca del lugar donde en la
actualidad está el diario «L'Aurore». Hacia los actuales números ochenta y noventa, todavía existen hoy casas antiguas
que pudieran muy bien ser el hogar del Melón y de su sobrina en aquella calenda.

Juan Antonio, su amigo de juventud y de luchas teatrales, no 'ha de esperar en casa la llegada de don Leandro del alma, sino que, naturalmente, le fue a esperar con «la» Luisa al patio de las cercanas «Messageries Royales», tan próximas al hogar, ahí mismo en la calle de Nôtre Dame des Victoires. (En 1787 fue Moratín quien recibió a Melón llegado en el coche de Burdeos; ahora se invertía la hospitalidad treinta y un años más tarde). Juan Antonio escribiría más adelante que esperaba ver llegar un Moratín flaco y pálido, como siempre fuera, pero que quien bajó del carruaje era un sujeto «gordo y colorado», sucio de rodar tres días y tres noches sin parar desde el «relais» de Lyon. En el hogar le esperaba un fuerte chocolate, con abundantes vasos de agua, como era costumbre en el escritor. Le habían previsto cuarenta horas de sueño reparador.

1818. Exiliado, con Luisa y Juan Antonio Melón.

¡París a la tercera! Ha transcurrido un cuarto de siglo desde el viaje anterior y quien había venido antes para correr Cortes protegido con munificencia por el Poder, era hoy un emigrado voluntario que se acogía a la bondad de un fiel amigo, emigrado por necesidad. Mas si don Leandro hubiera tenido poder para que su mirada atravesase los muros que le separaban de la calle de la Michodière, solamente unos pasos más allá, habría podido ver a otro aún más caído que él pues en una casa más bien modesta de esta calle esperaba la muerte el emigrado Godoy.

Escribiría Melón más adelante sobre la acogida que hiciera a don Leandro: «Me lo llevé a mi casa, en la calle de Richelieu número 98, y me obligó a que nos mudásemos, con mucho disgusto de nuestro amigo don Dámaso de la Torre, que vivía pared en medio de nuestro cuarto».

Este don Dámaso Gutiérrez de la Torre no era desconocido para Moratín ni para otros muchos españoles. Con Carlos IV había sido un alto empleado en Gracia y Justicia hasta que el Conde de Aranda se lo llevó a la Secretaría de Estado para confiarle un papel en las negociaciones tenidas con Francia en 1793. Al final del reinado de Carlos IV Gutiérrez de la Torre ocupaba un alto puesto palatino, mas se alistó con los enemigos de Godoy y, en esa lucha, cuando atacaban al favorito, atacaban también a Moratín. Don Dámaso había sido enemigo a don Leandro en Madrid; cuando en lejanos días éste hizo saber que se disponía a escribir una comedia basada en el asunto de una antigua zarzuela titulada «El Barón», los antimoratinianos, entre los que figuraba destacadamente Gutiérrez de la Torre, hicieron que un tal don Antonio de Mendoza se adelantara escribiendo otra comedia sobre el mismo asunto para estropear a Moratín su proyecto. La obra de Mendoza se tituló «La Lugareña Orgullosa» y en su estreno no alcanzó éxito, lo que anotó cuidadosamente Moratín en su diario el 8 de enero de 1803 después de asistir a él. Por esos mismos días tenían lugar en las casas de la actriz Mariquita Ribera y otras figurantas del reparto los febriles ensayos de «El Barón» de Moratín; el estreno es el 28 de enero en el Teatro de la Cruz y el diario moratiniano registra el alboroto y el miedo del autor. Repite su presencia al día siguiente y anota entonces: «Placuit». La obra parecía salvarse pese a los «reventadores» y a los partidismos de los enemigos de Godoy y de su protegido Moratín. Godoy desterró en 1805 a Gutiérrez de la Torre y no regresó a la Corte sino después de la caída del favorito. Desde el 2 de mayo no salió Gutiérrez de su casa y, no embarcándose en el equipo de los enemigos de Godoy que se agruparon alrededor del príncipe Fernando, acabó apoyándose en el invasor. Seguramente sus anteriores contactos diplomáticos con los franceses o la conciencia del poder militar del enemigo —es decir, la vanidad o el miedo—, le comprometieron en la «machine enfernale» del josefinismo. Por distintos caminos Moratín estaba ya atrapado por la misma máquina. Don Dámaso fue nombrado Corregidor de Madrid en agosto de 1809. «Creí que debía admitir el empleo de Corregidor prescindiendo de mi opinión particular», escribiría en 1816 en un folleto en el momento de las palinodias. Con toda probabilidad el Corregidor de la Villa y Corte y el Bibliotecario Mayor de José I, hasta hacía poco enemigos, habrían tenido muchas ocasiones de haberse visto en los pasillos y antesalas de la monarquía bonapartista e incluso de reconciliarse en el seno de ella.

La reciente publicación de la correspondencia de Moratín por Andioc nos confirma, efectivamente, una relación anterior de nuestro escritor con don Dámaso. En diciembre de 1809 Moratín pidió al señor Corregidor un cupo de agua para llevarla a su casa de Madrid, en la calle de San Juan Bautista. No fue contestado el solicitante y renovó su petición en abril del año siguiente mediante un escrito en el que se mantenía un tono meramente administrativo. Tampoco debió de recibir respuesta porque el 3 de julio de 1811 Moratín vuelve a dirigirse al señor Corregidor pero añadiendo un «mi dueño y Señor» y mencionando de paso al profeta Elías y añadiendo bromas que indican o una familiaridad con Gutiérrez de la Torre o un mal humor disimulado. En efecto, renovando la petición para obtener

aquella conducción de agua hasta su casa, añade Moratín
lo siguiente: «me han dicho los inteligentes que si quiere
hacerlo mi madre la Villa no habrá ninguna dificultad, en
atención a que el viage de donde pretendo tomar el agua
es muy abundante» y queda a las órdenes de don Dámaso
«con fina voluntad».

El Ayuntamiento no concedió ese «quartillo» a censo,
pues quería vender el agua a metálico, y además resultaba
que, como siempre, este líquido elemento no era muy abundante. Por ello contestó que tomaba nota de la solicitud de
quien tenía «distinguidas calidades que le adornan y reconoce con aprecio la Municipalidad». Así que un problema
administrativo sobre aguas, del que sin duda Moratín tenía
que acordarse, no era un factor que años después contribu-
yera favorablemente en la relación humana de los dos emigrados. Aunque conviene decir que parece anudarse una
amistad en el exilio francés, pues son muy numerosas las
referencias de don Dámaso, y a sus familiares, en la pluma
de Moratín quien, hacia 1820, llamaba a Gutiérrez de la
Torre, jocosamente, el señor «Prunier», en virtud de un
juego de palabras que hacía con su nombre.

Don Dámaso vivió una anécdota muy conocida, por
haberla divulgado en sus Memorias don Ramón de Mesonero Romanos: un día el Corregidor hubo de presentar al
rey José a sus dos hijos vestidos con el uniforme de «cívi-
cos», el odiado uniforme de los «jurados». Bonaparte acogió cariñoso a los dos pequeños, que no tenían respectivamente más de siete y cinco años, y en su español chapu-
rreado les preguntó para qué llevaban «qüesta spada». Carlos, del mocete de cinco, contestó infantilmente, engallán-
dose: «Para matar franceses». Consternación del Corregidor
y «rire jaune» de José y de sus cortesanos. Situación em-

peorada por don Dámaso cuando, al tratar de arreglar lo irremediable, dijo poco más o menos: «Señor, no haga caso Vuestra Magestad, los niños repiten lo que oyen por ahí...». La anécdota apareció en los periódicos españoles de Cádiz y se reprodujo en los de Inglaterra y Portugal. Sería curioso comparar los textos de las diferentes versiones pues muchos matices caben en la explicación de tan inocente episodio. Por de pronto es curioso que en su folleto de 1816 —en el que don Dámaso trata de explicar su conducta política durante la invasión francesa— relate la anécdota con la delicadeza —un poco ingenua— de no decir que la infantil insolencia fue dicha al mismísimo José I. En su versión, don Dámaso refiere solamente que fue dicha a «un personaje francés», que se rió mucho, así como quienes le rodeaban. La versión más jugosa es seguramente la de Mesonero Romanos, pues se la había contado al propio don Ramón el mismo protagonista, Carlos Gutiérrez de la Torre, amigo personal suyo años más tarde.

También merece Don Dámaso que nos detengamos en su vida; José I le nombró después Prefecto en Guadalajara y, como era habitual, escribiría después en el folleto exculpatorio de 1816 que no hizo sino favorecer a sus compatriotas en el ejercicio de aquel cargo. En el caso de don Dámaso es probable que fuera así pues cuando al final de la guerra hubo de capitular ante El Empecinado, este caballero no sólo no le trató mal sino que le sentó a su mesa y le dejó irse libremente al Madrid recién libertado. Pero en la Corte el ex-Prefecto de Guadalajara recibió un trato muy distinto; el Gobernador de la capital, el General don Carlos de España, el futuro Conde del mismo nombre (don Carlos «Espignac», escribe don Dámaso en su folleto) le citó ante su presencia para comunicarle que había de constituirse prisionero en el plazo de una hora para salir de Madrid camino del destierro en un convoy que les dejaría fuera del país... (Parecida escena sufriría Moratín en Valencia por entonces en similar circunstancia ante el espadón Elío, «Coletilla»). Don Dámaso, en la más completa ruina moral y material, salió así para el exilio en Inglaterra. Muy duro le resultó éste cuando en 1815, recién vencido Napoleón, fue a París, entre aquellos de quienes había sido víctima por su colaboracionismo, y cuando en Francia reinaban los Borbones restaurados. No hay que olvidar que Gutiérrez de la Torre había sido el desafortunado Corregidor que, en la ciudad del oso y el madroño, había ordenado tapar y borrar las lises de los escudos en todos los lugares públicos y privados para sustituirlas por las abejitas napoleónicas.

En su folleto explicativo escribiría Gutiérrez ser en 1816 uno de los pocos emigrados españoles que no percibían socorros del Estado francés. Alegaban que su hijo mayor estuvo luchando contra los franceses y que él mismo, pese a su aparente adhesión a los invasores, había comprometido su fortuna en la causa patriota haciendo entregas de dinero al Conde de Fernán Núñez para levantar tropas. Su gestión como Corregidor, con sus diecinueve Regidores participantes, había sido útil a la población de Madrid. Por todo ello sería de justicia que ahora que la guerra había terminado la Junta de Secuestros española le levantara la ocupación de sus bienes.

No sabemos si tuvo algún efecto favorable sobre don Dámaso el Decreto de Fernando VII de 28 de junio de 1816 que disponía se acelerase la resolución de las causas de afrancesados así como la asignación de alimentos en España a las familias de los huídos y confiscados. No hubo la amnistía que se esperaba en 1817 pero sí otro Decreto de 15 de febrero de 1818 en el que el Gobierno —aún quejándose de que no todos los exiliados josefinos habían acudido a España para justificar sus conductas—, establecía algunas medidas de desembargo de bienes y señalaba un régimen benigno para los emigrados y para sus familias.

Consignamos todo ello porque sin duda eran temas centrales en las conversaciones que tenían lugar en el número 98 de la calle de Richelieu, aunque Moratín no era por entonces un exilado en un sentido estricto.

Al margen de discusiones de secuestros y de amarguras políticas de todas clases otras cuestiones ocupaban también los forzados ocios de aquellos ancianos: Moratín hizo que Melón y Luisa abandonasen aquella morada. ¿Incomodidades del aposento? ¿Nuevas desavenencias con don Dámaso, el antiguo enemigo? ¿Simple deseo de vivir con más comodidades? El caso es que Melón, con el viejo y la sobrina, se trasladan a otro cuarto en la cercana calle de Saint Pierre.

Actualmente esta calle lleva el nombre de Paul Lelong y se conserva bien sabrosa, con sus casas húmedas y sucias que patentizan su vejez. La número 15, 2.º piso es la que habitaron nuestros tres personajes, una de la acera de los impares; solamente en ese lado había en la época jardines medianeros con la inmediata Rue du Mail, y a uno de estos jardines veremos que se referirá don Leandro. Como que esto probablemente sería una razón más para la mudanza. Si examinamos el plano de Maire, de 1808, veremos que las casas de la acera de los pares estaban, a su vez, contiguas a las cocheras de las «Messageries Royales», el gran centro de partida y llegada de las diligencias de la calle de Nuestra Señora de las Victorias. ¿Cómo era la morada en su interior? Tenemos una deliciosa descripción en una carta de don Leandro a su eterna novia Paquita Muñoz, aquella que, cansada de su permanente espera, acababa de casarse con otro. La descripción dice así, según el escrito a la Muñoz de 14 de mayo de 1818:

> «La nueva casa es en el centro de París, en una calle-juela estrecha: su distribución es como se expresa en el plano adjunto: por un lado tiene vistas a la calle, por otro a un hermoso jardín. Alta de techos, espaciosa, clara, las paredes aforradas de papel: en mi salón hay cuatro grandes espejos y una chimenea de mármol, con dos grandes arma-rios a los lados, metidos en la pared, y con sus puertas de color de porcelana, donde he colocado holgadamente once cajones de libros: el piso del gran salón es de madera, tiene 22 pies de largo y 18 de ancho. Hay ocho ventanas que dan mucha claridad a la habitación».

Y sigue explicando como son la cocina, el fregadero y hasta el retrete a la inglesa y todas sus modernidades, para la descripción del cual emplea nada menos que setenta y seis palabras. Junto a la cocina «un cuarto pequeño con vista a los jardines, que nos sirve de pieza de comer, y a otro lado, un cuarto para leña, carbón».

Don Leandro explica a su antigua novia el mínimo ajuar que ha comprado: «Está muy bonito el cuarto y quisiera que usted lo viese». Los precios le impiden por ahora completar el mobiliario, pero todo llegará. De momento tiene «una» mesa de escribir, si bien de caoba. Por su parte su amigo Juan Antonio ha tenido que adquirir también algún mobiliario para las habitaciones de su sobrina y la suya. El escenario moratiniano está dispuesto.

Evidentemente han mejorado de instalación. Moratín tiene ya una habitación bien puesta para trabajar, y tiempo para pasearse.

Está por los cincuenta y ocho años, su amigo por los cincuenta y cinco y Luisa por sus veinte; son ahora los dos viejos y la niña. Aunque el comentarista Andioc señala que la edad de Luisa sería por entonces de cuarenta años, lo que modifica la idea que tenemos de la compañera. A la otra, a la novia eterna, escribe Moratín:

> «Yo me divierto mucho en este lugar inmenso únicamente con pasear las calles y ver la infinidad de tiendas, llenas de cosas exquisitas que no he de comprar: es increíble el grado de perfección a que han llegado aquí las artes mercantiles. Voy de cuando en cuando a algún teatro, y no lo repito mucho porque es cara diversión. Frecuento los paseos, que al fin no cuestan nada, y contribuyen mucho a la digestión y a la salud. Prosigo con mi acostumbrado desayuno de mi gran jicarón de chocolate, pan y agua fresca».

Duerme bien, suponemos que trabaja en su gran obra sobre el Teatro. No cita, sin embargo, que acuda a la cercana Biblioteca Nacional aunque suponemos que lo hace. Desde su mesa frente al jardín oiría el tráfico de la calle, la «turgotine» que llegaba de Bayona o de Perpiñán.

No sabe cuanto tiempo ha de quedar en París pero ha acudido a la Embajada para regularizar sus papeles «de modo que puedo volverme a mi patria cuando guste o permanecer fuera de ella, sin que nadie se meta conmigo, ni pueda decirme por qué estoy aquí ni por qué me voy allá».

Entre comedia y comedia no faltaban temas de meditación sobre la infernal máquina de la política. He aquí que el Embajador es el séptimo Conde de Fernán Núñez, aquél que de niño había presenciado los prólogos de la Revolución francesa de la mano de su padre el sexto Conde del mismo título, a la sazón Embajador de Carlos IV en la

Corte de Luis XVI y de María Antonia. Ahora está el
séptimo Conde, por los años 1817 y 1818, representando
a Fernando VII cerca de Luis el restaurado. El Embajador,
ahí en la cercana Chaussée d'Antin número 18, tendría
también ocasión de recordar la máquina infernal que había
estado a punto de atraparle. Hasta Bailén no se había ins-
crito en el bando patriota sino que había figurado más o
menos convencidamente en el otro. Y ahí estaban ahora
don Dámaso como emigrado y confiscado y Fernán Núñez
ascendido a Duque —por su participación en el Tratado
de Viena que consagraba concluyentemente la desaparición
de España como potencia europea— y don Leandro simplemente en entredicho. Y, los tres, por una batalla poco más
o menos.

Goya había retratado a Moratín en 1799, en felices
tiempos, y a Fernán Núñez en 1803, en dos espléndidos
retratos. Goya estaba en Madrid, mas ¿qué haría en la Corte
el antiguo pintor del rey francés? Don Dámaso estaba en
París por haber sido Corregidor del mismo Rey y Goya,
que había pintado cuadros de encargo para José, estaba en
España sin peligro. La batalla de Bailén, que a unos había
llevado a las cercanías de Fernando VII, a otros les había
arrinconado hasta una habitacioncilla donde vivían agobia-
damente. La inmunidad de Goya ¿significaría que en España
el artista se beneficia de una cierta bula? ¿O serían solamente los pintores? Parece que la actividad municipal des-
pertó especiales enconos, pues ahí estaban en el exilio ese
Silvela y Manuel García de la Prada y su Mariquita, la
actriz moratiniana, y todo porque estos manueles habían
sido regidores municipales durante la ocupación. Amigos
comunes De la Prada y doña Mariquita —de quien Moratín
por entonces no dice inequívocamente fuera esposa— tanto

El comienzo de la rue Vivienne, acera
de los impares. Donde hoy se levanta este
edificio, Gabinete de Estampas de la Biblioteca Nacional de Francia, estaba el
Hôtel des Etrangers donde vivieran Moratín y Melón en 1787. El hotel fue derribado hacia 1880 pero todavía figuraba en
las Guías de París del citado año y lo
habitaron diversos españoles visitantes de
París. (Fotografía de 1966).

Antigua calle de Saint Pièrre, en París, que hoy lleva el nombre de Paul Lelong. En el número 15, piso segundo de esta calle —en una de las casas que se ven al fondo— vivió Moratín en 1818. En primer lugar se ve la viejísima casa que lleva el número 5 de esta calle. (Fotografía de 1966).

de Moratín como de don Francisco de Goya, de quien
García de la Prada sería uno de los herederos y albaceas.
Fascinante mundo éste de los residuos del josefinismo en-
grandecido por la sombra de Goya, que pone un fondo de
fuerza a todas estas figulinas.

OTRA MUDANZA EN PARÍS. DESPUÉS, ITALIA Y BARCELONA.

De momento está nuestro escritor en la calle de Saint
Pierre frente a una mesa de caoba para poder trabajar en
sus ediciones teatrales y en su gran historia del Teatro
español, frente a un jardín. Mas ¿qué le ocurre al egoísta?
Leamos a Melón.

> «Y aunque el cuarto estaba adornado con muchos espe-
> jos y yo estaba contento en él, se empeñó Leandro en que
> habíamos de buscar otro, y me venció con sus instancias
> que nos mudásemos a la Rue Saint Honoré número 219,
> cuarto principal, sobre el entresuelo, en que vivimos dos
> años y Dios sabe ¡con cuanta repugnancia suya! Porque a
> cada 4 meses o 6 se quería mudar y me mortificaba sobre
> esto: pero no quise condescender a más mudanzas: y desde
> aquel cuarto salió para Italia. Yo no me quise despedir:
> pero Luisa le acompañó hasta la calle de Git-le-Coeur, don-
> de tomó el coche, y lloraron los dos».

¿Qué motivaba el estado de permanente fuga de Moratín? Quien temía el año anterior fríos e incomodidades y
aspiraba nada más que a un sillón con chimenea, amigos y
libros, parece huir de todos y de sí mismo. Cierto que hubo
de permanecer dos años en la Rue Saint Honoré pero, como
nos dice su compañero de apartamento, en continuo desaso-

siego. No sabemos si los fríos, las humedades o la tristeza
le sacaron de la ruidosa calle de Richelieu a la tranquila
de Saint Pierre y de ésta a la bulliciosa de Saint Honoré,
repleta de novedades.

El número indicado estaba muy próximo al Hotel de
Noailles si es que el 219 es correcto. Ya no era la «calle-
juela estrecha» ni la lejanía relativa respecto del jardín de
las Tullerías; ahora tenía éstos al alcance de la mano. En
ese barrio ha visto veintitantos años antes pasear en picas
las cabezas de los guardias suizos de Luis XVI y los des-
trozos del saqueo; de aquella vecindad vio salir el 13 de
agosto del año 92 a Luis XVI camino del Temple. Mas en
1818 mucho había cambiado: las Tullerías estaban recom-
puestas y detrás de sus balcones estaba ya Luis XVIII.
Se ha abierto la gran calle de Rivoli y ya no hay espectáculo
en la calle ante los cuales el joven curioso hubiera de
escribir: «ego, pavor». Ahora el espectador es un viejo
sutil que se airea para regresar a casa e ir ordenando en
su mesa el material con el que está escribiendo su monumento al Teatro.

Así va preparando también las ediciones de sus obras
completas que a poco comenzarán a aparecer en Londres y
en París, así como las obras sueltas que van reeditándose
aquí y allá.

En los inviernos que dan paso a los años 19 y 20 con-
tinúan sus frescas y ágiles cartas a la novia casada, apuntes
de teatro y de burla de sí mismo. Escribe que se defiende
del frío con la estufa de hierro que han comprado, y que
no incurre en gastos superfluos. Sin fumar ni beber ni jugar, cenando un vaso de agua y yéndose pronto a la cama,
asiste a las tertulias de su casa sin desgastarse, con su conciencia como adormecida y su alegría empeñosa.

Con Luisa Gómez Carabaño, la sobrina, se entretiene a veces jugando al dominó y ganándola siempre, aunque no ponga atención en el juego. Entonces decidió, con festetas de viejo, jugar atento para perder siempre y dirá que «muchas veces lo conseguía». Se trata de no ofender el amor propio de la joven: «ya sabes que es sierpe, y que no conviene irritarla» escribirá una vez a comienzos de 1820. Siempre la gracieta, vecina de la gracia.

Parece que a Luisa la corteja un tal Reinés, emigrado gravoso y pelmazo que poco después volvería a su Barcelona. Con Luisa, don Leandro hace el histrión y se finge «payo pedigüeño», «fraile desesperado« y «señorito que se quería casar con la cocinera». Don Leandro, buen imitador de personas, parodiante y teatralero, nos señala aquí múltiples signos del humor moratiniano. Le vemos de viejo agudo, haciendo su función de cada día con finura y sentimiento, con responsabilidad de autor y de actor.

¿Por qué se va a Italia en 1820? Desde marzo o abril se tiene ya la seguridad de que el constitucionalismo ha triunfado con Riego, y los afrancesados se alegran de ello tanto como los liberales, disponiéndose unos y otros para regresar a España. Optimista juicio por parte de aquellos; los vencedores de 1820 están lógicamente más cerca de los doceañistas de Cádiz que de los josefinos de Bonaparte y, aunque habrá regreso de los afrancesados desde 1820, será trabajoso y condicionado. No vuelven en triunfo, como esperaban, sino en precario.

De Melón sabemos que dejó París el 8 de julio de 1820. También regresó a la Corte Gutiérrez de la Torre y sería precisamente a través de éste como Moratín escribiría a Melón pues sin duda don Dámaso tenía dirección más conocida. De Moratín sabemos que, en lugar de regresar a España como tantos otros, realizó esa pirueta del viaje a Bolonia como para hacer tiempo y ver en qué paraba la cosa constitucional. Sale en el coche hacia Italia y es Luisa quien le acompaña en los lloros de la despedida, tras dos años y medio de sentida convivencia. Muelle de los Agustinos, junto al Sena, la calle de Git-le-Coeur enfilaba desde la margen izquierda la calle de Jerusalem de la Cité, donde estaban los locales de la Policía, —diosa suspendida sobre los refugiados españoles y los ciudadanos de todas clases— y desde ella adiós a Luisa y adiós a París.

No vamos a seguirle a Italia sino a reencontrarle a finales de ese año en Barcelona donde llega dispuesto a quedarse. En la ciudad Condal estiman tanto su persona como sus obras y allí no le será recordado su pasado político. Desde Cataluña escribirá a Madrid a Luisa y a su tío: «Mucho me acuerdo del invierno último en París y de la estufa de hierro. Aquí no hay invierno ni estufa». No hay para él tierra mejor que esta Barcelona, escribe a principios del año 21, y allí come y duerme bien, no pasa fríos y es feliz cuanto pueda ser.

La desgracia hace que en agosto aparezca la peste y ello —y la situación política haciéndose cada vez más torva, con el régimen constitucional desintegrándose grano a grano— crea nuevos miedos a Moratín y, tras dudar si irse a Bilbao o a Burdeos, aparece finalmente en octubre de 1821 en la ciudad del Garona. En la Gironda va a hallar un nutrido grupo de emigrados, culto y liberal, y se apoyará en don Manuel Silvela, antiguo afrancesado que regentaba en la ciudad un prestigioso colegio para españoles. Parece que don Leandro se dispone una vez más a vivir según aquellas ideas que le hicieron escribir: «Mi carácter es la moderación: no hallo razón ni justicia en los extremos: los tontos me cansan y los malvados me irritan».

Desde Burdeos será lector lejano del desmoronamiento constitucional. Mientras trabaja en reunir y completar con fines editoriales sus poesías, —tras editar las obras póstumas de su padre don Nicolás— se recuesta en el seno de esa rica Francia que es capaz de cicatrizar instantáneamente las heridas con el coagulante del bienestar calmoso.

Una sorpresa final en este capítulo sobre Luisa: escribe el profesor Entrambasaguas en su prólogo a un libro de sonetos de Moratín que Melón estaba «amancebado, por cierto, con una su sobrina, Luisa Gómez Carabaño, muy aficionada al cultivo de las flores —sobre lo que escribió un librito, hoy muy raro— precedido de un soneto de Moratín».

Afirmación aquella que admite como probable Andioc, que amplía considerablemente en sus comentarios la personalidad de la floricultora, también cultivadora de cebollas y de canarios...

ENTREDICHO POLICIACO.

El buen orden administrativo abrió en los servicios de la Policía unos recios expedientes a don Leandro Fernández de Moratín. Veamos los antecedentes que sobre él recogería la secreta. El 19 de mayo de 1824 el Prefecto de la Policía informa al Ministro que el tal Juan Bautista Salazar al que están vigilando conspira en París con otros revolucionarios españoles y que ha visto al coronel Valle y a ese Manuel Núñez de Taboada tan conocido en los archivos de la Policía; todos ellos desean se produzcan

cambios políticos en España y participan de las intrigas
liberales del Duque de San Lorenzo. Ese Taboada no ha
querido informar dónde está ahora Salazar e incluso dice
que no le conoce:

> «Il parait que le correspondant de Salazar, au moyen
> duquel il serait instruit de ce qui se passe dans la Penin-
> sulle, est un S^eur. Moratín, Espagnol, qui habite Bordeaux.
> Il a à Paris des relations avec un nommé Bernard Gil,
> liberal exalté...».

También hay contactos con otro español apellidado
Alcázar.

Un Análisis del Gabinete de Policía de dos días más
tarde es un borrador de un escrito al Prefecto de la Gironda advirtiéndole de lo anterior, pero exagerándolo un tanto
porque califica a nuestro escritor como «un des agents les
plus actifs d'intrigues revolutionaires», pidiendo al Prefecto
informe sobre este «Espagnol Moratín».

Diez días más tarde se redacta la contestación de la
Prefectura de Burdeos. Es la 4.ª División, Oficina de la
«Haute Police», la que en su oficio 1.199 dice así:

> «Bordeaux, le 31 Mai 1824
> Monseigneur.
> En réponse à la lettre de Votre Excellence en date du
> 21 de ce mois, je m'empresse de lui communiquer les
> renseignements recueillis sur le Sr *Moratín* (Léandre).
> Cet Etranger agé de 54 ans, connu par ses oeuvres dra-
> matiques suivit le parti de *Joseph*. Entré en france avec
> l'armée en 1813, il s'établit à Paris et s'y fit remarquer
> par son dévouement à la famille de Bonaparte, lors de son
> débarquement. Rentré en Espagne en 1817 ou 1818, il
> resta peu de temps à Barcelonne. Mécontent du Gouverne-
> ment du Roi, il revint en france et fixa sa résidence chez
> le Sr. *Sylvela*, Espagnol, maitre de pension.

Des l'insurrection Militaire de 1820, *Moratín,* se pronónça pour la Constitution. On le présente comme un homme ferme dans ses opinions, très réservé, méfiant, joignant à l'esprit et à la témerité, un caractère peu communicatif. Il est lié depuis longtemps avec le Duc de *San-Loranzo.* On assure qu'il correspond avec *Nunez Taboada* de Paris. Il est difficile d'indiquer l'intermediaire de cette correspondance.

Le Sr. Moratín, est l'objet d'une surveillance particulière dont j'aurais l'honneur de communiquer le résultat à Votre Excellence.

Je suis avec respect,

Monseigneur,

de Votre Excellence le très humble très obéissant serviteur.

Le Maitre de Requette Prefet de la Gironde. Bon
(firma ilegible)».

Errores notorios —señalarle cincuenta y cuatro años en lugar de los sesenta y cuatro que hubiera sido lo correcto; suponerle en Francia en 1813 y entusiasta de los Bonaparte con ocasión de los Cien Días; suponerle más partidario del constitucionalismo español de lo que en realidad fuera, etc.—, y un juicio que encierra un error considerable del opinante: lo de la «temeridad» de Moratín.

El oficio de Burdeos producirá en la sede parisina de la Policía el obligado Análisis, que llevará fecha del 4 de junio y que no es sino una mecánica repetición de aquella investigación deficiente. Por pura mecánica se propone ordenar al Prefecto de la Gironda fije particular atención «sur les relations que cet étranger dangereux entretient à Paris» para comunicarlas urgentemente al Quai des Orfèvres. (La palabra «dangereux» está arrugada, abreviada, como avergonzada de sí misma al verse empleada en esta ocasión. ¡Cuánto se hubiera reído Moratín de haber sabido que él,

que no ocultaba su pusilanimidad, estaba clasificado como
«peligroso» en los archivos prefectorales!).

Otras comunicaciones confirman estos vanos temores
contra el pacífico viejo que no había atacado en su vida a
mosca o mariposa alguna. Mas el «trop de zèle» profesional
estaba ya en marcha y el Prefecto de la Gironda, instado
a la alerta, ha de actuar consecuentemente al escrito en
que le dicen se han recibido sus informes del 31 de mayo:

> «Cet Espagnol connu par ses talents litteraires et ses
> opinions liberales, mérite une attention particulière. Si vous
> parvenez à acquérir des preuves positives (sur les) corres-
> pondances revolutionnaires vous me les ferez connaitre sur
> le champ, et je prendrai à son égard les mesures que sa
> conduite pourrait exiger, en l'éloignant d'une ville oú sa
> présence aurait de tels inconvénients».

Es natural que la Prefectura muestre celo. Bien sabrían
el Prefecto y el Comisario —y los criados del Colegio español de Silvela—, la inofensividad de don Leandro, pero
órdenes son órdenes y he aquí como el Prefecto de la provincia las cumple:

> «Extrait su Rapport du Prefet du Département de la
> Gironde, en date du 8 Juin 1824.
> Le Sr. Fernández de *Moratín* est, ainsi que tous ses
> compatriotes, l'objet d'une surveillance d'autant plus active
> qu'elle est exercée à la fois par un Espagnol et par un
> Français qui ignorent être employés l'un et l'autre par la
> police.
> Leurs rapports ont en général beaucoup d'analogies et
> m'inspirent conséquemment assez de confiance. Il en résulte
> que *Moratín* est depuis quelque temps surtout fort reservé
> dans ses propos. Il assiste tous les soirs au spectacle oú il
> se place aux premières en face de ma loge. Je ne remarque
> pas qu'il cause avec des français. On me fait espérer la

communication de quelques unes des lettres qu'il reçoit.
Voir l'original de cette lettre au classement de la police
politique, au dossier: *«organisation de la Police de Bordeaux»*.

Este extracto nos revela que la vigilancia sobre el
escritor es estrecha y que éste parece haberse dado cuenta
de ella y por eso se muestra reservado «desde algún tiempo». Va al teatro, se hace ver en él pero no habla con
nadie porque no se fía de nadie por esos días. Otro dato
interesante: le van a interceptar el correo. Así está Moratín
en Burdeos en junio de 1824 y mezclado su nombre con
unos personajes de los que quizá nunca oyó hablar.

En este clima incómodo llega a la ciudad alguien que
desea ver a Moratín, a Silvela y a los demás amigos de Bayona. Es un anciano atrabiliario que ha obtenido el 24 de
ese mes un pasaporte provisional en Bayona para llegarse
hasta París y consultar unos médicos y tomar una cura de
aguas. El Análisis policíaco del 29 de junio añade que la
cura termal va a tener lugar en los Vosgos y que el viajero
ha de ser vigilado de un modo atento pero discreto, debido
a «su cargo en la Corte de España». Llegaría el viajero a
Burdeos y permanecería unos días en compañía de sus amigos. La Policía está atenta de un modo especial en esos días
alrededor de estos personajes: estaban vigilando estrechamente a don Francisco de Goya. Hay que decir que a mediados de julio ya la Policía ha informado al Ministro del
Interior cómo el pintor ha estado unos días en París y,
—por su edad y por sus circunstancias personales—, no
parece ciertamente un conspirador.

Tras este fogonazo esperpéntico no ceja la vigilancia
alrededor de Moratín: su nombre figura con fecha 22 de
julio de ese año en un «Premier Bulletin hebdomadaire des

Espagnols autorisés à demeurer à Bordeaux en date du 22
juillet 1824» y seis días más tarde el Prefecto es invitado
«à faire continuer avec beaucoup de soin la surveillance»
de nuestro emigrado; todo ello son aún consecuencias del
oficio del 31 de mayo, porque no se alega ningún hecho
nuevo.

El Prefecto, con todo, en su informe general fechado
el 22 de julio se ha referido a Moratín y a los Condes de
Oñate y de Sástago. En París la autoridad analiza este
informe y recomienda rutinariamente la vigilancia de estos
tres españoles que viven en Burdeos considerando que «mé-
ritent beacoup votre attention». Se ordena también al Prefecto avise inmediatamente «du départ pour París des deux
premiers qui annoncent l'intention de s'y rendre».

Ya tenemos otros dos nombres unidos al de nuestro
escritor. El Conde de Oñate y el de Sástago estaban en Burdeos desde finales del año anterior; habían sido entusiastas
Milicianos Nacionales durante el Trienio constitucional y
se habían exilado al Garona con familia, servidumbre y medios suficientes. No pocos aristócratas estaban en parecida
situación por haber actuado como liberales y entre ellos
hemos de recordar a un Conde de las Navas, al Marqués
de Pontejos y a Villacampo. El entusiasmo de Oñate por
llevar el uniforme de la Milicia es algo que el propio Galdós
registra en su novela *El 7 de julio* (XX). Moratín en Burdeos trataría a Oñate y a Sástago, aunque sabemos que en
el hondo resentimiento que le quedaba después de su lamentable aventura bonapartista, don Leandro no era muy
amigo de frecuentar el trato con españoles de cualquier
procedencia, exceptuados sus íntimos amigos. Y el caso es
que tampoco anudó amistades con franceses, así que su situación era la de un español que rehuía a sus compatriotas,

pero cuya sociedad exclusiva era un grupo muy reducido
de éstos. Repetidas veces señala que no habla francés ni
tiene necesidad de emplearlo.

Poco o mucho Moratín trató en Burdeos a Oñate, que
vive allí con su familia en la calle Fondangère, 13 y con
quien figura en una lista de «españoles distinguidos» que
redactara la policía francesa el 25 de febrero de 1825. Y
con el Conde de Sástago, Grande de España y antiguo
«milicien», que está en Burdeos desde diciembre del año
23 y que pasará a París más tarde. A Villacampo, Coronel
de Estado Mayor —que fue prisionero de guerra, vivió en
Burdeos, Bagnères y Orleáns—, y que está bien fichado
por la policía local como «homme a talens» y reservado,
sobre el cual no hay ninguna observación desfavorable que
hacer.

No es en cambio probable que tratara a los duques de
Híjar, a pesar de la amistad de éstos con Vicente González
Arna, íntimo a su vez éste de Moratín; ni con los duques
de San Lorenzo, militar de brillante carrera durante la
Guerra de la Independencia, que regresaría a España después de la muerte de Fernando VII y figuraría destacadamente en política.

EL PÍCARO DEL DICCIONARIO Y EL TAHUR.

Más novedades nos ofrecen aquellos otros dos españoles mencionados por la Policía en el informe del 19 de
mayo del año 4: ese Taboada y ese Salazar, dos vividores
con quienes el destino mezclaba el nombre del inocente
don Leandro. Hay que efectuar una digresión.

Sobre Manuel Núñez de Taboada hay amplia docu-

mentación en los archivos policiales. Poseía un pasaporte
expedido en París, el 13 de diciembre de 1814, por el Director de la Policía; tenía su portador entonces treinta y
cinco años, una altura de un metro setenta y nueve, barba y
pelo negros, ojos castaños, cara de corte oval y tez corriente. Consta como natural de Bendoyro (?), en España y
su profesión era la de «homme de lettres».

   ¿Cómo no cuidó Núñez de señalar con más precisión
el lugar de su nacimiento? Ya se sabe que cuanto menos
exactitud, mejor. ¿Sería un afrancesado a la deriva a quien
a fines de 1814 documentaba la Policía borbónica para uti-
lizarle en alguna misión? Apuntamos esa posibilidad que
explicaría ese pasaporte donde está el escudo de Francia
con las lises borbónicas. Lises que, por cierto, fueron tacha-
das consecuentemente durante el interregno de los Cien
Días.

   Es sorprendente que en 1815 Núñez pretendiese cru-
zar el Canal hacia Londres; para ello había sido provisto
del pasaporte que comentamos. Pero el 6 de marzo llega
a París la noticia de que Napoleón se ha fugado de la Isla
de Elba. No sabemos con exactitud cómo incide este im-
previsto en el plan de viaje de Núñez a Inglaterra. ¿Se interrumpe una proyectada misión por cuenta de la Policía borbónica? El Comisario de Dieppe no le permite salir sin autorización expresa del señor Ministro, medida que honra su
prudencia en tan comprometidos días. La Historia pequeña
se ve llevada en vilo por la grande: Luis XVIII huye de
París el 20 de marzo y horas después entra Napoleón en
tromba en las Tullerías y reocupa Francia.

   Las comunicaciones a través del Canal quedaron lógicamente cortadas por una situación de guerra y no tiene ya
sentido que un señor Núñez de Taboada pretendiese ir en

vapor desde Dieppe hasta Dover. Cosas más importantes se cocían a través del Canal en aquellos días primaverales pero la mujer tiene una dosis de insensatez y una «femme Nunes» que vive en la Rue du Hazard número 1 pide por instancia de 16 de junio de 1815 se permita a Núñez emprender el proyectado viaje para asuntos «de recouvrement de sommes qui le sont dues».

No es fácil explicarse dicho escrito. ¿Cómo pide ésto una mujer, casi analfabeta a juzgar por la firma, y no el propio interesado? Núñez no podía ser tan necio que creyera iba a encontrar pasaje en un barco a través del Canal la víspera de Waterloo, pero ¿la petición de la mujer, es mera insensatez? El día 17 la «femme Nunes» reitera su instancia a la Policía napoleónica, que es dudoso nadie leyera en esa fecha porque es aquella en la que Wellington y Napoleón velan las armas en la víspera del gran encuentro. El día 18 es la batalla y el 20 llega el corso a las Tullerías, derrotado. Nuevo terremoto político, pero —el orden siendo el orden—, alguien hay en la rue de Jerusalem que guarda en el expediente de Núñez de Taboada la instancia de la mujer. El 6 de julio entran en París los aliados ingleses, prusianos y rusos, y de unas fechas después debe de ser la carta de Núñez en la que precisa ha de cobrar en Londres a un señor Wilwforce dos mil libras esterlinas por la traducción y la edición en Francia de su obra sobre «Le Traité des Nègres». Cobro que importa mucho al dicente pues dispone de poco numerario... El peticionario alega ser conocido en la Prefectura de Policía porque trabaja por cuenta de ella como intérprete jurado...

Esto es evidentemente posterior a Waterloo y nos parece indicar que Núñez recupera su condición de hombre que tiene relación con la Policía francesa borbónica y que

ha de pasar a Londres en alguna misión. Poco verosímil es
esa cifra fabulosa de dos mil esterlinas, que no podría ale-
gar en serio un personaje como Núñez que parece un aventurero insolvente. ¿La escribe porque sabe que importa
poco, ya que el escrito va destinado a la propia Policía,
que está al cabo de la calle en el asunto? Parece apoyar
esta suposición el hecho de que un oficio policíaco —sin
fecha— autorice al Comisario de Dieppe a dejar embarcar
a Núñez, ya que lleva un pasaporte perfectamente válido.

Parece abierto para él el camino a través del Canal,
mas algo pasa, porque Núñez no lo cruza. Leamos su instancia a Fouché —Ministro de la Policía desde el 9 de
julio— datada el 19 de agosto; escrito interesante para conocer más sobre nuestro personaje. Vamos a transcribirlo:

«A Son Excellence Monseigneur le Duc d'Otrante, Mi-
nistre de la Police Générale.
Monseigneur.
J'ai rédigé pendant deux années consécutives le Journal
Espagnol intitulé *l'Abeja Española*. On a été obligé de sus-
pendre cette feuille dans le mois d'Août 1808, a cause de
l'interruption des communicationes avec l'Espagne. Votre
Excellence, pour encourager et récompenser notre zèle a
daigné m'attacher à la 1re. División du Ministère de la
Police Générale en qualité de Sécretaire Interpréte. Je
croix m'être acquitté honorablement des devoirs de cet
emploi: les faveurs particulières que j'ai dues à Votre
Excellence pendant toute la durée de Son Ministère, en
sont pour moi un sur garant. Tant que Votre Excellence
a conservé le Ministère, je n'ai cessé d'Eprouver les bien-
faisants effets de su présence. Tout a été changé pour moi
à l'arrivée de Savari. Desmarets mon chef, a cru devoir
susciter une persecution inconcevable contre toutes les
personnes que la reconnaisance attachait à Votre Excellence. J'ai été des premiers frappé de l'exclusion, ma reforme
étant d'ailleurs nécessaire pour faire place au Sieur Vié

d'Aix, condisciple de Desmarets et chargé pour lui d'entre-
tenir avec des gents de son Pays une correspondance rela-
tive à Votre Excellence pendant son séjour en Provence.

Sorti du Ministère j'ai formé l'Etablissement de *l'Inter-
prétation Générale de traduction de toutes les langues
mortes et vivantes,* que je dirige. Cet Etablissement qui
manquait à la Capitale fondé dans des temps malheureux
m'a occasioné des dépenses considerables. Comme les circonstances ne paraient pas encore favorables, et que mes
moyens sont d'ailleurs sur le point d'être épuises, il ne
me reste qu'à implorer votre bienveillance, Monseigneur
et à la supplier de me faire rentrer au Ministère de la
Police Générale, soit dans la même place que j'avais pendant le Ministère de Votre Excellence, soit dans toutes
autres dont il plaira à Votre Excellence de m'honorer. La
Préfecture de Police, qui me confie toutes ses traductions,
Monsieur de Cavas Chef de Division de Votre Ministère
et Monsieur Jay, pourront donner à Votre Excellence les
Renseignements desirables sur moi.

J'ai l'honneur d'être avec respect,

De Votre Excellence Monsieur le très humble et très
obeissant serviteur

Paris, le 19 Août 1815

(firmado): Núnez de Taboada»

Varias cosas parecen aclararse: que fue un afrancesado
y que huyó a Francia, donde se puso al servicio de la
Policía napoleónica. Parece quiso conectarse con la borbónica y hubo una aceptación de principio por parte de
ésta, y después titubeos; durante los Cien Días estaría con
los napoleónicos pero después de Waterloo está otra vez
con Luis XVIII. Era un pequeño Fouché y ya hemos visto
cómo sirvió al modelo con «servicios especiales». Sólo le
faltaba haber sido Obispo para ser una copia casi idéntica.
Núñez halaga al siniestro Fouché mencionando despreciati-
vamente a Savary, rival de aquél. Núñez es un hombre que

sabe adaptarse a las situaciones donde vive y no es pequeño detalle ese de firmar suprimiendo la tilde de la «ñ» de
su apellido.

Probablemente en 1812 estaba ya en Francia pues,
aunque nada se dice en el expediente, sabemos había publicado en ese año, en París, editado por Brunot-Labbe, un
diccionario francés-español y español-francés. Hemos visto
una edición barcelonesa de 1841 y otra parisina de 1851.

No consta tampoco si Núñez pasó a Londres para re-
clamar aquella deuda o para cualquier otra misión pero,
si lo hizo, sabemos que está pronto de vuelta en París,
prestando nuevos servicios a sus patrones.

En enero del año 16 la Embajada de España ha soli-
citado al Gobierno francés sea desterrado de París ese
Núñez de Taboada que profiere «palabras calumniosas contra la Corte». La Policía redacta un informe y queda un
papel —sin membrete ni indicaciones particulares—, donde se dice que dicho sujeto era fraile («religieux») y que
había decidido irse a Francia a raíz de la invasión de 1808.
En «L'Abeille» propagó los principios liberales, después
trabajó en la Policía (napoleónica, se entiende) como censor
de las cartas dirigidas desde España por sus familiares a
los prisioneros de guerra que se hallaban en Francia, actividad en la que mostró «plus d'intrigues que de bonne foi».
Después abrió una oficina de traducciones, le empleó el
general Saackem, pareció profesar opiniones favorables a la
causa borbónica y ahora, en 1816, la Embajada española
pide sea desterrado de París por «propos calonnieux contre
la Court». La Policía juzgó preferible vigilarle de cerca y
le dejó en su oficina de traducciones de la calle Feydeau
número 22.

Evidentemente la Policía no iba a renunciar a un in-

La calle de Nôtre Dame des Victoires, donde se encontraban las Messageries que unían por diligencia París con todos los países de Europa hasta la época de los ferrocarriles. Esta calle, casi intacta hoy, era el escenario de llegada a París de los españoles del siglo XVIII y primera mitad del siglo XIX y la mencionan infinidad de viajeros, entre ellos Moratín. (Fotografía de 1966).

Casa donde probablemente falleció Moratín el 21 de julio de 1828, actualmente número 33 de la rue Montreuil, de París. (Fotografía de 1966).

formador a sueldo suyo por complacer a una representación extranjera. Un dato curioso: si Núñez no fue obispo parece ser que fue fraile pero, en todo caso, no le gustaba ser señalado como tal y —según un papel fechado en el mes de marzo de 1816— se presentó en la Prefectura para precisar que no fue «religieux». Dijo que no estaba en su domicilio cuando los informadores fueron a preguntar por él y deseaba dejar las cosas claras. Le dejamos, pues, en la Rue Feydeau en su actividad de traductor jurado y de agente. Era un buen observatorio esa Oficina frente al Teatro Feydeau de las óperas cómicas, en esa calle porticada tan próxima a las «Messageries» y a la Bolsa.

En Enero del año siguiente Núñez —cuyo espíritu de iniciativa y de intriga es, por lo que vemos, considerable—, solicitó permiso para abrir un «Gabinete Literario» destinado a la lectura de periódicos extranjeros, en la Rue de la Michodière núm. 7. La Policía del barrio le «disuadió» por «impossibilité d'augmenter le nombre» de tales salones de lectura. Registremos lo de «disuadirle», término propio para un socio, colaborador o amigo. Núñez insistió mucho para obtener el permiso pero no lo consiguió.

Días después una Mme. Streichert formuló por escrito idéntica petición, actuando de gestor el tal Núñez. Mas la «dame» no apareció más, motivo más que sobrado para «rejeter la demande». Unos días más tarde la Policía del barrio vió con inaudita sorpresa que en aquel local de la calle de la Michodière han abierto sin permiso una sala de lectura de periódicos dos ingleses llamados Mitchell y Keitte. Este último había sido empleado en el Gabinete de lectura del señor Galignani, en la rue Vivienne, pero había sido despedido por el patrón.

Se preguntó a Mitchell por su atrevimiento y contestó

el inglés que un miembro de la Policía se había encargado
de la tramitación del permiso mediante la suma de tres-
cientos francos, aunque al final se conformó con solamente
doscientos. Se averiguó que el tal policía era Núñez de
Taboada.

Detenido, negó toda su culpa y llegó a afirmar que
aquél dinero fue para el Jefe de la oficina que daba los
permisos de apertura. El establecimiento de Mitchell fue
cerrado y —aunque lo abrió más tarde en la Rue de la
Paix—, la Policía miró a Mitchell con suspicacia porque
pareció que no tenía capital y recibía «vraisemblablement»
dinero del extranjero. Al parecer del Foreign Office. Es de
notar que se deje de hablar de Núñez de Taboada y de su
responsabilidad penal (o de la culpabilidad de quién recibió
finalmente los doscientos francos) pero que se siga atenta-
mente a ese Mitchell y a sus manejos. En el mes de junio
el prefecto informó al Ministro de todo este asunto de
Núñez y de la sala de lectura, más la conclusión fue que
había de ejercerse una adecuada vigilancia sobre... el inglés.
Núñez saldría del paso con una reprimenda.

Hemos de esperar cinco años para volver a hallar el
nombre del intérprete en los Archivos; el 16 de julio del
año veintiuno se señala la existencia de una logia llamada
«Des Lapins du Terrier du Nord» compuesta por españoles,
napolitanos, piamonteses, etc., entre los cuales figura un
tal don Alvaro que trabaja en la casa de banca de Lafitte
y un Núñez de Taboada, intérprete que vive junto al teatro
Feydeau.

Noticia de poco interés, que no tiene consecuencias,
pero que nos indica que Núñez, ya vinculado a París, no
regresó a España durante el Trienio liberal para hacer política sino que quedó en Francia cercano a los círculos es-

pañoles y por cuenta de la Prefectura, ya de intérprete, ya de «Lapin du Terrier».

Casi dos años más tarde otro informe de un agente —que no tenía que saber necesariamente la relación profesional de Núñez con la «Police» —señaló a sus superiores que ese español —«quoique moine», aunque fraile— vive maritalmente con una mujer natural de Bayona en la Cour des Fontaines núm. 3; ambos tienen «mauvaises opinions» en política; Núñez es amigo de otro español extremista llamado Fermel (?) y todos ellos están siendo observados.

El domicilio indicado estaba en la plaza inmediata al Palais Royal que actualmente lleva el nombre de «Place de Valois», junto a la calle de este mismo nombre. Recordemos que el Palais Royal y sus pórticos y jardines habían sido hasta muy recientemente el centro galante del París de la época.

El informe anterior es del 1 de Abril de 1823 y a finales de ese mismo mes hay otro en el que se dice que Núñez pertenece a la logia «Amitié», núm. 40 de la Rue Michel le Compte, así como de otras muchas. Se le califica de español «renegat» que trabajó con Rovigo en la Policía. (No dice ni Savary ni «el Duque de Rovigo» sino Rovigo a secas, por ser títulos napoleónico en baja). Núñez tiene una oficina de interpretación de lenguas en el núm. 11 de la Rue Sainte Anne y traduce folletos que envía a España; está en contacto con algunos de los españoles más «radicales» y es por todo ello uno de los españoles más peligrosos que hay en París.

La acusación parece poco fundamentada pues pocos emigrados «radicales» había en París en los primeros meses del año veintitrés; muchos ciertamente habría a partir del verano y el otoño de ese año cuando la causa constitucional estuvo perdida, mas, con todo, es indudable que Núñez de Taboada está en contacto con españoles durante todas las tormentas políticas.

Su despacho está por esta época en la calle de Santa Ana, tan céntrica y hotelera y, también, inmediata al Palais Royal y a los centros de la animación. Cierto es que trabaja como intérprete y sabemos —aunque no figura tampoco en su expediente—, que en 1822 publicó en París Melchor Manuel Núñez de Taboada un «Diccionario de la Lengua Castellana» en dos volúmenes y editado por Segín, diccionario que indicaba laboriosidad y evidente espíritu de iniciativa.

Muchos contactos con el intérprete en su oficina tendrían algunos de los liberales obligatoriamente emigrados a Francia a partir de la invasión francesa de los «Hijos» de San Luis. Nos consta la relación con un español llamado Juan Bautista Salazar, llegado en Abril del año 24 desde Bruselas, acompañado de una esposa enferma. El infeliz tomó un apartamento en la Rue de San Nicolás núm. 5, detrás de la plaza de la Bastille. Salazar fue a ver al Duque de San Carlos y conoce también a Núñez. Por lo demás Salazar y su mujer ven a poca gente y no reciben a casi nadie, no como Núñez, que en la Rue de Sainte Anne, no cesa de acoger a liberales...

Recordemos que del 19 de Mayo del año 24 es aquel papel que liga a Núñez y a este Salazar recién venido con nuestro señor Moratín, español que vive en Burdeos, lo que provocó la cuidadosa investigación sobre don Leandro y aquel informe de la Policía bordelesa del 31 de Mayo del mismo año. En el que se llega a decir que «on assure qu'il correspond avec Núñez Taboada de París», si bien es difícil indicar quien es el intermediario de esta correspondencia...

Ciertamente entre un escritor eminente, dedicado a actividades editoriales, y un escritor de bajos fondos, director de una empresa de traducciones y moviéndose en ambientes muy diversos, no era de extrañar una relación cualquiera, cuando ambos pertenecían al limitado círculo de los españoles en Francia, o de los españolados.

Con todo no se halla el nombre de Núñez de Taboada entre los papeles de Moratín, señal de que la relación, si la hubo, fue muy superficial y posiblemente de mero carácter profesional.

No traerá graves complicaciones a don Leandro su supuesto contacto con el agente pero —por lo curioso del tipo y aunque poco tiene que ver con el verdadero Moratín—, vamos a apurarle según los papeles del Archivo. Un papel del 22 de Mayo del año 24 señalaba al Ministerio que Núñez, durante la guerra de intervención, repartía optimismo entre los liberales de París, inventando victorias, actividad que, según la Prefectura, ofrecía poco peligro «dans les circonstances actuelles». Verdad decía el informante, el cual concluye con cosas interesantes: que Núñez ve ahora a pocos españoles y que son siempre los mismos: «En géneral les revolucionaires españols qui sont à Paris mettent beaucoup de circonspection dans leur conduite, et ce n'est qu'entre eux qu'ils osent manifester librement leur sentiment et leurs espérances...».

Melancólico colofón al estado de los españoles de la diáspora del año 23.

En papeles sucesivos reaparece Núñez; el 10 de julio se dice de él que está considerado en su oficina como el traductor habitual de las Tullerías, que es muy instruído y que mantiene correspondencia con España, Italia y los Países Bajos, posée muchas lenguas y va mucho a Palacio.

«On continuera cette surveillance sans espérer néamoins qu'elle produise des résultats importants».

Se vé que la Policía, ante ese contacto de Núñez con las Tullerías, se inhibe y parece querer desentenderse un tanto del personaje. Pero el Ministro sabe más y pocos días después ordena al Prefecto «a ne point perdre de vue le Sieur Núñez de Taboada». El motivo puede ser una carta del 23 de dicho mes en la que Núñez, —desde su domicilio privado de la Cour des Fontaines—, pide al director de la Policía General libertad para su sobrino José María Lita, hijo mayor de su hermana Ana María de Taboada, oficial que había pertenecido a las tropas de Palarea que habían capitulado en Galicia y que actualmente se hallaba preso en Orleáns. El escrito es muy caligráfico y la letra difiere tanto de la de la firma de Núñez que nos parece no es de su mano. La solicitud precisa que el oficial era de familia rica, muy adicta «a son Roi» y que toda la familia está pidiendo a Núñez le sirva de padre en su actual situación. Para cumplir dignamente un deber de tal importancia sería conveniente que el sobrino viniera a París con él para poder tener los consuelos familiares que tan valiosos son cuando alguien se halla lejos de su hogar, pero aún más necesita consejos sanos, esas indicaciones convincentes capaces de traerle a las sanas doctrinas de las que nunca debiera haberse apartado. Estamos traduciendo literalmente la afectada prosa, la bien pensada prosa, del escriba de Núñez de Taboada; recordemos que Palarea había sido y sería durante muchos años uno de los más extremistas jefes militares constitucionales. La instancia de Núñez continúa su planto señalando que el joven militar muestra cada día los más ardientes deseos de vivir junto al tío en París, bajo su tutela «pour ainsi dire», deseoso de perfeccionar su educación, de penetrar en este centro de luces y de conocimientos que un día podrían aprovechar a su país así como de renunciar completamente a sus obligaciones militares, en las cuales estaba a su pesar. Por todo ello suplica se le permita salir del Depósito de Orleáns, bajo el aval de Núñez, que responde de su conducta política ante el jefe de la Policía, ante el Gobierno francés y ante la Francia entera. El peticionario termina su enfático escrito hinchándose como un globo y firma titulándose: «Directeur de l'Interpretation Génerale, Secretaire Interprète du Cabinet Topographique du Roi et de la Commision de Liquidation des Créanciers sur l'Espagne».

Demasiado exageró Núñez en esta ocasión y, por pasarse de rosca, se descubrió lo que había de pícaro en el intérprete. Se investigó sobre él y se pudo señalar que era un masón muy en contacto con liberales franceses; autor de obras de instrucción pública que encubren bajo títulos y apariencias anodinas un claro espíritu revolucionario. (Por nuestra cuenta suponemos que alguna de estas obras de «enseignement public» pudieran haber puesto en contacto la oficina de Núñez con el Colegio español de Burdeos, con Silvela y con Moratín).

El mismísimo Director General de la Policía, Franchet d'Esperey recibió del Conde de Damas, primer gentilhombre de la Cámara Real, la noticia de que allí nadie sabía quien era Núñez de Taboada, presunto frecuentador de las Tullerías, y que debe preguntarse al jefe de la Casa del Rey si ese individuo trabaja en el Gabinete Topográfico. Es la catástrofe para el pobre Núñez. Se averigua que nadie le ha llamado jamás a las Tullerías y que «a cessé totalement d'être employé de cette manière: ses ocupations sont beaucoup moins multipliées depuis environ un mois, et il n'a

plus à travailler que pour quelques hommes de loi». Este
informe que lleva fecha del 17 de agosto del año 24 indica
además que Núñez no trataba a personas relevantes del
Partido constitucional sino a algunos «professeurs de très
mauvaises opinions», pero de escasa importancia.

En noviembre un extracto le muestra a la defensiva:
es autor de muchas obras y aunque es de filiación liberal,
parece actualmente dedicado exclusivamente a las «entreprises littéraires». No es pariente del Conde de Taboada.

A la defensiva, pero acosado por haberse pasado de
rosca y por haber perdido empleos o ingresos como consecuencia de ello, sabemos que el pobre Núñez está el 5 de
abril de 1825 en la prisión por deudas en Santa Pelagia,
perseguido por un comerciante de papel que le reclama mil
cien francos. A eso han venido a parar las grandezas del
gran personaje.

Amarguras con la familia tampoco le faltarían. Otro
documento, —un extracto de la Prefectura de la Gironda—,
nos dirá en enero del año 26 que el oficial español José
Fita (así lo ortografían ahora), salió para la ciudad de Périgueux pero que antes ha dejado un memorial a la Policía
de aquella Prefectura en el cual memorial justifica su conducta y escribe que cree haber sido denunciado por uno
de sus tíos, Núñez de Taboada, porque rehusó prestarle
dinero.

Al parecer el intérprete, desde la cárcel, apelaría al
sobrino para salir de ella y éste, olvidando todo aquel amor
y cariño que parece sentía por su tío cuando deseaba dejar
el Depósito de prisioneros por París, se ha revuelto contra
él. Ignoramos todo el fondo de picaresca humana de estos
gestos del tío y del sobrino.

Núñez obtendría pasaporte en junio de 1827 para ir a

Calais. El Alcalde de este puerto precisó al Ministerio que el interfecto llegó el día 10 a la ciudad, visó ese mismo día su pasaporte para regresar a París y que nada hay que señalar en especial. Los agentes de la capital precisarán el 14 del mes siguiente que Núñez estuvo cuatro días ausente de París; es un hombre en baja: «il est meprisé de l'Ambassade d'Espagne et ceux qui d'abord lui avait accordé leur confiance, en ont été si peu satisfaits qu'ils la lui ont retiré». Ahora trabaja poco, se está cubriendo de deudas: «Il est réduit pour exister à jouer le rôle d'un intrigant occupé sans cesse à éviter ses créanciers et changeant continuellement de demeure». En agosto del mismo año ha pedido pasaporte para ir a Reims y el 3 de septiembre sobre él se informa que actualmente muestra un monarquismo pronunciado y frecuenta los lugares donde se reúnen habitualmente estos «royalistes». Es traductor jurado del Tribunal de Comercio, de los Tribunales y de la Cour Royale y no parece ocuparse más que de sus propios asuntos. «On assure qu'il est naturalisé français».

Con ello acaba el expediente de Núñez, personaje del que algo más puede añadirse.

Nos parece que existe un insospechado enlace entre una persona de su familia y el conspirador don Eugenio de Aviraneta, según hemos precisado ya en otro lugar. Resulta que en 1839 don Eugenio está creando intrigas para minar la moral del campo carlista y provocar su derrumbamiento. En uno de sus folletos, relatando años después estos sucesos, nos escribe que en la gran intriga que condujo al fin de la guerra, figuró una señorita de Bayona, persona «en extremo sagaz» y que por dinero estuvo dispuesta a colaborar con el conspirador liberal. Aquella mujer tuvo el valor de ir a Tolosa de Guipúzcoa el 21 de enero de 1839 para espiar, al servicio de don Eugenio, y sus intrigas fueron tan eficaces que el 18 de febrero estalló la crisis interna del carlismo cuando Maroto fusiló en Estella a cuatro de sus compañeros en el generalato. La agente figuró en esta empresa con el nombre en clave «Conquista» y participó en otras posteriores como el intento de secuestro del Pretendiente mediante un golpe de mano sobre su cuartel general. Y resulta que don Eugenio había revelado a don Antonio Pirala, el gran historiador de la guerra carlista, que aquella mujer era María de Taboada, «señorita carlista, natural de Madrid» e hija del Corregidor de Guipúzcoa en 1824. Si estos datos son fidedignos no podemos saberlo, pero la condición carlista y lo de ser hija de una autoridad fernandina nos parecen dudosos. Por otra parte, una Taboada, reclutada en Bayona, con escuela de intrigante y técnica para desenvolverse en el terreno de misiones secretas, tintas simpáticas y demás procedimientos del oficio, nos parece probablemente cercana a aquel Taboada hispano-francés, de profesión agente doble y casado con una bayonesa. No podemos confirmar la suposición, pero la dejamos ahí.

El Diccionario de 1812 había servido al Abate Marchena para preparar el suyo propio, aparecido en Burdeos en 1821, ya que el propio Abate no desdeñó publicar su «Diccionario Manual» francés-español declarando en la portada que estaba compendiado del de Capmany, Núñez de Taboada y otros.

Posiblemente este hecho tiene alguna influencia en la edición de un «Diccionario de la Lengua Castellana» que en París publicó Núñez en 1822 y al que ya nos hemos referido. Pero esta obra no tuvo la estimación de todos: don Joaquín Lorenzo Villanueva, el académico de la Española emigrado a Inglaterra, la zarandeó cuando hubo de escribir que «el decoro de la lengua española y el honor literaria de la Academia Española, vulnerados por el Sr. Núñez Taboada en su nuevo diccionario, me obligan como español, y como individuo de aquel ilustre cuerpo, a demostrar que este censor ni puede ser maestro de la lengua ni juez de un cuerpo tan respetable». Y parodiaba aquel trabajo trazando un cuento o narración en el que ensarta la palabra del diccionario de Núñez buscando con malevolencia un efecto cómico: «Al mañanar el día, atravesando un bocaje, hallé a un holgón innupto que con la zoca hucheaba hijeznos». En cambio Alberto Lista lo estimaba, según nos apunta Juretschke.

No sabemos cuándo desapareció de este mundo nuestro diccionarista, pero, en todo caso, en Burdeos se publicó en 1838 un folleto muy breve sobre señales marítimas escrito por un tal Levin Joergen Rohde y que figura traducido al español por Núñez de Taboada.

Y este es uno de los personajes ligados circunstancialmente a Moratín en los archivos policiales. El otro es aquel Juan Bautista Salazar, llegado a París desde Bruselas en Abril de 1824 y alojado modestamente detrás de la Plaza de la Bastilla. Más breves son las notas sobre este último. Se anota su contacto con ese Olhaberriague que aparece con frecuencia en los Archivos. Aparece nuevamente nombrado el 21 de febrero del año siguiente cuando se registra que en su casa se juega y que muchos españoles se quejan de haber perdido en ella mucho dinero. «On assure» que vive de eso. El Marqués de Pontejos ya no va a ese garito, donde sabe que se hacen trampas. ¿Es solamente un tahúr Salazar? Parece que es más que eso: esta anotación del año 25 nos señala que antes vivía retraído por la enfermedad de su mujer pero que ahora van extranjeros a su casa, concreta-

mente ingleses, para entregarse al juego y «pour se reunir
aux Dames Espagnoles qui ont l'habitude de s'y rendre».

Dejamos la responsabilidad de esta acusación de ter-
cería formulada contra Salazar. Del cual aún hay otras ano-
taciones: el 3 de abril del año 27 se señala que no hace
política, según parece; que sigue en el número de 3 de la
Chaussée d'Antin y que ve al Duque de Híjar, al Marqués
de Pontejos y al Embajador.

En octubre del año siguiente —cuando tiene cuarenta
y un años de edad— solicita y obtiene pasaporte para regresar a España por Bayona, juntamente con su familia. Quien
había llegado en tan malas condiciones a París parecía haberse desenvuelto con relativo éxito.

HACIA LA CALLE FINAL.

Hemos de regresar del mundo de Taboada a aires más
puros y a años dejados atrás para reencontrar a Moratín en
Burdeos. La confusión de su nombre con el de los dos vividores no parece que le acarreara sino una etapa de estrecha
vigilancia en 1824, situación que nos parece que don Leandro percibió claramente. Mas el tiempo fue desvaneciéndola
y cuando al año siguiente, el 18 de marzo, las autoridades
de París pidieron a las de Burdeos datos sobre el sujeto a
vigilancia, la autoridad prefectoral señalará dos semanas
más tarde que se reitera al Comisario la orden para que la
prosiga, mas nada se dice del resultado de abrir la correspondencia; probablemente el «gabinete negro» la violaría
y llegaría a la conclusión de que no había en ella conspiraciones: son las cartas a Melón, a García de la Prada, a la
Paquita Muñoz y a tantos otros.

En 1826 parece como si la Prefectura —reconocedora de lo poco fundado del entredicho sobre Moratín, y deseosa de deshacerlo discretamente—, buscara la ocasión de decir que nuestro hombre «se conduit bien» y que nada hay que informar contra él. Esto se escribe en el informe semanal fechado el 27 de febrero.

Graves males habían acaecido a don Leandro en las últimas semanas interrumpiendo sus siestas y teatros, sus chocolatadas y paseos. Un día de diciembre del año 25, estando de sobremesa, le asaltó un amago de apoplejía. Uno de los hijos de Silvela le halló en la sala, de pie junto a la chimenea, con lengua torpe y la boca torcida. Vino el médico y le atendió, pero la boca le quedó para siempre «algo ladeada». Al mes siguiente nuevos achaques: «Perdió mucho de su antigua alegría sin que por eso se hiciera ni raro ni melancólico» escribiría más adelante su biógrafo y patrón Silvela. En adelante pasaba el día sentado, rehuía el teatro e incluso la tertulia casera: «no odiaba a los hombres: pero le estorbaban». Paquita Muñoz le propone ir a verlo pero él la disuade.

Estando ya en 1827 a Silvela le ofrecieron trasladar su colegio a París. La singular institución, que no acogía sino a una docena de muchachos y niños españoles, estaba en aquel momento con unas pocas vacantes. La posibilidad de ir a París colmaba las aspiraciones del pedagogo pero vacilaba por el respeto que le merecía el friolero «viejecito» que compartía su hogar. Don Leandro se enteró y, llamándole a capítulo, le ofreció no ser jamás un estorbo para su «hijo» Silvela. Este no tuvo fuerzas para resistir la oferta y con su mujer salió hacia París el 12 de agosto de ese año con objeto de preparar la instalación del colegio en la capital. El «viejecito» queda durmiendo allí en Burdeos y al des-

pertar pide papel y tinta y redacta su testamento, dejando
como heredero universal de sus bienes al más joven de los
Silvela: una nieta de don Manuel.

La Prefectura de la Gironda, el 13 de septiembre,
ofició al Ministro del Interior que el señor «Fernández
Leandre du Moratín, homme de lettres, espagnol, qui a fait
l'objet de plusieures communications a obtenu à la Mairie
de Bordeaux un passeport pour se rendre à Paris»: El Prefecto —que resulta ser un Barón de Haussez, Consejero de
Estado y Gentilhombre Honorario del Rey— concluye:

> «Jai cru devoir autoriser son voyage pour cette des-
> tination, à raison de l'excellente conduite que cet étranger
> a tenue constamment à Bordeaux».

Con discreción y habilidad la Prefectura ha borrado el
incidente, esclareciendo la no actividad política del emigrado.

Pocos días después don Leandro sale hacia la capital
con los hijos de los Silvela. El Gabinete del Prefecto redacta en París, el 5 de diciembre, este informe para el
Ministro del Interior:

> «Monseigneur,
> Votre Excellence m'a signalé, dans le lettre qu'elle m'a
> fait l'honneur de m'écrire le 18 Septembre dernier, Don
> Leandro Fernandez de Moratín, Littérateur Espagnol, parti
> de Bordeaux pour Paris.
> Cet Etranger est arrivé dans les premiers jours d'Octo-
> bre, amenant avec lui plusieurs jeunes Espagnols qui vien-
> nent étudier à Paris. Ils sont tous descendus rue de
> Montreuil N.º 33. Un Sieur Silvea, qui avait devancé le
> Sieur de Moratín dans la Capitale, a établi dans cette
> maison un pensionnat dont ce Litterateur va prendre la
> direction. On y compte en ce moment à peu près une
> vingtaine d'Elèves.

Le Sieur de Moratín est un homme presque sep-
tuagénaire.
J'ai l'honneur...»

Firma este escrito Delavau en persona, jefe de la
policía.

En París el colegio quedaba instalado en la calle de
Montreuil, en el viejo camino al pueblo de ese nombre,
nordeste de la capital hoy englobado en el distrito XI. En
el siglo XVIII se había levantado en ese camino una famosa
casa de campo: la «Folie-Titon» construída por un rico
funcionario de la Corte que instaló allí sus fiestas y espectáculos. A finales de ese siglo la «Folie» pasó a ser una
fábrica de papeles pintados, propiedad de un señor Reveillon, adicto a la Corte por razón de su clientela. En esa
manufactura de papeles pintados se construyó en 1783 un
extraño artefacto: un globo destinado a hincharse con aire
caliente y ascender en el aire, llevando en papeles de colores
el Sol y la Luna. El globo subió con sus dos tripulantes y
permaneció en el aire veinte minutos surcando el espacio
desde la Muette hasta Gobelinos, adelantándose en muy
pocos días a la experiencia de Montgolfier.

Había ocurrido todo ésto cuatro años antes de que
llegase Moratín a París por vez primera y desde entonces
habían pasado infinidad de otras cosas. La fábrica de papeles
pintados del camino de Montreuil fue incendiada por el
pueblo en uno de los alborotos que precedieron a la Revolución. El señor Réveillon había pretendido reducir los sala-
rios de sus cuatrocientos obreros en un momento en el que
el Gobierno disponía la baja del precio del pan; ocurrió
un motín que ocasionó una treintena de muertos y el señor
Réveillon buscó refugio en la cercana Bastilla. Se ve que
algo en él le llamaba a ir a contracorriente.

Con la Revolución no hubo que fabricar de momento papeles pintados para revestir los salones, y las vicisitudes de los años siguientes hicieron que aquel local fuera hacia 1805 convertido en una institución de enseñanza. Un mapa de París de 1808 nos muestra en ese lugar una serie de edificaciones esquina ya a la calle llamada Titon; alrededor no hay más que terrenos de labor y casillas de menor importancia. Se ve que la Institution Leroux aprovechaba un espacio campestre y ajardinado para recibir alumnos. No sabemos si este centro de enseñanza existía una quincena de años más tarde y si el traslado del colegio español de Burdeos al número 33 de la ya calle de Montreuil se basaba en la existencia de aquél.

Hoy queda esquina a la calle de Titon una edificación de dos plantas que lleva el número actual 33. Es una casa antigua que —siendo muy parisina— es por lo mismo muy moratiniana: despejada, diáfana, clara; muy siglo xviii, versión francesa de esa simple arquitectura que en Castilla apareció en fábricas o establecimientos públicos carlotercistas. Gran portalón, muros simples, varias ventanas simétricas, el funcionalismo que se ve en Aranjuez, Brihuega o el Nuevo Baztán. Indicamos la posibilidad de que ese número 33 actual sea un residuo de las edificaciones que compusieron el colegio español. No conocemos descripciones de la casa hechas por los recién llegados, cuando tan prolijos eran Moratín y sus amigos en describir y leer sobre sus domicilios y alojamientos. Silvela, que en su biografía prodiga datos sobre las casas y domicilios en Burdeos, no es tan descriptor con las de París. Si identificásemos la casa sería aquella donde falleciera al año siguiente de su llegada nuestro escritor.

El colegio de los Silvela.

Es imprescindible decir algo sobre el colegio y sus creadores: don Manuel Silvela García de Aragón, nacido en Valladolid en 1781, había sido Alcalde de Casa y Corte con José Bonaparte. Como diría después, ello fue contra su voluntad y aceptó con sacrificio ese cargo. Pudo permutar su puesto pero prefirió mantenerse en él, aún siendo contrario a las «ingratas ocupaciones» de su destino que le desgarraban a todas horas sus entrañas, compartiendo con sus compañeros «el placer de sustraer al furor militar el mayor número posible de víctimas». Goya le retrató hacia 1809 en un cuadro magnífico que está en el Museo del Prado desde 1931. Un estudioso de Goya juzga que este retrato «parece de hombre de mayor edad» que los veintiocho años que contaba el retratado «efecto, quizá, de los azares de la época». Con levita y corbatín, su brazo apoyado en la pierna, este hombre rubio y de aspecto menudo, de cara aguda y mirada inteligente sería el emigrado de Burdeos y el creador de aquella experiencia pedagógica tan sentida.

Su hermano Francisco Agustín estuvo próximo a él en su vida pública; sus hijos Francisco Agustín y Victoria también; a ésta última la retrató Goya en 1827.

Don Manuel no había querido regresar a España en 1820. Como escribiría en su folleto «Correspondencia de un refugiado con un amigo suyo de Madrid» impreso en Burdeos, renunció al regreso por amor al colegio creado en el exilio, entendiendo que servía así mejor a España, donde no era necesaria su presencia cuando con la Constitución podían emprenderse en la Península experiencias pedagógicas análogas a la suya. Dolido con las «inexplicables combinaciones» de una convulsión política que le había lanzado fuera de España —a su juicio injustamente—, cultivó en la escuela de la adversidad toda la moderación y la tolerancia, todo el desprendimiento y toda costumbre fácil y dulce. No pedía reparación moral ni material, pero —dolido en lo más íntimo por el decreto de 1820 que les abrió las puertas en teoría a los antiguos afrancesados pero en la práctica solamente las entreabrió—, prefirió Silvela quedar en la pródiga geografía francesa para —como Metelo Numídico— elegir la salud de la patria mejor que el placer de habitarla. Para sentir a ésta «en toda su fuerza es necesario haber experimentado y no merecido todos los males de la expatriación». Monárquico constitucional, le asustaba un tanto ver cómo se abusaba de la palabra y del concepto de «libertad», así como del de «igualdad».

Don Manuel fue vigilado también en Burdeos al mismo tiempo que Moratín en 1824; el 26 de julio el Prefecto informaba que apretaba la vigilancia alrededor de él y el 11 del mes siguiente la misma autoridad oficiaba a París que, según la autoridad municipal de Burdeos, era Silvela «intermediaire de correspondance seditieuse dont les principaux acteurs sont actuellement à Paris».

Continuando la vigilancia, en septiembre se decía al Ministro que Silvela, vallisoletano, había servido a José Bonaparte, se había expatriado el año 13 y había abierto un centro de enseñanza. En 1820 se había adherido al nuevo Régimen español; era un hombre instruido «sachant déguiser ses mauvaises opinions. Il a beaucoup d'influence sur ses compatriotes. On assure qu'il est porteur de cértificats constatant ses opinions royalistes adroitement obtenus de la complaisance de personnes recommandables». En su casa vive el autor dramático Moratín.

Esto es todo lo que hubo en el año 24. En 1827, el 27 de septiembre, Silvela se dirigió directamente a Corbière, Ministro del Interior, con su firma pulcra y elegante, diciendo es un educador desde el año 16 y solicitando permiso para trasladar su colegio a París si es que obtiene la aprobación del señor Ministro. La instancia está fechada desde la calle de Montreuil y ello nos permite suponer que el previsor Silvela quiso ver el local que le proponían antes de decidir su traslado desde Burdeos a París.

En el Ministerio dejan pasar unas semanas; se prepara un oficio al Obispo de Hermópolis, encargado de Asuntos Eclesiásticos y de Instrucción Pública, explicando el caso para someterlo a la aprobación de esta autoridad eclesiástica y ministerial, pero el propio Jefe de Policía, Franchet, anula el oficio tachándolo y decreta el envío puro y simple del expediente al Obispo «comme rentrant dans ses atributions».

No hay respuesta en el expediente, mas lo que sí ocurre es que se descubre que el colegio de Silvela venía funcionando en Burdeos sin autorización legal; como el director no tenía nacionalidad francesa no se había planteado por nadie la necesidad de autorizarle.

La solvencia de Silvela le ayudó en esta ocasión: el Prefecto informó el 5 de diciembre favorablemente respecto a su conducta y al mes siguiente la misma Policía de París llegó a la conclusión de que la estancia de Silvela en París no ofrecía ningún inconveniente, pues no figura en ninguna maquinación política, por lo que el colegio puede funcionar con toda regularidad con sus veintisiete alumnos actuales. No hay más papeles sobre Silvela.

Las cifras nos indican un buen despegue del colegio: aquella docena corta de alumnos que llegó a haber en Burdeos eran una veintena a principios de diciembre del año 27 y casi treinta al mes siguiente. En el Museo del Prado se conservan tres folletos relacionados con este colegio: «Establecimiento de Educación para españoles; dirigido en París, Rue de Montreuil núm. 33», impreso por Duverger. Otro titulado «Colegio Silvela. Distribución de premios de 1828 por don Francisco Agustín Silvela, Segundo Director». Impreso por Gaittier-Laguiono en ese mismo año. Y un tercer folleto sobre la distribución de premios en el año siguiente.

Esto nos indica que, contrariamente a lo que apuntó la Policía, Moratín no dirigió el colegio pero sí don Francisco Agustín, hijo de don Manuel. En 1832 murió el fundador y el segundo director continuaría al frente de la institución. Al morir Fernando VII, sin embargo, regresó a España, donde sería, poco después, Ministro de la Gobernación, más tarde de Gracia y Justicia, magistrado y Vicepresidente del Congreso. La frondosa rama de los Silvela se prolongaría durante varias generaciones en los escalones más altos de la Administración española.

LA MUERTE.

Llegado en diciembre del 27, don Leandro escribirá a un amigo de Madrid una carta que muestra aún la provisionalidad de su instalación; está sin mesa, con un tintero prestado puesto allá sobre una silla y apoyando el papel en un libro que tiene sobre las rodillas: «yo paso la vida más insípida que puede darse, mis libros están encajonados todavía: hasta ahora no he visto el teatro sino dos noches: paso quince y veinte días encerrado en casa, y como la tal casa está al extremo del lugar, resulta que no hay teatro, ni paseo, ni conversación, ni lectura. Esta es mi vida en París: algo mejor era la que tenía en Burdeos». Su deseo de no obstaculizar las actividades de don Manuel le han empujado al sacrificio, pero no lo dice. Ahí está su gracieta de llamar á París «lugar». No entra bien el año 28: Don Manuel cae enfermo de pulmonía; después de Reyes don Leandro vuelve a escribir al mismo corresponsal de Madrid: «el frío del invierno es endemoniado por acá: yo, en el destierro en que vivo, me estoy metido en casa de noche y de día, sin atreverme a sacar las narices de la puerta afuera. Nadie viene a verme, porque yo no voy a ver a nadie, y los placeres del teatro que yo disfruto se reducen a ver los títulos de las piezas que se echan, en la lista que ponen los diarios. Dígame usted si hay viejo que pase vejez más arrugada y antisocial que yo. Y ¡ahí tiene usted a Moratín, el que en otro tiempo hizo reir a tantos, y causó placeres tan inocentes a su nación! ».

Pasando el duro invierno escribirá que solamente ha visto tres veces teatro en los cuatro meses que está en ese andurrial lleno de lodos. Mas «quiero y es mi voluntad (si el tiempo mejora y hay verano en este lugar) aprovecharle en pasearme y divertirme de todos los modos imaginables, y habrá Bulevard y Vincennes y Pere la Chaise, y Versalles y Saint Germain y Saint Denis, restauradores Tortoni, Tívoli, teatros y pulchinelas; y luego que se me acabe el dinero, volveré a encerrarme en mi cuarto como fraile hidrópico, y allí esperaré, si los cielos me dejan vida y maravedises, gozar de ella cuando se pueda, hasta que determinen quitármela». La vida es breve pero hay que hacerla grata con el amor, la amistad y el trato con las Artes.

En abril aún dura el crudo invierno parisino y aguarda para ver si en mayo quiere empezar de una vez el verano. En mayo hay cartas sobre el manuscrito de los «Orígenes del Teatro Español» que parece ha interesado a un norteamericano y que Moratín desea vender. Por entonces aparece una resolución importante: tras la experiencia del durísimo invierno ha decidido regresar a Burdeos, aunque tenga que vivir solo, pues está demostrado que París no le prueba: «Yo sigo bien, esperando pasar el verano próximo menos mal que el renegado invierno que se concluye. Haré algunas expediciones cerca de París, y dándole mi bendición para no volverle a ver jamás, a principios de septiembre me iré pasito a pasito a mi Burdeos, donde me tendrá usted mientras viva muy a sus órdenes».

Se acerca el final; seis días después de escrita la carta anterior Moratín tiene unos vómitos que trata de ocultar a quienes le prestan sus cuidados. Descubierto, el anciano traductor de las sátiras molierescas contra los médicos admitió al fin en los últimos días de mayo una consulta médica y un diagnóstico. El tratamiento de dieta y caldos le concedió una tregua pero cuando pide chocolate —el veneno de toda su vida— lo arroja y ya no admitirá ningún otro alimento. Los doctores se declaran impotentes ante una «lesión orgánica» del paciente. El 4 de junio aún toma la pluma para asuntos de poderes y de bienes y —refiriéndose a sus proyectados paseos— declara que esas proyectadas diversiones aún no han comenzado. «Líbrele a usted Dios de irritaciones de estómago, de caldo de pollo y del clima de París. Entre paréntesis, le anuncio a usted que trocaré el tal clima por otro más soportable, dentro de dos meses, y volveré otra vez a mi Burdeos, en donde quiero vivir y morir». Hasta el 20 de junio no entró en la agonía, sin dolor y sin agitaciones. Estaba ya muy próximo el «habrá Père la Chaise». Estuvo lúcido hasta cinco horas antes de su muerte ocurrida en las primeras horas de la madrugada del día 21. Sus últimas fuerzas fueron para estrechar las manos de aquella familia que le había acogido en los últimos siete años de su vida y para la cual este hombre era «una reliquia que una casualidad feliz había puesto en sus manos».

Murió en el número 33 de la calle de Montreuil y su último paseo, ya sin sus fuerzas, sería por la rue des Boulets —que hoy conserva en algún sector este mismo nombre— y junto a la prisión de la Roquette. Por el bulevard des Amandiers (hoy de Mènilmontant) —recién trazado por entonces entre huertos— entrarían en el cementerio. Allí, junto a Lafontaine y Molière, Manuel Silvela lo enterró y le puso lápida. Pero en 1853 España lo reclamó y lo llevó a Madrid, siendo el final de los viajes y entredichos de Moratín. Madrid comprendía a quien tan mal le había tratado últimamente.

Su vida había sido como la de aquellos globos de papel de colores, toda delicadeza sostenida por el riesgo del fuego que los elevaba. Fuego que le había alcanzado al fin y había hecho de él un huído. Hoy se ve aún, muy desgastada, la lápida puesta en lo que fue su tumba después del traslado de sus restos a Madrid. No lejos está la de Manuel Godoy y hay que señalar que España no reclamó al favorito responsable de tantas responsabilidades, pero sí al escritor «de inocentes costumbres» y excesiva pusilanimidad. Godoy sigue en aquel cementerio de París reclamado por nadie, pero la «Numidia» carpetana acogió sentida-

mente al escritor, olvidando sus despegos. Nos place hacerlo
notar así en relativo descargo de los «númidos».

BIBLIOGRAFIA

— MORATÍN.—En *Obras Póstumas de Don Leandro Fernández de
   Moratín publicadas de orden y a expensas del Gobierno de S. M.,*
   editadas en tres volúmenes por Rivadeneira, Madrid, 1867-68 figuran cartas sobre el primer viaje de Moratín a París, así como la
   Vida escrita por Don Manuel Silvela y que ya antes publicara
   éste en sus *Obras* en Madrid en 1845. Las cartas a Forner son del
   23 de marzo, desde Montpeller, y del 11 de mayo y 18 de junio,
   desde París, todas ellas del año 1787. Las destinadas a Llaguno,
   desde París, de 29 de abril y 25 de mayo.
       Esta edición ha sido mejorada notablemente en lo que se
   refiere al Epistolario por la edición de René Andioc (Editorial
   Castalia, Madrid, 1973).

— M. NÚÑEZ DE ARENAS.—La familia Cabarrús está estudiada, según
   documentos inéditos, en varios trabajos incluídos en el libro
   L'Espagne des Lumières au Romantisme. I. E. H. París, 1963.

— J. HILLAIRET.—*Dictionnaire Historique des rues de Paris.* París.
   Editions de Minuit. 1963. En la página 458 del volumen II se
   dice que los Cabarrús vivieron en el Hotel Boisgeloup en 1775;
   las noticias sobre el número 3 de la Rue Vivienne en las páginas
   654 y 655 del volumen II.

— *Almanach Royal.*—El Embajador Aranda domiciliado en la Plaza
   Luis XV —obviamente en el Hotel des Ambassadeurs—, según el
   almanaque de 1787.

— R. MESONERO ROMANOS.—En *Memorias de un Setentón,* capítulo I,
   se menciona a Vicente Goldoni, diamantista en Madrid y amigo
   hacia 1800 del padre del memorialista. También aparecen Mora-
   tines como amigos de la casa. La anécdota de los hijos de Gutiérrez de la Torre, en el capítulo IV.

— C. GOLDONI, *Memoires de Goldoni pour servir à l'histoire de sa
   vie et a celle de son Théatre.* París. Editions Mercure de France.
   1955. En la página 403 se dice enfermo y menciona sus visitas así
   como que «tout est fini, tout est prêt: je vais envoyer mes trois
   volumes à la presse».

— J. A. MELÓN.—Sus *Desordenadas y mal digeridas apuntaciones de*

J. A. *Melón,* es una muy valiosa fuente biográfica sobre Moratín y figuran en la edición madrileña de las obras póstumas de éste, la de 1867.

— Luis Taboada.—*París y sus cercanías. Manual del viajero.* Madrid, 1880.

— J. de Entrambasaguas.—Prólogo a *Sonetos Escogidos por L. F. de Moratín.* Dirección General de Archivos y Bibliotecas. Madrid, 1960, pág. 11.

— Dámaso Gutiérrez de la Torre.—*Exposición de la conducta política de Don Dámaso Gutiérrez de la Torre.* Rougeron. París, 1816. Es un escrito dirigido a la Junta de Secuestros de España defendiendo su actuación durante la Guerra.

— M. del C. Pintos Vieites.—*La Política de Fernando VII entre 1814 y 1820.* Estudio General de Navarra. Pamplona, 1958. Los decretos sobre afrancesados en las páginas 227 y 248 y siguientes.

— Archivos Nacionales de Francia.—Tratan de Moratín los expedientes F7 12014 492 e; y F7 12026 765 e, conteniendo este último el expediente de Núñez de Taboada.
    J. A. Melón aparece en el F7 12016 en la relación titulada «Etat général des espagnols réfugiés... auxquels des feuilles de route ont été délivrés dans cette ville pour se rendre dans leur patrie» fechada el 24 de julio de 1820. Son algo más de cien españoles y Melón figura como habitando la rue Saint Honoré 319 y se dice de él: «Parti le 8 Juillet 1820». En el expediente F7 12065 2461 e, la Policía anota el viaje de Melón y de su sobrina Luisa a Londres en 1827, señalando que tienen, respectivamente, 64 y 29 años. Han permanecido muy pocos días en Londres y son «inconnus». Creemos hacer visto una disparidad en la casa habitada por Melón en Saint Honoré: en los papeles de la Policía se dice es el número 319 y en la edición del texto de Melón creemos recordar aparecía el 219.
    Don Francisco de Goya en el expediente F7 12038 1134 e, documentos publicados ya por Núñez de Arenas. El Conde de Oñate en los expedientes F7 11981, F7 11994, F7 12041 y F7 12052. El Conde de Sástago en los F7 11981 y F7 11994.
    El Duque de San Lorenzo en los expedientes F7 12047 y F7 12060. Manuel Silvela en F7 12043 1282 e. El Marqués de Villacampo en el expediente F7 11981.

— José Luis Varela.—En *El Costumbrismo Romántico* (Madrid «Novelas y Cuentos», 1970) se refiere al Diccionario de Núñez de Taboada en la nota 31 de la página 44.

— Pedro Ortiz Armengol.—Artículo *Cinco personajes con Avira-neta al fondo (1): Taboada,* en «La Estafeta Literaria», de Madrid, número 505 de 1 de diciembre de 1972. «El reciente libro de Longhurst sobre la novela histórica barojiana publica un texto que estaría en contradicción con este artículo. (Nota de 1974.)».

— V. Llorens Castillo.—*Liberales y Románticos.* El Colegio de Méjico. Méjico 1954. El ataque de Villanueva a Núñez de Taboada en las páginas 264 y 265.

— M. Núñez de Arenas.—En *Impresos españoles publicados en Burdeos hasta 1850* —incluído en *L'Espagne des Lumières au Romantisme*— figuran catalogados con los números 62 y 223 los títulos editados por Núñez de Taboada.

— Hans Juretschke.—*Vida, Obras y Pensamiento de Alberto Lista.* CSIC. Madrid, 1951. En su página 578 se menciona cómo Alberto Lista utiliza uno de los Diccionarios de Taboada y emite un juicio favorable: En una carta a Reinoso desde Bayona en 1829 escribe Lista: «He verificado las medidas y Taboada tiene Razón. Está bien traducido el párrafo de que dudabas».

— J. Hillairet.—En su Diccionario de calles de París, Volumen II, página 161, se menciona ampliamente la fábrica de papeles pintados de M. Reveillon. Según este mismo libro, en 1870 persistía con el nombre de «Institution Fontaine», una institución escolar en el número 31 de la Rue de Montreuil, que continuaba aquella escuela existente en 1805. Hillairet reproduce un prospecto de 1870 con un dibujo de la «Institution Fontaine» que muestra edificaciones similares a las que en la actualidad son el número 33. Hillairet escribe que el edificio escolar del número 31 fue demolido en 1880. Más, el actual número 33, ¿es resto de aquél? Por los años 1964-1966 el número 33 tenía un patio central y en el conjunto había varios talleres y dependencias de fabricantes de muebles y artesanos. Probablemente estos locales son restos más o menos transformados de aquel centro escolar que fue efímeramente Colegio español en París y donde muriera Moratín.

— J. Sánchez Cantón.—*Vida y Obras de Goya.* Ediciones Península. Madrid, 1951. El juicio sobre el retrato de Silvela, en la página 100. En la misma página, en nota, referencia a los folletos sobre el «Establecimiento de Educación para Españoles» de la Rue de Montreuil y los otros que se refieren a la distribución de Premios al final de los cursos de 1828 y 1829.

— Manuel Silvela.—*Correspondencia de un refugiado con un amigo suyo de Madrid.* Burdeos, en la imprenta de Lawalle Joven y Sobrino. Sin año.

El General Narváez: leyenda y literatura de un gobernante romántico

JESÚS PABÓN

LA LEYENDA.

Don Ramón María Narváez fue una importante personalidad. Desde 1843, en que capitaneó el movimiento político-militar que derribó a Espartero, hasta 1868 en que murió siendo jefe de Gobierno —esto es, durante veinticinco años—, desempeñó un papel capital, como jefe del Ejército, presidente del Gobierno o figura de la Oposición.

Donoso Cortés afirmó en 1849: «Narváez es la columna que sostiene el edificio: el día en que la columna caiga, el edificio entero se desplomará...».

El fenómeno resulta, a primera vista, desconcertante.
La importante personalidad de Narváez, ha producido una
escasísima historiografía. Los estudios a él dedicados directamente, se cuentan con los dedos de una mano, una prescindiendo de distinciones sobre la extensión, el carácter y
la valía de lo producido.

Y hay que partir de esa realidad: Narváez, sin historia,
quedó, para nosotros, entre la leyenda y la literatura.

La leyenda cerró, tras él, las puertas de la historia. Y
hubo de abrírselas la literatura. Narváez fue personaje de las
creaciones novelescas que revivieron el siglo XIX: los *Episodios Nacionales,* de Galdós: las *Memorias de un hombre de
acción,* de Baroja: *El ruedo ibérico,* de Valle-Inclán.

La aproximación al Narváez de la historia ha de partir,
inexcusablemente, de la simpleza a que la leyenda le redujo,
y de la complejidad que esbozó la literatura.

Fijemos el Narváez generalmente admitido. Evitemos
cualquier exageración, en busca del efecto polémico. Nos
bastará el recurso a las anécdotas más difundidas.

Seguiremos un procedimiento elemental y clásico: el
que considera, en primer término, la personalidad: y tiene
en cuenta, luego, la inteligencia, la voluntad y la sensibilidad
del hombre.

* * *

¿Cuál es, para la leyenda, la personalidad política de
Narváez?

Fue un Espadón, no una espada. Se trata, no de un mi-
lilitar, sino de un militarote.

La distinción es sustancial. El militar proyecta, en la política, su vocación y su formación. Como el hombre de Derecho: Waldeck-Rousseau y Maura. Como el humanista: Clemenceau y Canalejas.

Militares fueron Bonaparte, Cavour y Churchill. Bonaparte, artillero. Cavour, del Cuerpo de Ingenieros. Churchill, del Arma de Caballería. Proyectaron, al gobernar, la formación básica y militar.

El militarote traslada a la vida pública los modos expeditivos y violentos del trance bélico.

La leyenda repite incansablemente la anécdota. El General Narváez preside un Consejo de Ministros. Sus Ministros eran las mayores figuras del Partido Moderado: varios habían sido ya, o serían después, Jefes de Gobierno. Uno de ellos, personaje civil —Sotomayor, Mon, Bravo Murillo— se resistía a autorizar la disposición acordada por la mayoría de los Consejeros.

Y dijo: «Antes me dejaría cortar la mano derecha...».

Narváez le atajó: «Usted no se cortará ninguna de las manos. Con la derecha, firmará la disposición. Con la izquierda, me tocará usted los pelendengues».

Nadie hubiera atribuído la frase a un militar: a Serrano, a O'Donnell. A Narváez sí: porque era un militarote.

* * *

¿Cuál era, para la leyenda, el horizonte intelectual de Narváez?

El de un andaluz, en el sentido peyorativo de la palabra. No era, ciertamente, tonto. A veces, mostrábase ingenioso. Pero, en oposición al andaluz universal, hallábase limitado por lo regional, lo provinciano, lo aldeano.

Este andaluz vive, como Jefe de Gobierno, la compleja
crisis internacional de 1848. En ella, realiza un acto insó-
lito: hace salir de España al Ministro de S. M. Británica,
Sir Henry Lytton Bulwer, amigo íntimo de Lord Palmerston.

Lo expulsa, exactamente, a patadas. En 1908 —¡todavía!— se recoge, por escrito y sin el menor espíritu crítico, la tradición oral: «Un día se hallaba Narváez en su
despacho, bufando por una nueva algarada promovida por
Bulwer, cuando se presentó éste... El inglés soltaría alguna
insolencia, pero el General le obligó a levantarse: le coge
por el pescuezo y le aplica tal puntapié en salva sea la parte,
que Lytton Bulwer por poco no cae derribado al suelo.
Minutos después recibía el Embajador (sic) inglés los pasa-
portes, y como conocía de sobra cómo las gastaba el General, se apresuró a tomar las de Villadiego, antes que le fusi-
lase. Bulwer llegó a Londres sin más novedad que las consecuencias de la bota de Narváez...».

En las relaciones internacionales o diplomáticas, el
Duque de Valencia, Jefe de Gobierno, procedía como un
patán.

* * *

En cuanto a la voluntad del gobernante, Narváez, en
la leyenda, es un tirano —un déspota— típico.

La libertad y la dignidad, humanas y mínimas, del gobernado, no contaban para él.

Sin duda, favorecía a sus amigos políticos de modo
arbitrario y desmedido. Y a la vez, acababa con sus adversarios.

La anécdota más difundida por la leyenda se refiere al
Narváez moribundo. El sacerdote que lo asiste le invita,

según el precepto cristiano, al perdón de los enemigos. Narváez confiesa una tremenda realidad:

«No puedo perdonar a ninguno, porque los he matado a todos».

* * *

La sensibilidad del hombre —cuarta consideración— era, en la Leyenda, nula.

No se trata, claro es, de las reacciones del personaje ante la Naturaleza y el Arte. Resultaría una petición excesiva, en semejante sujeto. La vida íntima, para la Leyenda, quedó ignorada o negada. La vida pública, única atendida, fue sencillamente feroz.

«El Látigo», en su número del 5 de diciembre de 1954, publicó, entre sus notas de sociedad, la siguiente: «El Domingo tuvimos el gusto de ver en la Casa de Fieras del Retiro al Excmo. Sr. D. Ramón María Narváez».

Eso fue, ni más ni menos, para la Leyenda: una fiera.

* * *

Todo quedó, en consecuencia, resuelto. Políticamente, no pasó de un militarote. Su horizonte intelectual era el de un aldeano andaluz. Como gobernante fue un tirano típico y vulgar. Sus sentimientos no eran humanos, sino brutales.

LA LITERATURA.

Pero ese personaje no servía, ni podía ser admitido sin más, en la Literatura. La novela que revivía el siglo XIX español necesitaba de un Narváez distinto al *acabado* de la leyenda: más real, más complejo, más interesante. Lo buscaría por sus propios medios: los de la creación literaria. Esta —ya se dijo— le abrió las puertas de la Historia.

Necesitamos, ahora, de la novela para acercarnos a Narváez. Nos bastará el manejo de tres escritores, familiares para todos. Ellos —atendida la diversidad de la obra— nos pondrán en camino.

El amor y el odio de Narváez joven:
Baroja.

No hay duda sobre lo que Baroja quiso hacer al trazar las *Memorias de un hombre de acción,* inspiradas por la vida de don Eugenio de Aviraneta: «...yo no me he propuesto de pronto —afirmó don Pío— escribir novelas históricas. No. A mí lo que me ocurrió es que me encontré con un personaje, pariente mío, que me chocó, me intrigó y me produjo el deseo de escribir su vida de una manera novelesca». En otra ocasión aludió al trabajo que le exigió la obra: «Sería cosa muy larga de contar todos los caminos que he seguido para buscar datos acerca de mi personaje y de la época». Agreguemos una tercera verdad: exceptuada la simpatía —explicable y necesaria— hacia Aviraneta, todo fue enjuiciado por Baroja con su independencia personal y originalísima.

Narváez aparece, ahora, en Arcos de la Frontera, al día siguiente del encuentro de Majaceite en que, al mando de la División de Vanguardia del Ejército Liberal, ha alcanzado y derrotado a las fuerzas expedicionarias carlistas, mandadas por otro militar andaluz, don Miguel Gómez Damas.

Está en Arcos don Eugenio de Aviraneta, Intendente
—ministro de Hacienda— de una División de la Milicia
Nacional. Aviraneta ha organizado en Jerez de la Frontera
un Hospital de Sangre, en el que han sido atendidos los
heridos de la batalla. Aviraneta es, para quien lee, el
narrador.

Está en Arcos don Manuel Cortina, sevillano, que será
figura famosa del Foro y de la Política, y que comparece
ahora en el Estado Mayor de la División de la Milicia.

Está el Brigadier Narváez. Tiene treinta y siete años.
Manda la División de Vanguardia victoriosa. Aviraneta le
ve «emborrachado por el éxito».

Está también el Teniente Coronel Ros de Olano. Jefe
de Estado Mayor de la División de Vanguardia, amigo de
Narváez y de Aviraneta. «Ros de Olano —dice don Eugenio— era hombre de gracejo, había leído mucho, sabía
francés, inglés y creo que alemán».

Después de cenar en el Palacio de los Duques, Ros de
Olano, Aviraneta y un Capellán —Suñer de apellido—
hablan, en un pequeño café, de Narváez. Y, en definitiva,
oyen hablar de él al teniente Matamoros.

El teniente Matamoros era muy feo: «cuando se miraba
al espejo, él mismo se asustaba». A la cantinera que le
rechazó por feo, le contestó: «Sí, pero soy muy gracioso».
El teniente Matamoros tenía ahora cuarenta años: era de
Loja: y conocía a Narváez desde la Escuela.

Matamoros habla del escudo que los Reyes Católicos
otorgaron a Loja: el castillo y el puente: las dos montañas:
la cadena y la llave dorada. Y este mote: «Loja, flor entre
espinas». «Este mote de la ciudad —dice Matamoros— le
viene como de perlas al Brigadier don Ramón Narváez:
porque mi paisano es también así, flor entre espinas...»

De estudiante en Granada, antes de ser cadete, Narváez conoció a una joven aristócrata: Juanita Ponce de León. Juanita procedía de Arcos, y era pariente del Duque. Narváez la galanteó en vano: porque ella tenía la relaciones con Alfonso Pérez del Pulgar, granadino, noble, de poca fortuna.

Pérez del Pulgar y Narváez se encontraron luego como cadetes en el Regimiento de Guardias Valonas. El odio entre ambos, fue acrecentado por las diferencias políticas: Narváez era constitucional: Pulgar, absolutista. Así se enfrentaron en la jornada del 7 de julio de 1822.

Tras el triunfo del Abolutismo y desde 1824, Narváez vivió, retirado, en Loja. Pulgar, ya casado, estaba de guarnición en Granada. Cuando Narváez iba a Granada le veía, con Juanita, en el Salón y en la Bomba, los paseos granadinos.

El odio de Narváez se extendió a toda la familia Pulgar. Un día impidió el padre de Alfonso que jugase en la mesa donde él estaba: tiró al aire la bolsa de la postura y afirmó: «Dónde yo estoy no apuntan los realistas».

La guerra les enfrentó. Narváez servía en la Plana Mayor de Espoz y Mina. Pérez del Pulgar estaba en las filas de Zumalacárregui.

Narváez le invitó, varias veces, a batirse con él. Cuando Narváez recibe el mando del Regimiento de la Princesa, ambos son Coroneles en sus Ejércitos.

La historia alcanza una situación límite; los Regimientos que mandan Narváez y Pulgar se enfrentan en la batalla de Mendigorría. «Narváez saliéndose de las filas se lanzó contra su enemigo». El General Luis Fernández de Córdova, le preguntó, luego, con sorna: «¿Es que querías hacer retroceder solo a todo el ejército carlista?» Era un odio acumulado que Matamoros va calificando de «tremendo», de «terrible», de «furibundo»...

«Al día siguiente de esta batalla (de Mendigorría) —sigue narrando Matamoros— al recoger los muertos, se supo que un Coronel enemigo había quedado en el campo: era Alfonso Pérez del Pulgar». Un soldado entregó al Coronel Narváez las armas, el uniforme y un paquete de cartas que había recogido. Doña Juanita vivía en Arcos y pasaba apuros, porque las pagas de los militares carlistas no llegaban con puntualidad.

Narváez hizo un paquete con las cartas, el uniforme y la espada del Coronel Pérez del Pulgar: añadió su paga que había cobrado en billetes: y todo se lo envió a Doña Juanita. «Narváez —concluyó Matamoros— olvidó en seguida su odio, y hablaba de su antiguo rival con simpatía».

Pero la historia había tenido un epílogo inesperado en aquel mismo día de la narración de Matamoros. Ros de Olano lo cuenta a Aviraneta, en la noche, bajo la luna, ante el convento de las Franciscanas de Arcos: «En este convento está, desde la muerte de su marido, Juana Ponce de León». Al saberlo, por la mañana, Narváez había querido visitar a la viuda, hablar con ella, y darle detalles de la muerte de su marido. Ante la resistencia de la Superiora había amenazado: «¡Señora!... si no lo autoriza usted, soy capaz de asaltar el convento con mis tropas».

Narváez se impuso. Doña Juanita apareció tras la reja del locutorio con el velo echado. A la narración de Narváez, sólo respondió con monosílabos. Narváez acabó suplicándole que le dejase ver un momento su rostro. La Superiora accedió tras advertirles —a Narváez y a Ros de Olano—: «Sor Teresa (Doña Juanita) está enferma: ha envejecido mucho, y no quiere que la vean ustedes así...».

«La monja... se levantó el velo —continúa Ros de Olano—
y vimos una cara tan vieja, tan arrugada y tan macilenta,
que yo quedé extrañado y Narváez atónito. Salimos a la
calle los dos sin despedirnos de nadie». (Aviraneta supo,
días después, la verdad. Doña Juana, que tenía unos veinticinco años, seguía tan guapa como antes. La Superiora
«había dado el cambiazo» y presentado a los visitantes una
monja vieja y enferma).

Horas antes, en el Palacio de los Duques, Narváez y
Aviraneta habían discutido agriamente. «Narváez —cuenta
Aviraneta en palabras ya reproducidas— me replicó con
extremada violencia, con su fraseología andaluza plagada de
brutalidades y de groserías. Me hubiera retirado a no haber
intervenido varias veces Ros de Olano...»

Pasó la noche. Los toques de corneta despertaron a
Aviraneta que presenció, desde el balcón, la animación de
la plaza y la formación de la tropa. Narváez y Ros de Olano
entraron a despedirse de él. El Narváez violento y grosero
de la víspera era otro.

«Aviraneta —me dijo Narváez—, sé quien es usted,
lo que ha sufrido, la situación en que se encuentra. Si me
necesita usted alguna vez, cuente usted conmigo».

«Gracias, brigadier» —repuso Aviraneta.

Luego le vio montar a caballo en la plaza, y bajar la
cuesta rodeado por Ros de Olano, Silva y Mayalde. Tocó
la música, la columna se puso en marcha y se alejó por la
carretera. El pueblo quedó vacío.

Aviraneta concluye: «Yo pensé en aquel hombre violento y fiero, y se me ocurrió, como al teniente Matamoros,
que le venía muy bien la leyenda antigua de su pueblo:
Loja, flor entre espinas».

He aquí, pues, un Narváez novelado, distinto y **más**

complejo que el de la Leyenda. La desgracia —la muerte— de su mayor enemigo cambia el odio en piedad y en simpatía: cae en un fácil engaño que pone fin al apasionamiento amoroso: basta el curso de una noche para mudar su ira en afectuosidad.

LA INTIMIDAD DEL GOBERNANTE: GALDÓS.

¿Dónde nace el Narváez de la cuarta serie de los Episodios Nacionales? (El lector a quien la cuestión no parezca interesante, pase por alto estos párrafos).

«Sobre Narváez —escribe Regalado— Galdós se pudo informar en la anónima *Historia militar y política de Narváez,* Madrid, 1849, y en el estudio de Andrés Borrego en la *España del siglo* XIX, además de otras obras generales sobre la época». La posibilidad respecto a esas dos obras —única afirmación de Regalado— es incuestionable. Lo es también el recurso a otras obras de carácter general que Don Benito tenía en su biblioteca.

Pero es indudable, por otra parte, que Galdós no dispuso, respecto a Narváez, de un estudio monográfico como los manejados en relación con Zumalacárregui, Espartero o Prim. Tuvo, en cambio, dos fuentes de conocimiento importantes.

Cualquiera fuese la fecha de su llegada a Madrid, Galdós vivió el último Gobierno Narváez, y la polémica en torno al personaje, vivo y muerto, que reproduce muy vivamente en los encontrados pareceres de las figuras de los Episodios.

La otra fuente fue una figura del Episodio, que informa al protagonista, José Fajardo, y que informó a Galdós sobre la intimidad de Narváez: el General Don Eduardo Fernández San Román. San Román era hombre de muchos y buenos libros —véase su legado a la Academia de la Historia—, historiador concienzudo —léanse sus *Campañas del General Oráa*—. Diputado y Senador, titulado bajo la Restauración (1878), archivo viviente, San Román trató a Galdós y realizó con él la tarea informativa que cumple en el Episodio cerca del Marqués de Beramendi.

Galdós sitúa a Narváez en vísperas del «Ministerio Relámpago». Le supone enterado de lo que se trama. (Según veremos en su momento, Narváez, secretamente advertido, no creyó en el anuncio y fue excepcionalmente sorprendido por el acontecimiento). La anécdota que Galdós imagina, encierra una típica advertencia del Narváez gobernante a sus adversarios. En realidad, siempre procedió de ese modo: notificando previamente a los enemigos que conocía sus planes y que estaba prevenido.

La actitud de Galdós, en principio y por principio, no podía ser favorable al Espadón. Pero su honesto liberalismo permitió, respecto a Narváez, la diversidad de pareceres de los personajes del Episodio, que reproducía —según va dicho— la realidad que conoció.

* * *

José Fajardo —personaje capital de la cuarta serie— se ha casado con María Ignacia, hija de los poderosos señores de Emparán. Así es rico: y llega a ser Marqués de Beramendi.

José Fajardo, Marqués de Beramendi, es hijo de padre provinciano «y moderado acérrimo». Fiel a la orientación paterna, asiste a la tertulia del Conde de San Luis, como diputado en ciernes.

Recién casado, apenas vuelto del viaje de novios, advierte —haciéndolo observar a su mujer— que los suegros, los señores de Emparán, son «carlistones», «carlinos», «beatos», «convenidos», «absolutistas». No sabe bien lo que significa la presencia y la presidencia, en la tertulia casera, del Conde de Cleonard. No se percata bien de alguna cosa grave que en esa tertulia se dice, y que María Ignacia le comunica. Ambos saben que, en todo ello, juega la animadversión a Narváez.

José Fajardo no se acuerda de los Socobio, ni de Eufrasia —una pasión desvanecida— y, en realidad, ignora el complot en que participan los Socobio y los Emparán.

Un buen día —29 de mayo— le visita su excelente amigo, Eduardo (Fernández) San Román, «el brigadier más joven del Ejército», gran amigo de Narváez, que «le ha hecho diputado por Loja, su pueblo, que es como hacerle de la familia...». El Jefe del Gobierno quiere conocer al Marqués de Beramendi y San Román lo llevará ante él: «será una simple presentación de confianza —le dice el Brigadier— por la mañana, cuando el General, no vestido aún, o a medio vestir, y quizás tomando el chocolate, recibe a sus más íntimos amigos».

Así, una mañana, José Fajardo, Marqués de Beramendi, se presenta en la Inspección de Milicias, vivienda de Narváez cuando es Presidente. San Román y un Ayudante de Narváez, le conducen, a través del rompecabezas de un pasillo con dobleces, a un aposento grande y claro.

Entró Beramendi en la habitación en el momento en que Narváez salía por una puerta frontera, en mangas de camisa, como «un toro saliendo del toril». Narváez voceaba

y tocaba una campanilla, llamando a Bodega —el viejo
soldado servidor del General y ahora su ayuda de cámara
y mayordomo— sin hacer caso del visitante, al que se limitó a decir: «Dispense usted, pollo».

Beramendi registra sin proponérselo la evolución del
tono de Narváez en relación con el impasible Bodega.
Cuando entra, al fin, con el chocolate, le tira la campanilla
y le grita: «Ahora te lo tomas tú, arrastrado... Llévatelo
o te lo tiro a la cabeza». Luego, metido en conversación,
habla de otra manera al Ayuda de Cámara que reaparece:
«Bodega, hijo, ¿qué haces que no te llevas ese chocolate
maldito?» Después, cuando, «con severidad tutelar», Bodega corrige un fallo de la memoria, Narváez asiente con
naturalidad: «¡Oh!, sí: tienes razón...». Más tarde, en
el almuerzo, Bodega recuerda la norma ante una petición del
Borgoña del año 4: «El Borgoña se guarda para las comidas
de etiqueta».

No fue menor la naturalidad con que Narváez había
cortado la bronca a Bodega e iniciado el diálogo con Beramendi: «volviéndose a mí —cuenta Fajardo— me señaló
un sofá, a punto que él también se sentaba, y me dijo:

—Dispense, pollo, que le reciba con esta confianza...
Voy a decirle con qué objeto me he tomado la libertad de
llamarle...»

El lector puede sufrir un primer desconcierto, si no
advierte el supuesto en que Galdós se apoya. Narváez sabe
todo lo del complot que producirá el Ministerio Relámpago,
pero no quiere ni necesita decirlo todo. Entre otras razones
porque cree que Fajardo lo sabe también. Pero Fajardo
no sabe nada. Entre la ignorancia de Fajardo y la creencia
de Narváez, el diálogo se hace imposible y se desliza hacia
un monólogo del Jefe de Gobierno.

El planteamiento de Narváez es extenso pero muy abierto desde el comienzo: «Pues quería decir a usted lo siguiente: en su casa, en la casa de los señores de Emparán, se conspira de un modo descarado contra mí... No, no me lo niegue. Con usted no va nada. Tengo de usted la mejor idea... Mi objeto al llamarle no es pedirle que me cuente lo que se habla en su casa. Ni yo acostumbro apelar a esos medios, ni usted, que es un joven pundonoroso, de gran talento, según me dicen, se había de prestar a un espionaje de tal naturaleza... No, no: mi objeto es tan solo pedirle que haga entender a su familia que Narváez no está ignorante de lo que se trama contra él, y que se halla dispuesto a *meter mano* a todo el que perturbe, sin distinción de pobres y ricos...»

Ante el desconocimiento en que asegura hallarse Fajardo, Narváez inicia una serie de noticias y de preguntas: «Ahora resulta que este pollo cándido y honesto no se entera de nada. ¿No sabe que Eufrasia y una tal Rafaelita, hija de uno que fue jefe político en tiempo de Espartero, son los correos de gabinete que llevan a la casa de Socobio y al palacio de usted las órdenes de otra casa más grande?»

Las negativas de Fajardo no impiden un primer desahogo de Narváez contra las conspiradoras: «Como me llamo Narváez, que no quisiera morirme sin coger un barco viejo, de los más viejos que tenemos en los arsenales, y llenarlo de estas viejas beatas... y mandarlo bien abarrotado de ellas... ¿qué Canarias, ni qué Felipinas?... ¡A las islas Marianas!».

El otro desahogo muestra su exasperación de gobernante y de excombatiente liberal: «Parece que aquí todos están locos: locos los de abajo, locos los de arriba y los de más arriba... A veces, metido yo en mí mismo, me pregunto:

¿Pero seré yo sólo el cuerdo entre tanto tocado, y mi papel aquí el de rector de un manicomio?... ¡España y los españoles! ¡Vaya una tropa, compadre! Aquí, el Gobierno no halla día seguro: aquí es imposible acostarse sin pensar: ¿Qué absurdo, qué disparate nos caerá mañana?... ¡Ay, pollo! Usted no es militar, usted no ha hecho la guerra peleándose con otros españoles...: usted no se ha metido hasta la cintura en ríos de sangre. Y todo ¿para qué? Para que a la vuelta de unos años de lucha y de otros tantos de celebrar la victoria con himnos y luminarias, nos encontremos como el primer día, ...ni más ni menos que el primer día, creyendo... que aquí no ha pasado nada...».

El desahogo de Narváez termina volviendo a los poderosos a quienes quiere advertir: «Que me busquen el genio y verán... Las contemplaciones tienen un límite. O gobierno como se debe gobernar, o me voy a mi casa. Tener fama de duro y no serlo es gran tontería. Exigirme que lleve a todo el mundo derecho, ir yo más derecho que nadie, y que se me tuerzan los que a todos deben darnos ejemplo, es fuerte cosa...».

Cuando José Fajardo, Marqués de Beramendi, abandona la Inspección de Milicias, se dice: «Saco la impresión de que es un hombre de tanta voluntad como inteligencia: pero le falta el resorte que hace mover concertadamente estas dos preciosas y fundamentales piezas del mecanismo anímico».

* * *

También este Narváez es más complejo que el de la Leyenda.

Coincide con el de Baroja en el rápido abandono de su

famoso furor: con Aviraneta bastó el transcurso de una noche: con Bodega, el curso de unas horas en la mañana.

Como Jefe de Gobierno aparece en duelo con las fuerzas políticas y sociales que fían en el Conde de Cleonard. Un hombre tan moderado como Santillán, escribió: «El Conde (de) Cleonard, Ministro de la Guerra en el Ministerio de que yo formé parte en 1840, nos dio en aquella ocasión demasiadas pruebas de sus cortos alcances como hombre de Estado y de no mucho mayores como militar, si bien era un cumplido caballero de gran probidad y religioso hasta el fanatismo. Sus opiniones en política eran puramente absolutistas». La posibilidad —la actividad— de Cleonard produce la exasperación de Narváez que piensa en la inutilidad de la guerra civil y de la victoria liberal.

Por otra parte —como ya se dijo— el Narváez de Galdós, plenamente informado, advierte a sus enemigos: quiere que renuncien a sus planes, porque no desea esa lucha, aunque esté seguro de dominarla: y, en todo caso, abandona la ventaja de la sorpresa en la posible acción de Gobierno.

LA MUERTE DE NARVÁEZ: VALLE-INCLÁN.

Ni podemos, ni necesitamos, entrar aquí en problema alguno de los suscitados por la persona y por la obra de Valle-Inclán, excelentemente estudiados en el centenario de su nacimiento. Ese estudio nos servirá para las indicaciones ahora precisas.

Aunque «La Corte de los Milagros» no sea, o no se titula, «esperpento», Narváez, en Valle-Inclán, es una figura esperpéntica. «El esperpento —dice José F. Montesi-

nos— no es una inmersión en la vida o en un cierto medio:
es nuevamente una evasión». La posición de Valle-Inclán en
el esperpento —según el mismo autor— es esta: «Situarse
es una perspectiva de *ultratumba,* muy problemática por
cierto, desde la que las gentes se vean como siluetas, como
sombras, como muñecos...». Valle-Inclán sitúa a Narváez
en esa perspectiva de ultratumba: la hace hablar en trance
de muerte, «agitado por los fantasmas de la fiebre».

«Frente y al margen de la Historia —escribe el Profesor Maravall— Valle-Inclán cultiva, no la intrahistoria...
sino esa antihistoria que es la tradición legendaria». Valle-
Inclán se basará, pues, en la leyenda del Espadón.

Para la doble raíz de su ánimo hostil respecto a Narváez, nos sirve también de guía Maravall. Valle-Inclán se
encuadró en el Carlismo de la primera fase: y después, tras
la crisis —que no fue apostasía sino desilusión— halló la
salida del anarquismo. «Pudo ser —escribe Maravall—
carlista o anti-burgués y pasar a ser anarquista o anti-burgués». De donde —advertimos nosotros— Valle-Inclán
sitúa a Narváez, extremado el caso en el delirio de la fiebre
mortal, y partiendo de una doble y extrema negación.

Añadamos una última indicación. Valle-Inclán no ve
—no conoce o no entiende— lo andaluz: y esto es muy
importante cuando se trata del Espadón de Loja. Acabada de
leer la obra, Azaña anotó: «...en *La Corta de los Milagros*
los personajes son muñecos inventados que hacen gestos...
Vasto cuadro descriptivo, demasiado pintoresco y superficial... Los campesinos andaluces hablan en gallego valle-
inclanesco». Julián Marías ha escrito: «Hay que advertir
que Valle-Inclán vacila frente a lo andaluz. No *ve* Andalucía
y esta no late con fuerza convincente en sus páginas... Valle-
Inclán no se siente seguro en Andalucía...».

Narváez se muere. «El Espadón de Loja, con garrafas en los pies, cáusticos en los costados, y en las orejas cuatro pendientes de sanguijuelas, íbase de este mundo amargo a todo el compás de sus zancas gitanas. En sopor, con hervores de pecho, sostenía inconexos diálogos, agitado por los fantasmas de la fiebre».

Narváez dialoga con Bodega, con Juan Bodega, el humilde y fiel servidor del Espadón, a quien Valle-Inclán no designa por su apellido, y le hace llamar «Talega».

Talega, con sus consejos simples y su lenguaje impropio de un viejo ordenanza, provoca una confesión política del moribundo. Talega dice:

«Hay que dormirse y dejar cavilaciones. Otra cosa no recomiendan los Doctores».

Narváez contesta:

«Que les pongan un cencerro. ¡Revolución demagógica! No hemos sabido acabar la guerra civil. El abrazo (de Vergara) ha sido más falso que el beso de Judas. España pedía una sola política y se la hemos negado. ¡Carlismo sin sotanas! Carlismo de Carlos III. ¡España, mi España! ¡Negro todo y sin saber adonde vamos ninguno de los dos! ¡Talega, si me hubiese equivocado, qué enorme culpa!».

Porque hay, en el moribundo, una conciencia política, delirante sin duda, por conciencia en definitiva. Valle-Inclán prosigue:

«Don Ramón María Narváez, Duque de Valencia, Grande de España, Capitán General de los Ejércitos, Caballero del Toisón y Presidente del Real Consejo, hacía su cuenta de conciencia. Miraba en sí, con mirada advertida, juntando la contemplación ascética con presagios y agüeros de gitano rancio. El señor Duque de Valencia, en las sombras de la alcoba, fulminaba sus últimos reniegos con ojos lucientes de fiebre y la calva ceñida a lo majo por el gibraltarino pañuelo de seda».

Sus últimos reniegos tienen el mismo motivo: « ¡Cuántas responsabilidades sobre mi conciencia! ¡Así no hubiese gobernado nunca esta Insula Barataria! ».

Lo sabemos. Y admiramos la paciencia infinita de Baroja en la busca de auténticos materiales históricos, base indispensable para su creación imaginativa. Y conocemos el estudio de los libros y la silenciosa escucha de testimonios personales a que Galdós procedió. Valle-Inclán, en *El Ruedo Ibérico,* imagina sin cuidarse de apoyar «en la realidad un solo pie», según el consejo mínimo de Goethe.

Narváez, como andaluz, resulta gitano de raza o de carácter: estimación a la que no estorba una realidad bien conocida: era noble de sangre, descendiente de los reconquistadores de Andalucía. Conocemos la última enfermedad y la muerte de Narváez, libres de todo delirio de la mente.

Pero, ahora, hemos de aceptar, sin pretensiones críticas, la versión de Valle-Inclán. Es así como nos sirve. En trance de muerte y en pleno delirio, Narváez hace una importante manifestación histórico-política, a favor del despotismo ilustrado. El Narváez moribundo es una conciencia que se examina y hace su cuenta.

* * *

Esas páginas literarias han sido acarreadas sin propósito histórico alguno, demostrativo o definitivo. Las manejamos solamente según una consideración ya hecha: la creación literaria superó, de una u otra manera, la leyenda, y replanteó el problema, ya resuelto u olvidado, de un Narváez sin historia.

Se bastaría, para el replanteamiento, una coincidencia, acaso negativa, de los tres autores, al situarlo políticamente. El Narváez joven de Baroja, se enfrenta vitalmente con Alfonso Pérez del Pulgar, rival en amor y en política, combatiente carlista. El Narváez gobernante de Galdós, lucha con las fuerzas que encarna y capitanea el Conde de Cleonard, fanático y absolutista. El Narváez moribundo de Valle-Inclán, se confiesa partidario, en la historia y ante la eternidad, de la política de Carlos III.

Ahora, liberados por la literatura de la opresión de la leyenda, podremos acercarnos a la historia.

Guerra y paz en la España romántica

VICENTE PALACIO ATARD

Recordemos las primeras páginas de la novela de Tolstoi, cuyo título habrá venido a la memoria de muchos de ustedes. En los salones de Ana Pavlovna, en San Petersburgo, se halla reunida la sociedad aristocrática rusa, el gran mundo de los nobles, los diplomáticos, las gentes distinguidas. El «gran mundo», en París o Petersburgo, en el siglo XIX o en el XX, tiene que hablar naturalmente del gran tema, y el tema del día en 1805 es Napoleón.

En aquellos salones se cuentan anécdotas, los amores de George Sand, el asesinato del duque de Enghien; se hacen algunos comentarios frívolos, pero sobre el fondo de las conversaciones flota un temor: el temor al profundo cambio que Napoleón significa para el mundo.

La situación de poder entre las potencias, alterada; la

sociedad, con sus antiguas costumbres y sus estructuras
estables, destruída. Cambia el orden antiguo, que parecía
cristalizado para siempre en los moldes neoclásicos del siglo XVIII. Orden, estabilidad, razón; todo se altera en el
tempo nuevo, en el *pathos* colectivo que sacude a Europa
y que muy pronto recibirá un nombre: el Romanticismo.

La novela de Tolstoi nos hace vivir el drama de la
guerra ruso-napoleónica, la novela de todo un pueblo, y en
ella se recogen también los ecos lejanos de los sucesos de
España. En un pasaje el príncipe Alexis Bolskonski y los
amigos del círculo de Mijáil Speranski, que alientan el espíritu de resistencia frente a Napoleón, discuten sobre las
andanzas españolas del Emperador de los franceses y sobre
el ejemplo que dan al mundo los españoles indomables.

En efecto, son los años de la invasión de España por
las tropas napoleónicas. También en la España enfrentada
con Napoleón irrumpe un tiempo nuevo: tiempo de guerra
y de paz, de revoluciones, agitación y cambio. El fondo
histórico de la España romántica nos lo dan esos treinta
años de guerras (1808-1839) que conmueven los cimientos
del país, el edificio del Estado, los usos y modos de relación
de las gentes, la vida social, los modos de pensar y de sentir: y todo ello ocurre con inevitables, profundas desgarra-
duras. Después de esos años de guerras, siguen años difíciles
de reconstrucción. Porque, como ha dicho el profesor Pabón,
es muy fácil pasar de la paz a la guerra, pero es muy difícil
pasar de la guerra a la paz. Pues para ello se requiere algo
más que un simple armisticio, algo más que las armas cesen
en la lucha: se requiere también la pacificación de los
espíritus.

LA GUERRA Y LA GUERRILLA
CONTRA NAPOLEÓN.

A comienzos del siglo xix las estructuras de la monarquía española del antiguo régimen estaban envejecidas. En los territorios peninsulares de la metrópoli, como en las provincias y reinos de Ultramar, las instituciones y las mentalidades no servían ya para encuadrar y mantener el *status* existente. La monarquía española del antiguo régimen, en su conjunto, era a escala general, lo que se ha dicho en particular del Consejo de Castilla, principal institución del Reino en aquellas fechas: era como un navío desarbolado, tripulado por una tripulación envejecida, capaz todavía de surcar aguas tranquilas, pero que se iría a pique a la menor tormenta. Y la tormenta se desencadenó por fin en 1808, y el rayo de la tormenta tuvo un nombre: Napoleón.

Durante los años que siguieron a la invasión napoleónica la guerra fue

> ...nombre tremendo, ahora sublime
> único asilo y sacrosanto escudo...

como cantan los versos de Quintana en su Oda al 2 de mayo. Guerra tremenda, por los *Desastres* que reflejó Goya, por la crueldad directa de una lucha implacable, y por las calamidades accesorias, como el hambre de 1812, de la que nos queda el testimonio gráfico de otros diecisiete aguafuertes de Goya, además del cuadro académico de Aparicio, que expuso en 1815 la Real Academia de San Fernando.

Pero al mismo tiempo, *guerra sublime* en la que el pueblo español luchaba por la supervivencia y daba ejemplo a una Europa asombrada. Según la teoría clásica, la guerra no se deduce necesariamente del hecho de la invasión, sino de la voluntad del invadido de resistir al invasor.

Nosotros conocemos perfectamente las razones que impulsaron a Napoleón a invadir España, y las que sostuvieron la voluntad de resistencia de los españoles. Napoleón estimó una razón estratégica, objetiva: el bloqueo continental, como único modo de enfrentar al sistema marítimo inglés. Pero los historiadores se preguntan: ¿por qué a Bonaparte no le bastó la alianza y adhesión de España al bloqueo a través del Tratado de Fontainebleau? Y aquí entran en juego otras dos razones, de carácter subjetivo y menos conocidas: Una, el temor a la Casa de Borbón, el convencimiento de que para asegurar la perdurabilidad de su cuarta dinastía en Francia, tenía que acabar con el reinado de los Borbones en cualquier parte; pues cualquiera rama reinante de la antigua casa francesa podría reencarnar la fuerza de la legitimidad en Francia. Este motivo lo confesó por lo menos dos veces Napoleón en Santa Elena. En el *Memorial* de Les Cases, el 18 junio 1816, se recoge esta confesión: «Una de mis grandes faltas es haber dado tanta importancia a la necesidad de destronar a los Borbones». Y en los *Cuadernos* del general Bertrand, en enero de 1819 se anota esta otra: «La falta más grande que he cometido es la expedición de España. Yo me había lanzado a esta empresa por creer que era preciso echar de España a los Borbones para estar seguro del trono de Francia».

El segundo impulso sicológico fue su convencimiento de estar en posesión del *sentido de la historia,* de ser la fuerza que forja el futuro de la humanidad. Napoleón, escéptico religioso, no podía sentirse sujeto de una designación divina, como algunos monarcas antiguos, que se consi-

deraban ejecutores de una «*misión providencial*». Pero in-
currió en ese error, secularizado en los tiempos modernos
y renovado hasta nuestros días, de quienes (hombres, grupos
o ideologías) están convencidos de poseer *el sentido y la
dirección de la historia*.

Convencido de su destino, seguro de sí mismo, dueño
del futuro, Napoleón hizo un llamamiento a los españoles
para que se unieran a él. La respuesta española fue la guerra, y no es preciso recordar las razones de esta respuesta:
el deseo de libertad de la patria, *el patriotismo,* y la defensa
de su fe y de su Iglesia, que consideraron amenazada. Pero
como era la guerra de David contra Goliat, los españoles
tuvieron que improvisar unos medios que restablecieran
el equilibrio de fuerzas. Y de esa improvisación surgió, ya lo
sabéis, la guerrilla.

Es notable el breve tiempo en que se produjo la adaptación a una situación bélica nueva, que se refleja en las
disposiciones dadas por la Junta Central para la movilización: El 18 de noviembre de 1808 se atiene todavía estrictamente a la movilización regular. Poco más de un mes
después, el 28 de diciembre, cuando ya han ocurrido las
primeras derrotas campales importantes de nuestros Ejércitos, se dicta el Reglamento de Partidas y Cuadrillas, en
el que alienta la preocupación de evitar el abandono de las
unidades regulares por los soldados en derrota, a la vez
que se trata de encauzar positivamente contra los franceses
a los contrabandistas y otras gentes marginadas de la ley,
indultando a quienes organizaran partidas reducidas para
hostigar a los invasores, concediéndoles el derecho del botín
sobre los despojos del enemigo. Poco después, el 17 de
abril de 1809, la llamada *Instrucción para el corso terrestre*
afirma la legitimidad de la guerrilla, por analogía con el

corso marítimo, y ratifica las normas y orientaciones dadas para este modo nuevo de hacer la guerra. Por fin, la experiencia de los años de guerra se perfecciona en el *Reglamento de partidas de guerrilla,* hecho en Cádiz el 11 de julio de 1812.

No deja de ser chocante el desconocimiento que los españoles tenemos de estos documentos, cuya referencia debiera figurar en todas las antologías de nuestra historia nacional. Su olvido es prácticamente absoluto. Por citar sólo las dos obras clásicas de nuestra historiografía, la monumental historia militar de la guerra de la Independencia escrita por Gómez Arteche sólo contiene breves alusiones, sin recoger el texto íntegro; y en la historia narrativa del conde de Toreno sobre la Guerra y la Revolución de España la ausencia es completa. Los historiadores del Servicio Histórico Militar presentaron en el Congreso de Historia Militar de Buenos Aires, celebrado en 1969 y en el Congreso de Moscú de 1970, el primero y el tercero de estos Reglamentos. Yo me propongo publicar muy en breve el texto de la *Instrucción de S. M. para el corso terrestre,* contribuyendo así a rescatar del olvido estos documentos que, por otra parte, en su tiempo fueron muy difundidos y de los que existen diversas copias, como corresponde a la naturaleza y al objeto de los mismos.

Hoy en día la guerrilla española tiene, en general, buena prensa. Un historiador, sin presumir de marxista, la ha llamado «primera guerra nacional revolucionaria» de los tiempos modernos. Contrasta esta apología con la subestimación general de los historiadores ingleses por la contribución española a la común victoria contra Napoleón. Esta subestimación arranca del propio Wellington, de sus *despachos* o partes sobre la «guerra Peninsular», como los ingleses la denominan. A través de los historiadores clásicos británicos, desde Napier a Sir Charles Oman, es una victoria inglesa lograda a pesar de los fallos y defectos de la colaboración española.

Me parece que para dejar las cosas en su sitio es preciso alejarnos tanto de la subestimación británica como de la hipertrofia apologética de quienes, hoy en día, siguen la moda de idealizar la guerrilla y atribuirle una valoración exagerada. La guerrilla fue un importante factor militar, pero sin el Ejército regular (español e inglés) y sin la guerra regular, con sus campañas y sus batallas campales no se hubiera ganado a la máquina militar napoleónica. Las resistencias escalonadas en distintas áreas geográficas de la España combatiente se logran gracias al Ejército regular. Incluso las ciudades guerrilleras (Zaragoza, Gerona, Cádiz) se defienden por la acción conjunta del Ejército y del paisanaje.

Pero también es verdad que el quebranto material y moral del adversario no se hubiera logrado sin la acción guerrillera, sin aquel modo de hostilizar continuamente a los franceses, «fatigarlos con alarmas continuas» como dice el Reglamento del Corso Terrestre, que hizo de nuestro país *l'enfer d'Espagne,* infierno temido por los jefes y soldados enemigos.

El eco de España en Europa.

Si me he detenido en reconsiderar ante ustedes la guerra de la Independencia es por dos razones: por el impacto que ocasionó en nuestra vida colectiva posterior y porque a ella se debe principalmente la rectificación de la imagen de España en el mundo en tiempos del Romanticismo.

La Europa ilustrada del siglo XVIII, la Europa de la Razón y de la Enciclopedia, había descalificado a España y a los españoles. De esta infravaloración, de este desprecio casi universal había participado el propio Napoleón. Pero aquel pueblo despreciado y que se suponía envilecido surgía de pronto con una fuerza y vitalidad increíbles, en medio de la lucha. De ahí el atractivo nuevo de lo español en el Romanticismo. De ahí la revalorización de su cultura, de sus artes, de sus letras, y las nuevas influencias literarias proyectadas más allá de nuestras fronteras.

Ahora bien, no eran solamente el Romancero y el teatro, las letras o las artes, los géneros de exportación salidos de aquella España cuya imagen se configuraba por entonces con trazos nuevos y distintos. No era sólo moral de combate y ejemplo lo que España daba a los pueblos europeos empeñados en la lucha contra Napoleón. España exportó en los años subsiguientes, ya que no doctrina o filosofía política, al menos idealizados instrumentos políticos constitucionales y ejemplos de práctica revolucionaria.

La influencia del liberalismo español y de la Constitución de Cádiz en los comienzos de los movimientos liberales en Italia o Alemania son de sobra conocidos. Giorgio Spini y Reiner Wohlfeil han vuelto sobre ello y ahondado en el tema. Los historiadores españoles y portugueses sabemos de la interrelación de las crisis constitucionales portuguesa y española durante la tercera década de la pasada centuria. Hoy en día los historiadores rusos subrayan otras direcciones del ejemplo constitucional español en el Imperio de los zares.

Eugenio Tarlé, el más acreditado historiador soviético

especialista en estos temas, publicó en 1941 un trabajo en que llamaba la atención sobre la influencia en Rusia de la resistencia española de 1808. Cuando en 1812 fue invadido aquel país por el Ejército napoleónico se excitó la moral de resistencia rusa con el ejemplo español, divulgándose las noticias de España en los periódicos, las traducciones de los «catecismos patrióticos» y del manifiesto de Cevallos, e incluso refiriéndose a la Constitución de Cádiz. El propio Tarlé fue el primero en observar la influencia del liberalismo español y de la Revolución de Riego sobre los decabristas rusos de 1820 a 1825.

Sobre este mismo tema han tratado posteriormente varios historiadores soviéticos e insiste en fecha reciente Mijáil Dólodev. La Revolución española de 1820 fue saludada como estímulo optimista por los políticos y los escritores reformistas: tales los hermanos Turgeniev, Puschkin y Glinka, Chaadajev y los que toman parte en el círculo «La Lámpara Verde» en San Petersburgo. Y, por supuesto, por los decabristas que preparaban el golpe y conspiraban. Si hemos de creer a Slezkin, en la época del Trienio 1820-23 toda la prensa rusa aplaudía la revolución española. Hasta un conservador nacionalista, como fue el historiador Karamzin, estaba al lado de los liberales españoles por una especie de efecto romántico.

La imagen de España adquiría trazos nuevos, idealizados y quizás pintoresquistas, como consecuencia de la guerra de la Independencia. Importa señalar esta circunstancia, porque ha contribuído a dar forma perdurable a una idea de España predominante en el mundo contemporáneo. Pero más importantes, sin duda, fueron los efectos de la guerra sobre la evolución posterior de nuestro país.

Reformas eclesiásticas y crisis
institucional.

Desde el punto de vista militar la guerra de la Independencia fue un *fundente nacional*. La imagen literaria
que Pérez Galdós da de los combatientes españoles en
Bailén es la mejor expresión de esta solidaridad social que
hizo de España el más claro ejemplo de una «nación en
armas»: «Cuerpos reglamentarios españoles..., regimientos
de línea que eran la flor de la tropa española; regimientos
provinciales que ignoraban la guerra, pero que se disponían
a aprenderla; honrados paisanos muy duchos en su mayor
parte en el arte de la caza y que, por lo general, tiraban
admirablemente; y por último, contrabandistas, granujas,
holgazanes convertidos en guerreros al calor de aquel fuego
patriótico que inflamaba al país».

Desde el punto de vista militar la guerra fue un fundente social, pero desde el punto de vista ideológico produjo rupturas gravísimas, que se superpusieron a las crisis
bélicas posteriores, dificultando la pacificación de los espíritus incluso cuando ya se habían depuesto las armas. La
gravedad de esta ruptura no estaba tanto en la oposición
de doctrinas políticas (liberales y absolutistas), *sino en el
plano religioso y eclesiástico que afectó*. Por eso conviene
tener una idea clara del planteamiento de estos hechos.

Durante la guerra de la Independencia el clero de
todas las categorías (secular o regular, las jerarquías o el
simple clero parroquial) se había sumado casi sin ninguna
excepción a la lucha contra los franceses, con la predicación,
los donativos e incluso con las armas en algunos casos. Esto
excitó a José I a tomar medidas contra el clero. Tales me-

didas, a los ojos de los españoles y según se afirmaba en los *Catecismos patrióticos,* eran una prueba más, entre otras, de que Napoleón era el *Anticristo,* como se decía en el lenguaje apocalíptico de aquella hora.

Pero en Cádiz también se legislaba en materia religiosa, con audacia y de espaldas a la autoridad eclesiástica. ¿No entrañaba esto una contradicción? ¿No sembraba el desconcierto y la alarma?

En realidad, el fenómeno de fondo resulta muy claro hoy en día para nosotros: el cambio de mentalidad ocurrido al compás de la Revolución francesa. Este cambio movía en algunos sectores a un revisionismo de la constitución de la Iglesia y a una necesidad de reformas. Pero esa reforma se plantea inicialmente en las Cortes de Cádiz, tiempo de exaltación y de crisis nacional, con lo que no debe sorprendernos que se planteara mal: ante todo, por hacerse unilateralmente por la sola acción del Estado, siguiendo en esto los procedimientos inspirados en el regalismo absolutista tan denostado paradójicamente por los reformadores; además, por el tono agresivo y por los desplantes anticlericales que corearon la obra.

Hoy podemos ver las cosas con mejores perspectivas y resulta evidente la necesidad de una reforma eclesiástica en la España de comienzos del siglo XIX, que corrigiera situaciones desfasadas 200 años atrás. Todo este tema ha sido ampliamente estudiado en la tesis doctoral del P. Manuel Revuelta, en la que apoyo ahora mi explicación. En la organización y en la vida eclesial ocurría el abigarramiento propio de las estructuras del antiguo régimen, que tenía su razón de ser en un orden histórico, pero que no respondían a un orden lógico. Me vais a permitir que matice esta afirmación con algunos ejemplos concretos:

a)   La desigualdad entre las diócesis y la abundancia
de jurisdicciones: Dos archidiócesis (Toledo con 8 obispados y 3.600 leguas cuadradas, y Santiago con 12 obispados
y 3.200 leguas) abarcaban media España. Había diócesis
con centenares de parroquias y otras con muy pocas, por
ejemplo, Tudela con 12, Menorca con 10 y Albarracín
con 34. Había frecuentes enclaves: para citar un ejemplo
que toca a esta ciudad y como deferencia también a José
Luis Varela, diremos que la iglesia de Santa María de Ambía
(Orense) pertenecía a la diócesis vallisoletana. Había territorios exentos, con jurisdicción particular: así, los dos Prio-
ratos de la Orden de Santiago en San Marcos de León y en
Uclés. Había abadías o iglesias colegiales con jurisdicción
cuasi-episcopal, como la de Villafranca del Bierzo, de cuyo
abad-mitrado dependían 69 parroquias.

b)   La enmarañada organización de la Iglesia también
en cuanto a su base económica. Se tenía entonces (y todavía
tenemos ahora) un conocimiento imperfecto de los bienes
eclesiásticos, aunque puede decirse sin temor a errar que
constituían una parte importante de la riqueza nacional.

La Iglesia disponía de rentas propias (en bienes rústicos
o urbanos), percibía donaciones o limosnas, cobraba estipen-
dios por servicios religiosos y cobraba una contribución muy
importante, el diezmo, aun cuando fuera un tributo mixto,
puesto que parte lo percibía el Estado.

Pero este conjunto de rentas, que hacían a la Iglesia
globalmente rica, se distribuían de modo muy irregular y,
por consiguiente, en medio de la Iglesia rica muchos eclesiásticos eran pobres. No me refiero a la pobreza evangélica,
naturalmente, sino a aquella que hace referencia a los medios
ordinarios de subsistencia. El 20 de mayo de 1821 dijo en
las Cortes un diputado, quizá exagerando un poco la reali-

dad, pero sin que nadie le contradijera con mejores datos, que «las dos terceras partes de la benemérita clase de los curas párrocos yacen en la más absoluta indigencia». Según un documento oficial de julio de 1820, cuyos datos merecen crédito, seis mitras diocesanas percibían rentas superiores al millón de reales (Toledo, Santiago, Valencia, Zaragoza, Sevilla y Cartagena), en tanto que cuatro no llegaban a 100.000. Había iglesias cuyas dignidades cobraban 160.000 reales y otras de igual rango sólo 12.000.

c) El excesivo número de eclesiásticos y su distribución desproporcionada: El número de conventos y religiosos profesos lo conocemos por el censo de 1797 y el recuento a que obligó la reforma del trienio en 1820: En 1797 había 2.051 conventos, con 53.178 profesos. En 1820, 1.940 conventos y 46.568 profesos (de ellos, 20.000 sacerdotes aproximadamente). La disminución se debe a la supresión de conventos por José I y a las numerosas exclaustraciones irregulares a que dio lugar la guerra de la Independencia, con el gran número de clérigos vagantes de que hablan las crónicas del tiempo. En cuanto al clero secular no disponemos de un recuento preciso en 1820, como el de los regulares. Los datos de 1797 señalan 16.481 curas y 41.009 beneficiados, con un total de 57.490 individuos. Se advierte la desproporción entre párrocos y beneficiados. La desproporción aumenta al concentrarse el clero en los cabildos e iglesias importantes, mientras quedan desatendidas muchas parroquias rurales. En los estudios que ha hecho Leandro Higueruela en el Departamento de Historia Contemporánea de mi Facultad sobre el clero de la archidiócesis toledana durante el pontificado del cardenal Borbón se precisan muchos datos de este problema.

Existe también desproporción en el reparto por provincias. Si tomamos los casos límite encontraremos a Alava con un cura por cada 141 feligreses, en tanto que Murcia tiene uno por cada 3.615.

d) Había también situaciones abusivas como las llamadas «capellanías de sangre» y otros beneficios que defraudaban su carácter sacerdotal, convertidos en objeto de mundanas apetencias.

Esta situación así esbozada reclamaba reformas y reajustes. Los llamados a hacerla en uso de sus atribuciones legítimas se desentendieron del problema. Los liberales de Cádiz, los del Trienio, o los del progresismo posterior, al acometerla por su cuenta la hicieron anticanónicamente.

Si la autoridad eclesiástica legítima no abordó el problema ello fue debido, no tanto a la mera inercia, o a la falta de un sano sentido de autocrítica, sino al temor despertado por el fantasma de la Constitución Civil del Clero de 1790, que había dado lugar al cisma en Francia. No era un temor vano, por tanto. Pero los comportamientos que nacen del temor no suelen ser constructivos. Además, hay que tener en cuenta la preocupación dominante en la eclesiología posterior a la Revolución francesa, hasta el Concilio Vaticano I que, como señala Congar, se centraba en la afirmación de la autoridad y en la consolidación del Papa como garantía de la libertad de la Iglesia.

A los legisladores de Cádiz no les faltaba ni fe ni sentimientos religiosos cuando afirmaban la confesión católica en la Constitución de 1812 o cuando el 27 de junio de 1812 declaraban a Santa Teresa de Jesús co-patrona de España.

Pero tomaron medidas legislativas que, por su fondo y por su forma, enconaron a la mayor parte de los eclesiásticos y a gran número de fieles. Así, la supresión del Santo Oficio el 5 de febrero de 1813 tras una enardecida polémica, centrada en el debate del Dictamen de la Comisión de Cortes, y en la cual lo de menos eran las razones con que se argumentaba, sino la pasión con que se decía. Así, la abolición del Voto de Santiago. Así, la expulsión del Nuncio Gravina, hombre entrometido en menesteres no estrictamente eclesiásticos, cosa habitual entre los Nuncios y otros agentes de la diplomacia vaticana. Lo mismo podemos decir de las disposiciones del 10 de noviembre de 1810 sobre no-provisión de prebendas vacantes y otras de índole económica, que no voy a enumerar para no abusar de la paciencia de ustedes, pero entre las que cuenta sobre todo la de incautación provisional de los bienes de religiosos extinguidos por José I y el proyecto de reforma eclesiástica de Cano Manuel, hecho con fecha 30 de septiembre de 1812, que limitaba el número de conventos y sancionaba la incautación de bienes, dando así un primer paso en la línea de la desamortización eclesiástica.

Todas estas medidas produjeron choques con la jerarquía eclesiástica y tensiones crecientes en el pueblo. Pues bien, estos choques, en vez de amortiguarse por la prudencia y el buen sentido, se multiplicaron agravándose en una auténtica escalada, que culminó en la idea de celebrar un Concilio Nacional sin permiso de la Santa Sede.

Los liberales de Cádiz apuntaron así una política y unos procedimientos que luego desarrollaron, al recuperar el poder, durante el Trienio Constitucional y, más tarde, definitivamente durante la menor edad de Isabel II. Por eso, al sobrevenir la serie de guerras civiles, en 1822 o en 1833, resultó inevitable la carga de pasión religiosa en las banderías y su efecto sobre las conciencias individuales.

En cierto modo creo que nos es lícito pensar que la agresividad legislativa simultánea contra los derechos de la

Iglesia y del Monarca en Cádiz, contribuyó mucho a la posterior identificación del Altar y del Trono en los años de la restauración fernandina. Identificación ciertamente errónea, pero en la que persistieron los liberales del Trienio, aunque parezca una paradoja, sólo que invirtiendo los términos, porque el decreto de 26 de abril de 1820 significaba, en verdad, la pretensión de unir el Altar a la Constitución, mal que les pesara a los hombres del Altar. Se mandaba en él (he de recordarlo con las propias palabras del decreto) que los párrocos desde el púlpito «expliquen a sus feligreses en los domingos y días festivos la Constitución política de la nación, *como parte de sus obligaciones*».

En 1814, al reintegrarse a su autoridad Fernando VII, había 21 sedes vacantes en España, que hizo proveer casi siempre en hombres muy adictos políticamente a él, y se premiaba con ello evidentemente unos méritos políticos. Digamos, por ejemplo, que los tres eclesiásticos firmantes del Manifiesto de los persas, además del ya entonces obispo Vázquez, fueron elevados los tres a la dignidad episcopal. Hay que añadir, no obstante, para ser justos, que fueron todos ellos hombres intachables de virtud y celo religioso. También conviene precisar que algunos obispos nombrados entonces simpatizaron con los liberales y fueron diputados en el Trienio (como López Castillo, Manuel Fraile y González Vallejo).

Pero se da también el caso de que los liberales, durante su gobierno de 1820 a 1823, se empeñaron a toda costa en proveer las diócesis vacantes en obispos adictos a sus ideas, para premiar igualmente méritos políticos. Es el caso, por ejemplo, de Muñoz Torrero, propuesto para la diócesis de Guadix, o de Espiga, propuesto para la sede de Sevilla, aunque Roma no accedió a estos nombramientos.

De todos modos, de las cuatro sedes vacantes que se cubrieron durante el Trienio, tres lo fueron en adictos incondicionales del gobierno liberal.

También persistieron los liberales del Trienio en el ataque reformista y agresivo de Cádiz, pero con artillería reforzada, y hasta con alguna novedad, como la segunda expulsión de los Jesuítas, que habían sido restablecidos en 1815. La reforma eclesiástica del Trienio abarcaba desde la supresión parcial de los conventos y las órdenes religiosas regulares, por decreto de 20 de octubre de 1820, y la desamortización consiguiente, hasta la reforma de los eclesiásticos seculares proyectada y debatida en las Cortes, que no dio tiempo a concluir, y en la que se anunciaba por primera vez la supresión del diezmo.

Luego, la legislatura de Cortes abierta el 1.º de octubre de 1822, exacerbada por la guerra civil de la Regencia de Urgell y por los anuncios del Congreso de Verona, extremó las medidas contra el clero: sólo recordaré la ley de 15 de noviembre de 1822, que suprimía todo convento situado en pueblos de menos de 450 vecinos, lo que afectaba a los dos tercios de los conventos todavía existentes en aquel momento.

En adelante, las posiciones se endurecen por una y otra parte, como es bien sabido. Todo ello tendrá su momento culminante en la Regencia de Espartero, pero todo estaba perfilado desde Cádiz y desarrollado sucesivamente.

La repercusión de las reformas eclesiásticas en la crisis del sistema constitucional y en la cristalización de las divisiones civiles de los españoles es uno de los hechos determinantes de aquella España de los años bélicos y que dejará más profundas y largas secuelas a la hora de restablecer la paz civil.

Por de pronto, hemos de hablar de una crisis interna
de la propia Iglesia española. Se produjo una crisis política
del clero: Hublo eclesiásticos liberales muy radicalizados,
que pronunciaban sermones «ardientemente constitucionales». Entre los 4.000 nombres que contienen las listas poli-
cíacas de miembros de la Masonería y de las Sociedades
Patrióticas exaltadas, que se conservan en el Archivo del
Palacio Real, 194 son de eclesiásticos, lo que no es pequeña
proporción. Conventos enteros tenían fama de progresistas,
como el convento de Mínimos de Málaga; para que vean
algunos que no hay nada nuevo bajo el sol.

Algunos otros eclesiásticos protestaban de los abusos
del gobierno constitucional en materia de la Iglesia, pero
recomendaban sumisión a la autoridad. Otra buena parte
se pasó a la línea de los «realistas puros» primero, y luego
a los carlistas.

La crisis se reflejó también en las relaciones internas
de muchas comunidades religiosas, sobre todo en las tensiones entre sacerdotes y legos; como por ejemplo, las recla-
maciones de los legos franciscanos para intervenir en la
elección de los superiores.

También se produjo una crisis en el gobierno de las
diócesis. En marzo de 1820 había cuatro diócesis vacantes
(en la práctica, una más, porque a don Jaime Creus no se le
dejó tomar posesión de la archidiódecis de Tarragona, a la
que había sido promovido). Los gobiernos del Trienio ex-
pulsaron a los obispos de Orihuela, Valencia, Oviedo, León,
Tarazona, Cádiz, Ceuta y Málaga, y el de Barcelona (don
Pablo Sichar) huyó a Francia para salvar la vida, renun-
ciando a la mitra, renuncia que no fue admitida por el Papa.
Para la elección de vicarios hubo coacciones y se crearon
situaciones anticanónicas graves en varios sitios. En noviem-

bre de 1822 las Cortes declararon por su propia autoridad vacantes las sedes de los obispos expulsados. En los últimos meses del Trienio los obispos de Lérida y Vich fueron apresados (y este último, fray Ramón Strauch, fusilado). Los obispos de Pamplona, Urgell y Solsona tuvieron que huir para no correr la misma suerte.

Total, en 1823, al finalizar el Trienio había quince sedes vacantes por defunción, once tenían a sus obispos exiliados y seis se hallaban en situación de cisma.

Estos datos son suficientemente graves como para no echarlos en saco roto. Por de pronto explican (ya que no justifican) la pasión religiosa de los dos bandos. El P. Revuelta resume así su interpretación: Los realistas sublevados en 1822, como los carlistas en 1834, invocan *los hechos* de la persecución, y se proclaman defensores de la libertad de la Iglesia y de la religión tradicional en España. Los liberales replican invocando *teorías* y aluden al carácter pacífico del Evangelio no respetado por los otros.

Los liberales cometieron desgraciadamente atrocidades en la persecución de las personas; en Cataluña y en Valencia, sobre todo, como el caso del obispo de Vich ya dicho, o el asesinato brutal, con mutilación, de fray Vicente Cortés, monje jerónimo de Tirix, en Castellón. Todo lo cual no era sino anticipo primerizo de las matanzas de frailes de 1834 en Madrid y de otras posteriores.

La reacción realista de 1823, por su parte, tuvo carácter vengativo y enconado. Se persiguió a los frailes secularizados y a los curas sospechosos de simpatizar con el liberalismo.

DE LA GUERRA A LA PAZ:
LA OBRA DE LOS MODERADOS.

La exaltación de los ánimos por estas luchas políticas
y aún más por el recurso a las armas, se potenciaba al máximo con toda una literatura anticlerical o de crítica de la
Iglesia, no sólo en los periódicos y en la prensa planfletaria,
sino en obras de muy diversa calidad y estilo: desde la literatura satírica que ridiculizaba al clero con procacidades de
burdel, hasta la crítica seria de clérigos creyentes como
Miñano (en sus *Lamentos políticos* o en las *Cartas de Justo
Balanza);* desde la sátira de Bartolomé José Gallardo, en
su *Diccionario crítico-burlesco* hasta la despiadada de los
clérigos apóstatas, como el abate Marchena, o aquel ex-fraile
llamado José Joaquín de Olavarrieta, que usaba el mote de
«Clara Rosa» para recordar los nombres de sus dos man-
cebas.

Esta exaltación de los ánimos por cuestiones religiosas
es quizás la nota dominante de aquella España, y la de más
graves consecuencias para la colectividad social que forma-
mos los españoles. Fue el telón de fondo de la historia de
una época y un legado negativo que dejó la España romántica a la posteridad. Al ponerse término a la lucha armada
en 1839 subsistía con toda su fuerza. El lado más dificultoso
para la obra de la paz se hallaba en esta alteración de los
espíritus. Pero esa obra de paz, tras la guerra, era preciso
acometerla, y a ella se pusieron con celo y empeño, y muchas veces con éxito, los moderados.

La España que salía de los treinta años de guerras se
hallaba a la intemperie. Las instituciones del antiguo régimen desmanteladas; había que crear otras nuevas para sal-

var el vacío. La administración, la educación, la economía, la Hacienda pública, las comunicaciones interiores, la seguridad pública, las relaciones Iglesia-Estado. Todo había que reconstruirlo de nueva planta. El éxito de las instituciones creadas por los moderados en el poder, durante la década de 1844 a 1854, fue una contribución eficiente en el paso de la guerra a la paz, aunque no todo consistiera en aciertos, como es natural en toda obra humana y de gobierno. Pero el éxito global de esas instituciones se deduce por su permanencia en el tiempo y por haber servido de andamiaje en la creación del nuevo Estado liberal.

De la vigencia de tales instituciones sólo recordaré estas cuatro:

El Concordato de 1851, que no zanjaba decisivamente la ruptura anterior, pero que encauzaba el restablecimiento de las relaciones Iglesia-Estado.

La reforma hacendística de Santillana-Mon, que estableció las estructuras fiscales modernas, cuya vigencia ha alcanzado hasta entrado el siglo xx.

La ley de Instrucción Pública que lleva el nombre del Rector vallisoletano y Ministro Claudio Moyano, que fundó la moderna Universidad española, tan maltratada en nuestros días por efecto de una demagogia inculta servidora de intereses parciales, pero que tuvo la virtud de subsistir en lo esencial casi un siglo y alentar el renacimiento cultural de España.

Por fin, la más perdurable de todas las instituciones de seguridad pública, que todavía hoy existe entre nosotros, conservando no sólo el espíritu inicial que le dotaron sus fundadores, sino incluso algunas de sus formas externas. Me refiero, claro está, a la Guardia Civil, fundada en 1844 para establecer una fuerza nacional de seguridad pública, eficaz e independiente de los partidos, mal vista al principio por los progresistas (que tenían sus propias milicias de bandería), pero cuya actuación resultó tan excelente, tanto en la persecución de la delincuencia como en la ayuda social durante las calamidades públicas, que se impuso a todos los recelos.

Y así la Guardia Civil ha sobrevivido a todos los cambios políticos y vicisitudes sufridas por España desde su creación hasta nuestros días: subsistió con los progresistas de nuevo en el poder, con la Revolución de 1868, con Amadeo de Saboya y con la I República, con la Restauración y con la II República, aunque en la zona gubernamental le cambiaran de nombre durante la guerra de 1936.

Ellos han conservado en pleno 1972, con sus tricornios y sus capotes, un último y airoso vestigio de esa España romántica que, después de desatar la guerra entre los españoles, intentaba reconstruir la paz. Permitidme que con esta evocación que nos remonta por vía directa a aquel pasado, ponga hoy aquí fin a mis palabras.

La prensa española en la época de Zorrilla

José Simón Díaz

Propósito.

Durante unos días va a evocarse en esta ciudad una de las épocas más atractivas de la España moderna, empleando la Música, la Poesía, la Historia, para la aproximación a su espíritu. Desearíamos probar que también repasando las hojas amarillentas de los viejos periódicos será posible, además de encontrar textos olvidados o bellas ilustraciones, hallar explicación a muchos fenómenos y comprender algo mejor al poeta Zorrilla, cuya larga vida va del nacimiento a la madurez de nuestra prensa.

ANTECEDENTES.

Lo dicho sobre el «nacimiento» de la prensa no supone olvido ni menosprecio de los importantes antecedentes que, sobre todo a partir de la invención de la imprenta, saciaron la natural curiosidad informativa con «relaciones de sucesos» tan abundantes y accesibles en su día, como raras hoy, según venimos comprobando al tratar de localizar y de clasificar las existentes. Cuando en la segunda mitad del siglo XVII se regulariza la publicación a plazo fijo de una determinada serie, es decir se hacen «periódicas», por lo general bajo la denominación de *Gacetas,* surge el órgano informativo que acabará siendo diario, lo mismo que, en la centuria siguiente, las disertaciones y ensayos de los eruditos abrirán el camino de las futuras revistas.

Pero es la Guerra de la Independencia la que al provocar una gran ansiedad nacional por conocer noticias y facilitar su difusión con medidas legislativas que permiten a cualquiera lanzar impresos, hace que en todos los rincones de España broten publicaciones periódicas, de cortísima vida y escaso valor, de cuya existencia se tiene noticia gracias al catálogo de Gómez Imaz. Aquel brote no fue un auténtico punto de arranque porque el primer período absolutista se cuidó de impedirlo, de la misma forma que la Década de Calomarde borró toda huella de una segunda llamarada, la del trienio constitucional.

Será menester que se haga cargo del poder María Cristina para que se produzca una tercera revitalización que, a diferencia de las anteriores, tendrá efectos ininterrumpidos hasta hoy, motivo por el que nos hemos permitido señalarla como auténtico nacimiento de la prensa actual.

Los diarios.

Verdad es que diarios hubo siempre, que la *Gaceta de Madrid* lleva tres siglos lanzando números y que el *Diario de Avisos* transmitía disposiciones oficiales, noticias curiosas y anuncios de toda índole, pero es a partir de la fecha señalada cuando la intensa vida política hace que lo informativo pase a segundo término y las columnas se llenen de disquisiciones doctrinales, escritos polémicos y otros frutos de la labor intelectual. Se dirá: ¿qué tiene todo esto que ver con la Literatura? Tanto, que —según veremos— la vida y la obra de los escritores españoles desde entonces fue radicalmente distinta a la de sus antecesores precisamente a causa de ese hecho.

Es de suponer que la moda imperante de los análisis sociológicos produzca, entre otros resultados, una comparación de los medios de vida de los escritores de distintos tiempos; sin esperar a ello, podemos recordar el contraste existente entre las cumbres alcanzadas por los más conocidos y pasaremos de un Siglo de Oro representado por sacerdotes, soldados, frailes, secretarios, etc., a una Ilustración protagonizada por magistrados, oficinistas, otros frailes y, en general, por individuos de posición media más destacada que la de sus precursores, pero muy alejadas de las fuentes del poder y de la riqueza. Después de eso, no deja de sorprender un siglo XIX lleno de ministros, subsecretarios, gobernadores civiles, senadores, diputados, etc. ¿Se produjo, acaso, un triunfo tal de la inteligencia que la recompensa automática a todo buen libro era un puesto de gobierno? No fueron tan elementales los caminos de acceso, ya que los literatos llegaron a esos puestos a través de la Política y a la Política llegaron, casi sin excepción, desde las redacciones de los diarios.

Una y otra vez se repite el caso del muchacho provinciano, artista y soñador, que, persuadido de que esa es la
única solución posible, se traslada a la Corte con recursos
escasos o nulos, portador casi siempre de cartas de recomendación para paisanos influyentes, y que una vez ambientado y orientado gracias a las tertulias de café se convence
de que su aspiración primera ha de ser la de entrar a formar
parte de la plantilla de un periódico político, aunque sea
como meritorio y con el cargo de «redactor de tijera».

No conviene olvidar que la primera generación romántica española es auténticamente una generación de «posguerra», nacida y crecida en circunstancias anormales que, entre
otras cosas, le impidieron una formación escolar regular.
Son muy pocos los componentes que alcanzaron grados universitarios y no es casual que las máximas figuras: el duque
de Rivas, Zorrilla, Espronceda, sean precisamente las de
quienes recibieron una educación más sólida. Abundan,
por el contrario, los que no pasaron del grado medio y los
autodidactas; esto, sumado a la creencia en el «genio», justifica el alejamiento radical de ocupaciones en otros tiempos habituales, como las docentes.

El periódico permitía ir viviendo, mejor o peor; ponerse en contacto con las gentes famosas, a través de las
tertulias; asistir a los teatros y, sobre todo, alimentar la
esperanza de que el partido propio no tardaría en alcanzar
el poder, lo que representaba la segura conquista de un
cargo burocrático en cualquier departamento puesto en manos de un correligionario.

De las proporciones de estos asaltos a los puestos oficiales y en particular de lo que significaron para los profe sionales de la pluma sólo se tiene una idea cuando se revisa el archivo de un Ministerio.

Centenares de nombres de escritores aparecen en los índices de los expedientes de personal del de la Gobernación. Desde ministros, como Escosura y González Bravo, hasta ordenanzas y porteros, todas las categorías son válidas y numerosas hojas de servicios, como las de Bécquer o Bretón de los Herreos, nos ofrecen una curiosa alternancia de puestos. No debe extrañar lo indicado acerca de la concesión de los más modestos, pues como lo que se pretendía era premiar los pasados servicios y afianzar la dependencia para el futuro, era evidente que, en tales casos, la única obligación del funcionario sería la de percibir la correspondiente retribución

Ya es sabido que la inestabilidad causante de la corta duración de los Gobiernos originaba de una parte la posibilidad de que fuesen tantos los que alguna vez entrasen en ellos y pudieran ostentar un «ex» brillante el resto de su existencia y que esta fuese una serie continua de ascensiones y caídas. De ahí que los más cautos acabasen optando por cargos menos brillantes y más «apolíticos»: sus éxitos teatrales acabaron llevando a Hartzenbusch y a Tamayo y Baus a la dirección de la Biblioteca Nacional y a García Gutiérrez a la del Museo Arqueológico Nacional, para gloria de la Cultura y no tanta de las actividades técnicas de dichos establecimientos.

Precisamente, la propagación de las costumbres apuntadas, destaca la excepcionalidad de Zorrilla, que habiendo dado sus primeros pasos por el mismo camino de todos, desde que —como prueba de lo fulminante de su éxito— obtuvo la misma noche del día del entierro de Larra uno de aquellos puestos que a otros les costaba mucho tiempo conseguir, en el cual convivió con hombres de tan gran porvenir como Pastor Díaz y Donoso Cortés, no se sometió ni por un instante a las habituales servidumbres. Quizá el único beneficio que obtuvo de su despegue fue la posterior consideración de todos los grupos.

Admitida la repercusión en las biografías, cabe pensar que la motivada por la profesionalidad periodística en la obra escrita, estará limitada a unos anodinos trabajos anónimos y al cultivo de la forma denominada «artículo», que —en la mayoría de los casos— sólo vendrá a ser una parte secundaria de la producción total.

Se trata de un error profundísimo cuya causa puede estar en el desconocimiento casi absoluto del contenido de nuestros diarios, motivada por su inmensa multiplicidad, su existencia casi efímera e irregular y las consecuentes escasez de colecciones completas y de toda clase de guías destinadas a facilitar su manejo. Esta es la hora en que aún no se ha intentado nada similar a lo que hizo en 1840 la firma London Palmer al realizar los índices del *Illustrated London News* y después otros muchos.

Aparte —y por encima— de los objetivos materiales señalados, lo que más atraía a los escritores noveles hacia las redacciones era la posibilidad de que, en cualquier momento, la falta de originales o las tachaduras de la censura, dejaran unas columnas en blanco que era menester rellenar apresuradamente y entonces el poema, el cuento o el relato inéditos podían salir a la calle a las pocas horas en hojas que tenían numerosos lectores.

Se daba otra circunstancia social también necesitada de serio análisis: la escasez y pobreza de las empresas editoriales en relación con la abundancia y la fecundidad de los escritores. El déficit lo salvaron en buena parte los diarios, pero al precio de enterrar en el olvido a las pocas horas escritos dignos de mejor suerte. Para muchos, sobre todos en los primeros momentos, esa fue la única salida fácil y habría que ponderar también hasta qué punto ese destino concreto no influyó en la forma y en la temática. Hubo casos de una adaptación tan absoluta al cauce periodístico que todo acabó pasando por él: ahí está la poesía, el cuento, la novela, el relato y hasta el teatro de Pedro Antonio de Alarcón, siendo siempre artículo antes que libro. ¿Su concisión, su claridad, su amenidad no tendrán algo que ver con ese proceso?

También aquí hay que señalar la singularidad de Zorrilla, cuyas colaboraciones firmadas ofrecen dos rasgos nada frecuentes: una, la de limitarse a composiciones poéticas; otra, aparecer en órganos de los sectores más diversos, como *El Correo Nacional, El Heraldo, El Clamor Público, La Epoca, La Discusión,* etc. Sólo al fin de sus días, mezclando su nombre patriarcal con los desconocidos de los nuevos valores, dará en *Los Lunes del Imparcial,* por entregas, sus *Recuerdos de un anciano.*

Gracias a su larga vida, a la intervención que tuvo en las ediciones de sus obras y a la suerte de haber contado más tarde con la dedicación de un especialista de la talla de don Narciso Alonso Cortés, nos atrevemos a afirmar que Zorrilla es uno de los poquísimos autores de su época que no parece guardar sorpresas imprevistas en esa selva impenetrable de los antiguos diarios.

En ella no sólo quedan millares de textos olvidados, sino además infinitas noticias biográficas, que, en el caso del autor del *Tenorio,* se repiten en la prensa madrileña desde 1841 en adelante, tanto durante sus estancias como durante sus ausencias, y que suelen referirse a viajes, homenajes, recitales, estrenos, etc., en un tono de respeto nada común.

Subrayado intensamente lo negativo, no conviene abandonar el tema sin indicar que entre las tareas indispensables para un mejor conocimiento de la cultura y de la vida del siglo pasado figura la ordenación y el aprovechamiento de los materiales conservados en las páginas de los periódicos y que esa empresa, irrealizable para cualquier individuo, es factible si se plantea y ejecuta como labor colectiva. El experimento realizado con la ayuda de más de quinientos universitarios durante varios cursos académicos nos permite asegurarlo y prueba visible, entre otras varias, el conjunto de los tres tomos aparecidos de la obra *Veinticuatro diarios,* con más de 37.000 papeletas de artículos y de noticias de escritores españoles del siglo XIX.

LAS REVISTAS.

La Literatura, que había de infiltrarse a título mendicante en los diarios políticos, imperaba como señora en las revistas, hasta conseguir hacerlas abandonar el pedantesco tono doctoral de antaño y dotarlas de ligereza y amenidad. Sin embargo, las revistas no tenían detrás grupos políticos que corriesen con los gastos, ni vivían con la ilusión de la próxima crisis gubernamental, y, en cambio, resultaban mucho más costosas por el predominio cada vez mayor de la parte artística, todo lo cual se traducía en que los optimistas cálculos previos iban fallando y una tras otra sucumbían a los primeros meses o a los primeros años, siendo verdaderamente excepcionales las capaces de superar un quinquenio o un decenio.

A costa de infinitos tropiezos y fracasos se consiguió avanzar por un largo camino, nada original como ha de verse, pues cada una de las grandes innovaciones responde a corrientes europeas y antes o después acaba descubriéndose el modelo extranjero de cada uno de los títulos que introduce una modificación notable. Su longevidad le permitió a Zorrilla participar tanto en el primer ensayo triunfante como en la escalada de la máxima cumbre y siguiendo sus huellas puede analizarse la evolución examinando cuatro grandes ejemplos:

1. EL ARTISTA.—Auténtica tribuna de la juventud romántica, alzada por hombres cuya edad oscilaba entre los veinte y los veinticinco años, *El Artista,* nacido el 4 de enero de 1835, fue la mejor y la más importante de las revistas de su tiempo.

Es curioso que los únicos que han puesto esto en duda y que, en general, han enjuiciado severamente la obra del Romanticismo español fueran individuos que se adhirieron plenamente a él, pero —más tarde— cómodamente instalados en la sociedad burguesa condenaron o minimizaron sus antiguos actos. Escosura, Pedro de Madrazo, Ventura de la Vega y otros figuran entre ellos, mientras que Zorrilla nunca se consideró obligado a hacer otro tanto.

En el caso que nos ocupa Pedro de Madrazo, hermano y cuñado de los fundadores de *El Artista,* cuando en 1882 recibió de *La Ilustración Española y Americana* el encargo de redactar un bosquejo histórico de la prensa ilustrada madrileña, optó por parodiar los diálogos lucianescos haciendo comparecer ante un Juez Delegado, en el Palacio de la Ciencia y del Arte, a los más destacados representantes y cuando llega la hora de juzgar a *El Artista,* se le condena

«a perpetuo silencio» por haber sido «un excelente literato, pero un mal católico», como si a alguien se le hubiera
ocurrido en cualquier momento acudir a sus páginas en
busca de orientación religiosa. Lo más acertado de la evocación es la forma en que, con toda plasticidad, se perso-
nifica a cada personaje. He aquí el que nos ocupa:

«Con paso majestuoso y solemne sube al estrado el es-
pectro macilento de éste. Su figura, aunque momificada,
no aterra: hay en ella cierta elegancia del tiempo pasado,
que interesa y previese en su favor. Lleva frac color de
bronce, todo abrochado; lacia y lustrosa melena, cuellos y
puños vueltos, cubierta la mitad del aristocrático pie con
un bien ceñido botín de tela cruzada; su rostro de calavera
conserva cierta expresión de varonil melancolía; su diestra
huesosa sostiene una deslumbradora bandera de brocado,
en que se lee esta divisa: *El Artista. 1834: Pintura, Escul-
tura, Arquitectura, Música ¡Guerra al falso clasicismo!
¡Honor al genio libre, a la tradición, al Cristianismo!*»
Gloria de aquellos jóvenes revolucionarios fue no sólo
haber iniciado una nueva y fecunda trayectoria y haber exal-
tado a cuanto consideraban coincidente con ella: como la
literatura y el arte de la Edad Media y el Siglo de Oro,
sino además haber sabido distinguir entre las ideas antagó-
gónicas y sus representantes, dando en un mismo número
sátiras despiadadas contra el neoclasicismo y composiciones
de Lista o de Gallego.

Sabido es que la aportación vallisoletana fue muy considerable ya que por conducto de Pedro de Madrazo fueron
recibiéndose junto con sus trabajos los de Santos Alvarez,
Morán y Zorrilla, el cual envió siete poemas.

La extraordinaria calidad del texto y de las láminas,
así como el avance que suponen respecto a todo lo ante-

rior, son verdades indiscutibles; no puede decirse otro tanto acerca de la supuesta originalidad del conjunto que ni siquiera Le Gentil y otros especialistas franceses han discutido. Poco después de haber publicado en 1946 el índice de la publicación, me fue posible cotejarla detenidamente con su homónima francesa *L'Artiste* y hube de reconocer que los jóvenes directores españoles, regresados poco antes de París, no hicieron otra cosa más que poner ante los ojos de un buen tipógrafo español un número del periódico extranjero y encomendarle ejecutara un fiel traslado, que no quedó en la simple reproducción de la arquitectura ya que en el algún caso Federico de Madrazo llegó al calco de cierta lámina. Si profesionales más avanzados, han sufrido influencias semejantes en todas las épocas, nada debe extrañar que dos principiantes adoptasen el lógico y fructífero sistema de emular algo muy superior a cuanto por acá se hacía entonces.

Como ya se dijo, la desproporción entre lo supuesto y lo logrado hizo que hubiese de interrumpirse la labor al final del tercer volumen. Antonio María Segovia «El Estudiante», expuso así en un soneto el desdichado fin y sus causas:

> «Aquí yace el gallardo, el elocuente,
> el sin igual *Artista,* ¡oh desventura!,
> a quien nunca la rígida censura
> fue osada a hincar el atrevido diente.
>
> No le atajó la vida de repente
> de orden ministerial la saña dura;
> que a sorda consunción sin calentura,
> fue sucumbiendo el triste lentamente.
>
> Más versos hizo que cobró pesetas;
> más retratos, que tuvo suscriptores;
> España, que no está por los poetas,

> ni se da una higa de pintores,
> al versificador y al retratista
> ingrata abandonó: ¡mísero *Artista!*

Así desapareció para siempre *El Artista,* o al menos
eso hemos asegurado los muchos que nos hemos ocupado
de él, comenzando por Eugenio de Ochoa y Pedro de Madrazo, pero lo cierto es que tuvo una desconocida, remota
e importante continuación.

Nada menos que once años después se reunieron cuantos habían tomado parte decisiva en su realización, con las
únicas forzosas ausencias de Espronceda o de otro fallecido,
y decidieron resucitar la publicación, pero como su título
lo llevaba ahora otra revista hubieron de buscar uno nuevo
y adoptaron el significativo de *El Renacimiento.* Debo a mi
amigo don Miguel Molina Campuzano, ejemplar director de
la Hemeroteca Municipal madrileña, el haberme hecho examinar el editorial de presentación de esta olvidada colección
que declara rotundamente la identidad de las personas y las
pretensiones continuadoras, aunque ahora con nuevos puntos
de vista e ideales. En efecto, la semejanza del formato y de
los aspectos técnicos y la repetición de las firmas, contrasta
con orientaciones muy diferentes, como es el cambio de la
influencia francesa por la italiana, patente sobre todo en las
láminas. Un detenido estudio en preparación precisará todos estos aspectos con objeto de incorporar a la historia de
El Artista, este capítulo final bastante breve porque, al parecer, sólo un volumen abarca todo lo aparecido.

2.   SEMANARIO PINTORESCO ESPAÑOL.—La acertada y
gráfica semblanza de Madrazo nos le presenta como un
«personaje regordete, de semblante placentero, con anteojos

de oro y airecillo burlón» (es decir, bastante parecido a su fundador Mesonero Romanos), que confiesa no haber sido nunca «poeta elegíaco y llorón», como un antecesor, quien «después de invocar la muerte con tan sombría desesperación se iba muy fresco a comer con sus amigos a la fonda, y de allí a los toros, donde con frenético entusiasmo aplaudía las varas que ponía Trigo y las estocadas que daba Montes».

Blasona luego de haber introducido de nuevo el grabado en madera en España, logrando dar a bajo precio una publicación con abundantes ilustraciones en el texto y *El Artista* se indigna, afirmando: «Los dibujos de sus primeros grabados de usted fueron tan ridículos, que no hay pintador de tablillas de burras de leche y panderetes que los haga peores. Testigo, la portadita gótica de su tomo primero, digna de cualquier confitería de la feria de Madrid».

Advirtamos que los dibujos iniciales de ambas revistas no pueden ser más significativos: el ventanal gótico de *El Artista* frente a la familia dedicada a la lectura alrededor de la mesa camilla del *Semanario,* precisan los horizontes y los objetivos de ambos mejor que muchos textos programáticos.

Son bien conocidos los modelos franceses e ingleses del *Semanario,* su carácter de órgano costumbrista por excelencia, los altibajos que ofreció a lo largo de veintún años, en que tuvo hasta nueve directores, entre los que destacaron Mesonero Romanos y Navarro Villoslada.

El gusto por lo medieval, propagado por los románticos, iba a tener en el *Semanario* una aplicación utilitaria, con la reaparición del grabado xilográfico, tan empleado a partir de entonces por las revistas y por no pocos libros, en especial para ilustrar ediciones populares de textos literarios

clásicos y contemporáneos. Otra consecuencia: la populari-
zación de los estudios arqueológicos y locales, también iba
a tener amplia resonancia.

Ascienden a veintitrés las veces que Zorrilla colaboró
en el *Semanario* y sólo una dejó de hacerlo en verso.

3.   MUSEO UNIVERSAL.—Entre 1857 y 1869 apareció
en Madrid *El Museo Universal,* «periódico de ciencias, literatura, artes, industrias y conocimientos útiles, ilustrado
con multitud de láminas grabadas por los mejores artistas
españoles». Esta definición, lejos de ser una hipérbole pro-
pagandística, refleja con exactitud lo conseguido, pues si en
los 3.887 escritos que se insertaron puede hallarse una gran
variedad temática, los centenares de láminas representan la
máxima cima que el grabado en madera iba a alcanzar en la
última etapa de su vertiente artesana. El magnífico índice,
realizado en 1952 por doña Elena Paez, lo demuestra y hace
inútiles otras ponderaciones.

Seis poemas representan la contribución de Zorrilla a
esta gran empresa.

4.   LA ILUSTRACIÓN ESPAÑOLA Y AMERICANA.—Una
transformación de índole técnica: el empleo de los procedimientos mecánicos de reproducción, motivó en 1869 el
cambio de nombre de *El Museo Universal* por el de *La
Ilustración Española y Americana,* con que iba a subsistir
hasta 1921, transformándose en la más bella y estimada de
las revistas gráficas españolas, amorosa y difícilmente conservada durante muchos años en numerosos hogares del país.

Sus páginas estaban destinadas a recoger algunas de las
últimas muestras de la presencia de Zorrilla en las más altas
manifestaciones de la prensa de su tiempo, a ofrecernos algu-

na pieza notable para su iconografía, como el retrato contenido en el primer volumen de 1885, la noticia de su muerte y diversos estudios y evocaciones posteriores.

El volumen y la trascendencia del material literario y artístico contenido en las páginas de *La Ilustración Española y Americana* obliga a considerar la realización de su índice como uno de los más necesarios y urgentes entre los que aún faltan y aunque han sido varias las tentativas frustradas confiamos en que se conseguirá sumarle a los ya existentes.

* * *

Como ya indicábamos en un principio, la contemplación de las páginas de los viejos periódicos puede producirnos goce estético, curiosidad amable, asombro o regocijo, pero no creo que estas actitudes meramente contemplativas sean las únicas adecuadas para los jóvenes universitarios que se adentran en el estudio de la literatura española. De todo lo dicho, desearía que dedujeran la existencia de un tema, o de un campo de trabajo —en el buen sentido del término—, importante y atractivo, y la posibilidad de contribuir a su mejor conocimiento con investigaciones sobre los muchos puntos merecedores de más amplio análisis, que intencionadamente se han ido señalando. Una más exacta comprensión del mundo de Zorrilla servirá también para explicarnos mejor no pocos fenómenos y hechos de nuestros días que no son sino continuaciones y consecuencias de los que entonces se produjeron.

Verdi ante el "Simón Bocanegra" de García Gutiérrez

José Luis Varela

En los años de afianzamiento de la «nueva escuela», como se decía de los románticos en el segundo tercio del siglo pasado, solía darse en sus protagonistas, aun en escritores lúcidos, como Martínez de la Rosa o Larra, una curiosa doblez, que consistía en adoptar para la creación literaria cierta concesión sumisa a las novedades foráneas, pero ejercer simultáneamente una normativa neoclásica en otras actividades literarias. Es como si el autor se sintiese escindido en dos personalidades, según hiciese «literatura» o hiciese crítica. Transigía, y aun alimentaba el torbellino desatado de las pasiones humanas, si se trataba de asuntos de sensibilidad o moda, porque todo esto era literatura, y como tal estaba sujeta al vaivén de los modos y las modas; pero condenaba esas mismas licencias cuando hacía crítica literaria o literatura política, o sea, cuando era preciso reflejar normas o dictar sentencia sobre las mismas formas de vida que incorporaba la nueva escuela literaria. Larra es autor del *Macías;* pero lo es también de las recensiones de *Anthony* o de los artículos costumbristas de Mesonero, por ejemplo. La literatura pertenecía al mundo de las formas; la crítica, al de las normas.

Tras de ello se advierte la desmoralización general de la etapa fernandina y la consecuente ignorancia del pulso propio, reflejadas en traducciones y adaptaciones innúmeras de asuntos que existían, que habían salido del propio hogar y que volvían como novedades, siendo en realidad remozada materia doméstica, en muchos casos. El autor, para obtener la venia social, recurría a simples aderezos de una materia española, aunque descubierta como maravilloso filón por autores extranjeros: así, el nacionalismo y medievalismo dramáticos de un Zorrilla, que busca el visto bueno de Dumas y de Hugo, pero del que reniega desde *Cada cual con su razón* (1839) para devolver su crédito a Lope y Calderón, como ocurre paralelamente con el patrocinio de Garcilaso o Fray Luis invocado por los poetas líricos hacia 1840. De aquí el valor, tantas veces engañoso, de las «influencias», del recuento de las traducciones o del estudio de las carteleras teatrales, datos todos de una enorme utilidad, por supuesto, pero que constituyen el índice de esa pérdida de pulso aludida y de las convenciones vigentes; no tanto, del origen real de la mercancía ofrecida. Es bien sabido que no siempre la viña está donde la bodega.

En la difusión y valoración extranjeras de nuestra literatura entran, entonces y siempre, razones extraliterarias; de tal modo que la injusticia sería clamorosa si valorásemos a nuestro teatro romántico por el grado de su apertura internacional. En la exaltación alemana, por ejemplo, de nuestra literatura clásica, entran indudables factores políticos de aquella sociedad en el Romanticismo; en el olvido de nuestros románticos, por el contrario, es patente nuestra invalidez política en el campo nacional e internacional. Lo cual, evidentemente, no confiere por sí mismo a nuestros dramaturgos y a sus obras talla internacional.

Pero he aquí que, como una excepción notabilísima, la Italia del siglo pasado, merced a la curiosidad literaria y a la pasión nacional de Giuseppe Verdi, nos ofrece un caso de brillante difusión a escala universal de los argumentos dramáticos de uno de nuestros primeros románticos, García Gutiérrez. Verdi, con *Il Trovatore* y con el *Simón Boccanegra,* lleva a todos los escenarios europeos la obra literaria de un dramaturgo español. En las notas que siguen, nos ceñiremos a la segunda de estas obras, a la que el Istituto di Studi Verdiani de Parma acaba de dedicar en Chicago un congreso muy concurrido. El nombre de García Gutiérrez, eclipsado por el del compositor y aun por los de los libretistas italianos que sirvieron a aquél, apenas si se tiene en cuenta. En algún caso, ha llegado a sugerirse el precedente de Schiller para relacionar la conjura genovesa de Simón, tal como aparece en Verdi, con otras conjuras del Romanticismo europeo. Restituyamos, pues, a García Gutiérrez lo que realmente le pertenece en la famosa ópera verdiana, que es casi todo; veamos, al tiempo, un nuevo caso de utilización política de un texto literario, como es lícito y habitual en el teatro histórico de todos los tiempos y países.

Estreno y contenido del Bocanegra.

El 17 de enero de 1843 se estrenó en el Teatro de la
Cruz madrileño el «drama en cuatro actos, precedido de un
prólogo», titulado *Simón Bocanegra;* Antonio García Gutié-
rres conseguía con él, a los treinta años de edad, el segundo
gran triunfo dramático de su carrera (el primero, como es
sabido, lo había conseguido con *El Trovador*). El público,
enfervorecido, arroja al escenario objetos personales y ciñe
las sienes del autor con una corona de papel usada en la
representación de *Norma*. El *Simón Boccanegra* de Verdi,
estrenado en La Fenice veneciana el 12 de marzo de 1857
—o sea, catorce años después— no sólo aprovecha las líneas
maestras del argumento: le sigue con fidelidad verbal cuando es posible, desarrolla la acción con el mismo orden, mantiene casi todos los personajes con su mismo nombre y carácter, respeta los finales dramáticos del texto español y, en
fin, plantea, desenvuelve y concluye fundamentalmente una
misma acción; o dicho con otras palabras, que el libreto
utilizado por Verdi no está «inspirado» en un texto español
precedente, sino que éste proporciona al compositor una
versión fiel y utilizable del drama español [1].

---

[1] Utilizamos la obra de García Gutiérrez por *Obras escogidas*
(Madrid, 1866), 191-241; el libreto, según Ricordi (Milano, 1968),
cuya cubierta reza: *Simón Boccanegra, Melodramma in un prologo e
tre atti, Libretto di Francesco Maria Piave e Arrigo Boito. Musica di
Giuseppe Verdi (1813-1901). Prima rappresentazione: Venezia, Teatro
La Fenice, 12 marzo 1857.*
La versión del libreto parece, pues, la definitiva, y la seguida
actualmente en las representaciones operísticas. La ópera conoció dos
libretos: 1857, por Piave, que constituyó un fracaso, y la de Boitio
(1881). A. Della Corte, basándose, por lo que parece, en el epistolario
de Verdi con sus colaboradores, afirma en el *Bompiani* (Opere, VI,
747) que Verdi envio a La Fenice, en agosto del 57, una versión

Permítaseme un somero repaso de lo que ocurre en el *Bocanegra* español, acto por acto; es el único modo, a mi ver, de que no caigan en el vacío las referencias a la estructura o a las escasas divergencias del texto italiano.

El «prólogo» nos presenta a dos parejas de personajes (Pietro y Paolo, de un lado; Simón y Fiesco, del otro) ante la elección de un nuevo Dux de Génova en 1338. La ambición social de Paolo consigue la alianza de Pietro y el consentimiento de Bocanegra como candidato, precisamente en el día que la hija de Fiesco ha muerto y éste abandona su palacio para siempre. Fiesco y Simón se encuentran. Fiesco, para acceder al perdón que éste le solicita, quisiera recuperar a su nieta, o sea, la hija de los amores secretos de Simón con Mariana. Pero Simón ignora su paradero. Y se dirige al palacio de los Fiesco en busca de Mariana, mientras Fiesco le observa desde lejos. Simón sale despavorido del palacio: la ha encontrado muerta. Mientras los electores le aclaman Dux, Simón, entre el sueño y el delirio, va exclamando: « ¡una tumba! ». « ¡Un solio! ».

La acción del acto I, en 1362 —o sea, 24 años después— trascurre en las afueras de Génova, en el palacio de los Grimaldi, donde María, bajo el nombre de Susana,

---

propia, en prosa; este texto constituía en realidad «el esquema del primer libreto», que sacó directamente del drama español. Piave —continúa asegurando Della Corte— versificó la prosa de Verdi, quien, encontrando en el argumento «algo de original», quería hacerlo «aún más original en el corte de las escenas». Mientras Piave versificaba, Verdi arreglaba de tal manera el libreto, que escribió al poeta, dándole la facultad de que figurara o no su nombre.

Ante la incapacidad de analizar lo que en el actual libreto —tal como lo edita Ricordi y hoy se representa— pertenece a cada uno de los versificadores, consideraremos el texto como unitario: la fidelidad, en algún caso extrema, que conserva todavía con el texto español, permite suponer la obediencia de Piave-Boito a la versión prosística del compositor o al verso español.

corresponde a los amores de Gabriel Adorno. Un embozado, que suele vigilar la casa de Susana, anuncia la llegada casual del Dux; Susana se imagina, sin embargo, que Simón pretende favorecer las pretensiones amorosas de Paolo. Pero confía en que la confesión sobre su humilde origen, que verificará al Dux, ha de desbaratar las pretensiones de Paolo. Lo que consigue es que el Dux la reconozca en silencio como su propia hija perdida, y que Paolo, al que pretende disuadir Simón, conciba el plan de raptarla con la ayuda de Pietro. Cuando Gabriel advierte el rapto, acusa al Dux; éste perdona su insolencia y parte con Paolo, a quien supone culpable.

En el acto II llega un correo de Fiesco a la casa de Buchetto con instrucciones de aquél sobre la próxima rebelión contra el Dux. Y llega Pietro con Susana. Tras de éstos llega el propio Dux. Buchetto cree encontrarse en medio de un enredo amoroso de Simón. El Dux ordena que se retire Paolo —quien le había revelado, mediante tortura, el refugio de Susana— y se reconocen Simón y Susana como padre e hija; acuerdan, además, y por razón de estado, ocultar su parentesco. Llega Fiesco, que ordena a Buchetto la búsqueda de Susana. Pero Susana aparece ante Fiesco y Gabriel y ambos quedan estupefactos («murió mi esperanza», exclama Gabriel) cuando Susana ordena a Buchetto que le lleve al Palacio ducal.

Tras de una breve entrevista con Bocanegra (acto III), en la que Paolo recuerda a Simón sus pasados servicios como mérito para conseguir a Susana, decide vengarse del Dux, quien mantiene inflexible su negativa. Para ello procura la colaboración de dos hombres (Fiesco y Gabriel) cuya detención ha ordenado previamente. Susana revela al Dux sus amores con Gabriel, incluído en la lista de conspiradores. Simón, fatigado, se queda dormido. Entonces Gabriel, oculto en el balcón desde la llegada del Dux, pretende matarlo. Pero Susana acude a tiempo de impedirlo. El Dux despierta y revela su parentesco con Susana. Gabriel renuncia entonces a secundar la conspiración, cuyos pendones ondean ya: peleará al lado de los hombres del Dux. Si regresa victorioso, su premio será Susana.

En el acto final asistimos a la victoria de Simón. Bodas de Gabriel y Susana. Paolo, indignado por la victoria, por la boda y por la magninimidad de Simón, dispone el envenenamiento de éste. Se encuentran Fiesco y Simón, ambos vencidos: Fiesco, por la conspiración fallida; Simón, con el tósigo en las entrañas. Simón le recuerda su vieja promesa de perdón, a cambio de su nieta. Su nieta es Susana —le revela—, o sea, María. La última voluntad de Simón es que Gabriel le suceda. Fiesco, abatido, se asoma al balcón para anunciar al pueblo su nuevo Dux. « ¡No, no! ¡Bocanegra! », responde la multitud. Fiesco pronuncia entonces las últimas palabras del drama: « ¡Ha muerto! Rogad al cielo por él! ».

DRAMA ESPAÑOL Y ÓPERA ITALIANA.

Con una levísima alteración de nombres (la Mariana de García Gutiérrez se llama María en la ópera, con lo que la hija de Simón pasará a ser Amelia en Verdi; «un'Ancella de Amelia» corresponde a la Julieta española) y simplificación de las acotaciones sobre el lugar de la acción, nos encontramos con dos novedades fundamentales con respecto al texto original: la ópera consta de tres actos y un prólogo,

frente a prólogo y cuatro actos del texto español; desaparece
Buchetto, si bien el texto italiano alude a él.

Es claro que esta reducción, imprescindible en toda
adaptación operística, obliga también a una condensación y
simplificación esquemática de todo el enredo argumental,
con consecuencias estilísticas muy significativas. Esta labor
de concentración y simplificación argumentales se traduce
en algunas supresiones, alteraciones y adiciones que es preciso considerar separadamente. Pero conviene advertir antes
que este trabajo resulta especialmente necesario en cualquier
adaptación actual de las obras de García Gutiérrez, cuyos
argumentos suelen adolecer de complicaciones y enredos
bizantinos que dificultan la comprensión de su desarrollo.
Cualquiera de sus obras ofrece materia suficiente para dos
o tres dramas. Diríase que García Gutiérrez escenifica novelas: que se recrea en las acciones secundarias, en el labe-
rinto misterioso e imaginativo de lo marginal, en el mundo
del análisis; como si no pudiera renunciar a las posibilidades que le brinda cada situación y cada personaje. Y es
claro que, de todas las posibilidades, solamente una —precisamente aquella que obedezca a la idea predominante del
autor y al sentido de la pieza— ha de conducir a un desarrollo y desenlace adecuados. El drama requiere, frente a
la novela, una función sintetizadora —muy bien advertida
por Lope de Vega, dramaturgo y novelista— que corre
paralela a la que se advierte entre drama y libreto. El libreto ofrece al compositor un esqueleto argumental para
ser vestido y «encarnado». De aquí que Piave-Boito supri-
man todo lo descriptivo o narrativo no imprescindible, o
que estrangulen todo lujo lírico del texto español para que
sea Verdi quien dé con su música una versión elocuente de
los versos del poeta español. Compárense, a este respecto,

los ocho versos que canta el Dux, cuando el presentimiento
de la muerte hace más apremiante la presencia del mar,.
con el monólogo del mismo en García Gutiérrez:

> M'ardon le tempia... un'altra vampa sento
> Serpeggiar per le vene... Ah! ch'io respiri
> L'aura beata del libero cielo!
> Oh refrigerio!... la marina brezza!...
> Il mare!... il mare!... quale in rimirarlo
> Di glorie e di sublimi rapimenti
> Mi si affaccian ricordi! il mar!... il mare!...
> Perché in suo grembo non trovai la tomba?
> ....
>
> (III, 3)
>
>   ¡Ay! Esas puras
> Ráfagas de la mar que el aire bañan,
> Consuelo son de mi mortal angustia.
> ¡La mar! ¡la mar! Cuando en su claro seno
> Gallarda y altanera se columpia
> La armada nave, que a cruzar se apresta
> La inmensidad del piélago profunda,
> ¡Ah! mil recuerdos de placer, de glorias,
> En mi mente fantásticos se agrupan
> Con incansable afán que me devora,
> Con brillo seductor que me deslumbra.
> ¡La mar! ¡La mar! ¿por qué, desventurado,
> En ella no encontré mi sepultura
> Sin la ciega pasión que me sujeta
> De esta prisión dorada a la coyunda!
>
>   (IV, 8)

Con excelente instinto dramático, el libreto suprime
el acto II, nudo de una intriga secundaria y mera anécdota.
en la historia de la recuperación por el Dux de su hija perdida. Pero el centro de tal acto es la acción de un intrigante, Lorenzino Buchetto, que pretende servir a dos señores y cuya cobardía nos presentaba ya el Prólogo español..

Desaparece, pues, la persona de Buchetto, y como consecuencia de la supresión de este acto, en el que se comple-
taba la «anagnórisis», ésta ocurre completa en el acto I, escena 7: «M'abbraccia, o figlia mia» —pide Boccanegra—.
Con buen criterio, el libreto suprime la «razón de estado»
por la cual se verá obligada Susana a silenciar el motivo
que la lleva a Palacio. Porque —pensarían Verdi o los autores del libretto—, ¿no sería más escandalosa esa residencia
sin explicación alguna? Reconozcamos, sin embargo, que
las acciones secundarias permiten configurar con mayor riqueza a los tipos humanos; de ellas depende, en gran medida, la humanidad de Simón, bárbaro y tierno al tiempo,
la ambición social y pasión amorosa de Paolo o la doblez de
un intrigante nato, como Buchetto.

Las alteraciones son, por lo general, de detalle. Simón
encuentra abierto el palacio de los Fiesco en la versión operística; en García Gutiérrez, sin que reconozcamos la razón,
Fiesco sale de su casa, que abandona para siempre, dejando
la llave en la cerradura (Prol., 6 en ambos). Cuando Fiesco
oye las aclamaciones populares, al final del Prólogo, se dice:
«Doge Simón?... m'arde l'inferno in petto!». La anagnórisis de Simón y María se cumple totalmente —como queda ya advertido— en el acto I. Paolo vierte personalmente
el veneno en la copa del Dux, y éste no se duerme como
consecuencia del cansancio, sino del veneno (II, 2 y 8). El
libreto ostenta cierto sentimentalismo, inexistente en García Gutiérrez: Fiesco llora mientras dialoga con Bocanegra
(III, 3) y aun reconoce (III, esc. última) que «Ogni letizia
in terra / É mezongero incanto; / D'interminato pianto /
Fonte é l'umano cor».

El capítulo de las adiciones nos proporciona la posibilidad de señalar la intervención literaria del propio Verdi,

bien en forma de colaboración con los libretistas o de anti-
cipación de éstos a los gustos y exigencias musicales del
maestro. No existe en el drama español la intervención del
coro. Pero éste, para sugerir o subrayar sentimientos, aparece ya en el Prólogo, en forma de planto corroborador de
la desolación de Fiesco ante la muerte de su hija; una voz,
cada vez más próxima, acompaña el «cantar d'amigo» que
entona Amelia ante el mar, con lo que se crea en el texto
italiano un diálogo lírico que preludia la primera escena
amorosa (I, 1); la disposición dialéctica de la Sala de Consejo en el Palazzo degli Abati (I, 10), con la oposición de
los doce consejeros patricios a los otros doce populares, y
la reacción de unos y otros a los gritos que vienen de la
calle, seguida luego por una actitud antagónica ante el rapto
de Amelia (I, 12); todo ello, digo, nos remite a unos condicionamientos escenográficos y netamente operísticos tras
de los cuales está presente, sin duda, la voluntad estética
de Verdi. Es bien sabido que el maestro solía reelaborar su
partitura o modificar el libreto después de los primeros
ensayos.

Y con ello tocamos la más importante innovación su-
frida por el texto español: las escenas 10 y 12 del primer
acto —y parte, solamente parte, de la 11— son totalmente
nuevas. Cabe preguntarse: ¿Era realmente necesario este
añadido, o carece de función?

Desde el punto de vista de la economía argumental,
es totalmente necesario, ya que, al presentarnos a Amelia
liberada, permite la supresión del acto II del texto español.
Y gracias precisamente a estas escenas, Verdi provee al
drama de la única nota original frente a su fuente, que es
la significación política de la figura de Bocanegra. Pues
éste, frente a los intereses partidistas de patricios y plebe-

yos, frente al localismo de unos y otros («É nostra patria
Genova», exclaman todos) propugna para Adria y Liguria
la necesidad de una patria común. Bocanegra se erige en
paladín de la paz y la concordia entre «herederos del odio»,
entre enanos ciegos, cainitas incapaces de comprender la
permanente invitación a la grandeza que formula «il regno
ampio dei mari» (I, 12). Bocanegra defiende la idea de la
unidad italiana, tan cara a Verdi: «Sia d'amistanze itali-
che / mio sepolcro altar» (II, 9). Nada de esto aparece en
García Gutiérrez. Verdi, fiel al mismo principio cívico que
hace de su nombre y de su arte un símbolo («Viva Verdi!»,
como es bien sabido, significaba, escrito en las paredes o
coreado en la escena y en las barricadas, un viva a la unidad
del país y una protesta contra la presencia extranjera) [2],
mantiene el tratamiento habitual en el teatro histórico por
el cual se hace de la Historia un altavoz indirecto de los
intereses actuales. Verdi da, pues, una dimensión política
o nacional a un personaje y una obra que no tenían en su
origen más que dimensión personal y social. El asunto español se limita a un intrincado enredo amoroso con el
fondo de la rivalidad de clases sociales y la manipulación
de las inferiores por las casas patricias. El certero instinto
para prescindir de lo accesorio, que revelan los libretistas,
viene acompañado de esta pequeña, pero decisiva transfigu-
ración de la persona del Dux, en la que, como decía, hay
que reconocer la intervención personal de Verdi.

---

    [2] A. Della Corte y G. Pannain, *Storia della Musica* (Torino,
1944), 2 ed., III, p. 1.404: «En vísperas de la guerra con Austria
[1859, o sea, muy poco después de la primera representación del
Simón], se quería compendiar en este viva la voluntad italiana, indi-
vidualizando en las letras de su nombre las iniciales de una expresión
profética: Vitorio Emanuele Re d'Italia».

Las conjuraciones.

La obra dramática de García Gutiérrez es dilatada y varia: abarca unas setenta piezas, entre traducciones, adaptaciones, zarzuelas, comedias y dramas originales. El clamoroso éxito de su primera obra original, *El Trovador,* cuando, a los 23 años, es reclamado a escena por el delirante entusiasmo del público— con lo que se inicia una costumbre en la escena española— decide en gran medida su destino literario, porque le invita a reincidir en una estética ultrarromántica, que le dispensa, sin embargo, nuevos triunfos dramáticos; así, con *Simón Bocanegra* (1843) y finalmente con la historia de Roger de Flor *(Venganza catalana,* 1864), mantenida en cartel 56 días consecutivos.

El primer drama propiamente romántico debido a pluma española se representa en Madrid el 23 de abril de 1834 y ha sido escrito por un hombre de formación neoclásica que une, a la novedad estética, el prestigio de una carrera política brillante, que va del exilio a la jefatura de Gobierno: se trata de *La Conjuración de Venecia,* de F. Martínez de la Rosa. Cuatro meses después, y a pesar de sus declaraciones antirrománticas, la «nueva escuela», como se decía entonces, ve reforzadas sus filas con el drama *Macías,* de Mariano José de Larra. En 1835, otro hombre procedente de la emigración fernandina, el Duque de Rivas, representa en el Teatro del Príncipe su *Don Alvaro,* considerado muy pronto como la prueba del afianzamiento escénico del mismo movimiento. García Gutiérrez viene a consolidarlo con *El Trovador,* obra que se apoya sensiblemente en el *Macías* de Larra[3]. Pero la «nueva escuela» no lo era tanto. Por

---

[3] Vid. Nicholson B. Adams, *The romantic Dramas of García Gutiérrez* (New York, 1922), págs. 70-79 especialmente.

una parte, los mismos dramaturgos declaran sin tardanza
(Zorrilla, por ejemplo, desde 1839) la necesidad de abandonar «los monstruosos abortos de la elegante corte de
Francia» para volver a Lope, Tirso y Calderón; por otra,
esas monstruosidades —incestos, anagnórisis sorprendentes,
misterio, envenenamientos, necrofilia— lo eran, fundamentalmente, en la literatura francesa de entonces, interesada
en renegar de todo el racionalismo clasicista de su pasado,
pero relativa novedad en la literatura española, donde la
savia romántica de Lope o Calderón no se extinguieron jamás. He aquí, entre muchas, una prueba significativa: *El
Trovador,* de García Gutiérrez, conserva honda huella —como han mostrado Regensburger y Nicholson B. Adams—
del *Macías,* de Larra; pero ambas obras constituyen un
desarrollo de *Porfiar hasta morir,* de Lope de Vega [4], al
que se añade, simplemente, el atuendo exagerado de un
Hugo o de un Dumas.

Cuando se representa *El Trovador,* García Gutiérrez
no cuenta en su haber dramático más que con la traducción
de tres obritas de Scribe; entre *El Trovador* y el *Bocanegra*
median nuevas traducciones de Dumas o Scribe y once dramas originales, casi todos de asunto histórico, y alguna
«comedia de circunstancias», pero ningún éxito realmente
resonante. El tercer gran éxito se produce cuando el autor
ha afianzado su posición en todos los órdenes: ha presidido,
por ejemplo, una Comisión Financiera española en Londres
(1855-57) y ha ingresado como miembro numerario en la
Real Academia Española (1862). El recuerdo, no obstante,

---

[4] Adams, ob. cit., y K. Regensburger, *Ueber den Trovador des
García Gutiérrez, die Quelle von Verdis Opera Il Trovatore* (Berlín,
1911), obra citada y utilizada por aquél.

de su consagración juvenil e inicial no le abandona: vuelve a la estética de sus comienzos.

Si esto ocurre en 1864, y además resulta irrefutable la influencia del *Macías* sobre *El Trovador,* nada ha de extrañarnos que en el *Bocanegra* (1843) recuerde García Gutiérrez a la obra que encabeza nuestro romanticismo dramático: *La Conjuración de Venecia,* de Martínez de la Rosa. Considero inverosímil que nuestro autor —quien adapta, por cierto, la *Emilia Galotti,* de Lessing, en 1860, seguramente a través de alguna versión francesa— conociese el alemán y hubiese leído el *Fiesco,* de Schiller; si acaso, la relación con la obra alemana ha de referirse a Martínez de la Rosa [5]. En la obra de éste, Rugiero, un aventurero desconocido, organiza una revolución contra Pedro Morosini, dux de Venecia; pero es sorprendido por los agentes del Dux cuando comunica los planes de la conjura a Laura, sobrina del Dux, con quien se había desposado en secreto. En el juicio seguido a Rugiero, se revela que éste es el hijo del Dux.

Han pasado ocho años de la representación de la obra de Martínez de la Rosa cuando nuestro autor escribe el *Bocanegra.* Ha representado y publicado, además, unas quince obras, ocho originales y siete traducciones. Algunas características comunes al *Bocanegra* y a *La Conjuración*

---

[5] Las fuentes principales de esta obra, como señaló Don Marcelino (*Est. crit. lit,* 1.ª serie) y confiesa el propio autor en la advertencia preliminar de su obra, son, no obstante, la *Historia de Venecia,* del Conde Daru (1767-1829) y los documentos coleccionados por Muratori en el t. XII de sus *Rerum Italicarum scriptores,* especialmente las cartas del Dux Gradénigo. R. Avrett valora la fidelidad de Martínez de la Rosa a la realidad histórica de la Venecia de 1310 en «A brief examination into the historical background of M. de la Rosa's *La Conjuración de Venecia»,* en *Romanic Review,* XXI (1930), 132-37.

permiten relacionarlas, no obstante: la acción —cuya «unidad» no se respeta en ninguna de las dos— ocurre sobre suelo italiano y a cargo de protagonistas italianos; a una acción amorosa sirve de fondo en ambas una conspiración; ambas constan de cinco actos (o prólogo más cuatro actos, que es lo mismo); Rugiero, como Gabriel Adorno, ignora que aquél contra quien dirige su rebeldía es su propio padre (padre político, en el texto de G. G.). Ambas obras recurren a ese elemento imprescindible del misterio romántico que es la anagnórisis, si bien el recurso proceda, como es bien sabido, de la literatura de materia bizantina, utilizada en obras en prosa y verso de tipo narrativo durante la Edad Media y el Renacimiento.

Quizá la correspondencia de Verdi con los libretistas, con otros músicos o con escritores amigos descubra los motivos artísticos o las circunstancias humanas que hicieron coincidir la inspiración musical del maestro italiano con las obras de mayor éxito y exaltación romántica de García Gutiérrez. Aventuro, a título de mera hipótesis, la existencia de otra vía posible: la de las relaciones y actividad musicales del propio García Gutiérrez. *Il Trovatore* se estrena en el mismo año, 1853, en que se representan en Madrid las primeras zarzuelas del autor español: *El grumete,* con música de Arrieta, y *La espada de Bernardo,* con música del conocido compositor y musicólogo Asenjo Barbieri; García Gutiérrez provee de letra a unas diez más. Cabe, pues, que la correspondencia de Verdi nos reserve curiosos datos sobre las relaciones con músicos españoles del tiempo, como Arrieta y Barbieri —ambos italianizantes, sobre todo en sus comienzos, y aquél discípulo del milanés Nicola Vaccai— o de los libretistas Piave y Boito con el autor español. Por parte española, nada que interese a nuestro objeto ha sido publicado hasta ahora; al menos, nada ha llegado a mi conocimiento.

Permítaseme que concluya con una noticia simplemente curiosa: García Gutiérrez conoció personalmente el lugar de la acción de su *Bocanegra*. Fue muchos años después de su estreno, ciertamente. En 1869 —doce años después de la representación operística en Venecia, veintiséis después del estreno madrileño— el autor del *Bocanegra* fijaba su residencia en Génova como Cónsul de España.